How Colleges Change:
Understanding, Leading, and Enacting Change, 2nd Edition

高等教育理念与组织变革译丛

周光礼 ◎ 主编

大学变革之路

理解、引领和实施

（第二版）

（美）阿德里安娜·基泽 ◎ 著

彭艳 ◎ 译

How Colleges Change: Understanding, Leading, and Enacting Change, 2nd Edition, by Adrianna Kezar

Copyright © 2018 by Taylor & Francis
All Rights Reserved. Authorized translation from English language edition published by Routledge, a member of the Taylor & Francis Group LLC. Copies of this book sold without a Taylor & Francis sticker on the cover are unauthorized and illegal.

湖北省版权局著作权合同登记　图字：17-2023-101 号

图书在版编目（CIP）数据

大学变革之路：理解、引领和实施：第二版／（美）阿德里安娜·基泽著；彭艳译.
—武汉：华中科技大学出版社，2024.3
（高等教育理念与组织变革译丛）
ISBN 978-7-5772-0304-1

Ⅰ.①大… Ⅱ.①阿… ②彭… Ⅲ.①高等教育-教育改革-研究-美国 Ⅳ.①G649.712

中国国家版本馆 CIP 数据核字（2024）第 006656 号

大学变革之路：理解、引领和实施（第二版）　（美）阿德里安娜·基泽　著
Daxue Bian'ge Zhilu：Lijie、Yinling he Shishi（Di-er Ban）　　　　彭　艳　译

策划编辑：	张馨芳
责任编辑：	张馨芳　许　宏
封面设计：	赵慧萍
责任校对：	李　弋
责任监印：	周治超

出版发行：华中科技大学出版社（中国·武汉）　　电话：(027) 81321913
　　　　　武汉市东湖新技术开发区华工科技园　　　邮编：430223

录　　排：华中科技大学出版社美编室
印　　刷：湖北金港彩印有限公司
开　　本：710mm×1000mm　1/16
印　　张：19　插页：2
字　　数：344 千字
版　　次：2024 年 3 月第 1 版第 1 次印刷
定　　价：98.00 元

本书若有印装质量问题，请向出版社营销中心调换
全国免费服务热线：400-6679-118　竭诚为您服务
版权所有　侵权必究

译丛总序

高等教育学是第二次世界大战后在西方兴起的一个综合性和应用性很强的研究领域。尽管最早的高等教育学专著要追溯到19世纪英国人纽曼的《大学的理念》，但其知识基础和制度基础却是高等教育大众化、普及化的产物。大众化、普及化催发了高等教育研究的强烈需求，一批高质量的研究成果相继问世，知识的系统化发展取得重大进展。与此同时，高等教育研究也获得了稳固的制度化支持，专门的高等教育研究机构、专业性的学术期刊社和专业性学会等纷纷成立。应该说，高等教育学因对高等教育改革的巨大推动作用而受到各国政府和学界的共同关注，成为当代国外人文社会科学的一个重要而又充满活力的新研究领域，成为一个跨越人文科学、社会科学和自然科学的交叉性的学术方向。

20世纪80年代初，随着高等教育领域的"拨乱反正"，为了加强对院校自身发展的研究，中国大学普遍设立高等教育研究所或高等教育研究室。作为一种"校本研究"，高等教育研究朝着行政化方向发展，大部分高等教育研究机构成为秘书性的"服务机构"和"咨询机构"。当然，也有部分大学的高等教育研究室有意识地朝学术性方向发展，开始了知识传统的积淀。21世纪以来，随着中国高等教育大众化、普及化，高等教育研究受到普遍关注，大批高等教育学术成果涌现出来。然而，总体来看，中国高等教育学的研究与教学起步晚、水平不高，仍有不少问题需要解决，有不少薄弱环节亟待加强。其中，一个突出问题是知识基础的建设滞后于制度基础的建设。如果说，西方高等教育学的演化过程是先有知识传统的积淀，而后进行学科设施的建设，那么，中国正好相反，我们是先进行学科设施建设，而后进行知识传统的培育。从1978年开始，厦门大学、北京大学、华中工学院（今华中科技大学）、清华大学、中国人民大学等重点大学纷纷成立了专门的高等教育研究机构。据不完全统计，中国现有400多个附属于大学的高等教育研究所（院、中心）。从1980年开始，《高等教育研究》《高等工程教育研究》《中国高教研究》等一大批高等教育研究的专业学术期刊创刊。时至今日，中国拥有上百种高等教育方面的专业学术期刊，其中核心期刊有20种之多，这些重要期刊每年刊发学术论文3000余篇。1983年，中国高等教育学会成立，现拥有专业性二级分会63个。1983年，高等教育学作为教育学的二级学科进入国家学科目录，开始培养高等教育学硕士研究生和博士研究生。然而，这些学科设施的建设仍然掩盖不了知识基础的薄弱。为了强化知识基础建设，学术界热衷于对西方高等教育学名著的引进、消化和吸收，但我们在这方面的工作仍然做得不够。虽然我们翻译出版了一些高等教育理论方面的名著，但高等教育理念与组织变革方面的译著并不多。目前，国内学界仍缺乏对西方高等教育理念与组织变革的系统了解以及对其最新趋势的跟踪研究，批判、消化和吸收工作也就难以深入开展。因此，当务之急是要紧密跟踪国外高等教育理念和组织变革发展的最新趋势，大胆借鉴其新理论和新方法的成果。

中国的高等教育强国建设，尤其是"双一流"建设，对高等教育研究提出了更高的要求。正如习近平总书记所言："我们对高等教育的需要比以往任何时候都更加迫切，对科学知识和卓越人才的渴求比以往任何时候都更加强烈。"新形势要求我们迅速改变高等教育学研究和教学比较落后的局面，解决目前高等教育学发展中存在的诸多问题，克服各种困难，迅速提高中国高等教育学的研究和教学水平，以适应快速变化的高等教育改革与发展的需要，迎接新时代的挑战。

高等教育学的研究对象，是高等教育与社会发展之间的关系。它以行动取向体现理论与实践的统一；其目的和功能是提供高等教育改革的依据，服务于"基于证据的改革"实践。一个国家的高等教育，是与一个国家的文化模式相适应的。高等教育研究以各国具体的高等教育实践为基础，它要反映各国高等教育体制与结构、组织与管理，因而各国的高等教育学都具有自己的特色，这是知识的特殊性。但同时必须认识到，现代高等教育学是西方的产物，西方高等教育的许多理论、范畴和方法反映了高等教育的本质，属于全人类共同文明成果，可以为我所用，这是知识的普遍性。高等教育学要建立中国自主的知识体系，既要立足中国实践，扎根中国大地，又要大胆借鉴西方高等教育的理论与方法，充分吸收其积极成果。正是基于这种考虑，我们组织翻译了这套"高等教育理念与组织变革译丛"，以系统全面地反映西方高等教育理论发展的现状和成就，为中国高等教育学科的教学和科研提供参考资料和理论借鉴。

"高等教育理念与组织变革译丛"精选西方高等教育研究领域富有影响力的专著，代表了当代西方高等教育研究的最新学科框架和知识体系。所选的专著，有如下三个突出特点。一是学术水平高。作者基本上都是该领域的名家，这些专著是其主要代表作，系统展现了作者多年的研究心得。例如，《当代大学的动态演变：增长、增累与冲突》《寻找乌托邦：大学及其历史》《美国研究型大学的发展（二战至互联网时期）：政府、私营部门和新兴的网络虚拟大学》《研究型大学的使命：高等教育与社会》是加州大学伯克利分校高等教育研究中心举办的"克拉克·克尔高等教育系列讲座"的名家成果。二是实践性和应用性强。这些著作直接面向问题、面向实践、面向社会，探讨高等教育实践中出现的新问题，作者用大量实践经验和典型案例来阐述相关理论问题，所提出的理论和方法针对性较强，具有现实参考价值。例如，《大学变革之路：理解、引领和实施（第二版）》具有强烈的问题意识和应用导向。三是涉及主题广。这些专著涉及高等教育研究的四个主要领域，即体制与结构、组织与管理、知识与课程、教学与研究，能够满足不同类型读者的需求。例如，《卓越性评估：高等教育评估的理念与实践（第二版）》和《完成大学学业：反思高校行动》涉及本科教学，对中国一流本科建设具有启发意义。

"高等教育理念与组织变革译丛"具有权威性、学术性、实践性的特点。该译丛展示了当代西方高等教育研究的新视野和新途径，它的出版将填补国内高等教育研究领域的某些空白点，为读者尤其是高等教育学、教育经济与管理等专业的师生及研究人员提供高等教育研究的崭新知识体系，为中国高等教育领域的知识创新提供参照与借鉴；它所提供的新理论、新方法以及新的概念框架和思维方式，对中国高等教育决策者和管理者更新观念、开阔视野和增强理论素养具有重要的现实意义。我相信，"高等教育理念与组织变革译丛"的问世，必将有力地推动中国高等教育研究的知识基础建设，并对中国高等教育持续改进产生巨大的促进作用。

（中国人民大学教育学院教授、博士生导师，教育部"长江学者"特聘教授）

2022 年 6 月于北京

序言

以下一段话摘自 2012 年电影《林肯》中的一个场景，亚伯拉罕·林肯总统和参议员撒迪厄斯·史蒂文斯（Thaddeus Stevens）正在讨论有关通过拟定的美国宪法第十三修正案的计划：

林肯：我以前在做测量工作时了解到，指南针会——会从你站立的地方指向正北，但它不会给你任何建议，告诉你怎样越过沿途遇到的沼泽、沙漠和沟壑。如果为了到达目的地而不顾障碍，只管往前冲，除了沉入沼泽之外一事无成，那么知道正北方向又有什么用？

（电影《林肯》，2012）

我以亚伯拉罕·林肯总统在电影《林肯》中说的这段话作为本书的开头，来说明理解整个变革过程的重要性，而不是仅仅知道方向或愿景。大多数变革推动者认为，一旦他们对变革有了愿景或想法，主要工作就完成了，实施只不过是事后的想法。这本书就是关于变革之旅中林肯所说的沼泽、沙漠和沟壑。

我写这本书的目的是解释变革是以何种方式吸引人们参与的。读者数量最多的高等教育著作之一是罗伯特·伯恩鲍姆（Robert Birnbaum）的《大学如何运作》（*How Colleges Work*，1991）。通过生动的案例描述、对高等教育文献的回顾以及系统框架的建立，伯恩鲍姆试图捕捉在权力分散、混乱频繁的专业官僚机构中大学进行决策的复杂方式。许多观察者打趣说，高等教育决策是不透明的、难以理解或追踪的。伯恩鲍姆用于描述和讨论的校园原型帮助读者看到不同的校园文化以及根据环境作出不同决策的方式,这有助于读者了解环境如何塑造高等教育的运作方式。良好的决策取决于环境中的期望和规范。伯恩鲍姆帮助读者看到,决策与政治、历史、文化、外部因素、利益相关者的影响以及共享权力等嵌入式结构相关联,通常比我们所理解的要复杂得多。

同样,本书探讨了另一个通常难以理解的主题——大学校园里的变革是如何发生的。如伯恩鲍姆所做的那样,我利用广泛的文献基础来支持我的论点,但也试图举出生动的例子,使问题在读者看来更加具体和真实。我同意伯恩鲍姆的观点,即高等教育的变革,就像决策一样,需要了解院校和部门所处的环境。此外,本书还提供了变革的系统化视图,指出对于复杂的过程需要了解塑造和构建这些过程的内部和外部条件。我希望这本书能像《大学如何运作》一样引人入胜,内容丰富,为当今许多高等教育领导者提供有益的信息。本书试图将理论和实际例证有效结合起来,帮助读者更好地理解。很少有书能够成功地将理论与实践相结合,使政策制定者和从业者能够理解概念,这对学者来说仍然是一件很复杂的事情。我希望本书能达到理论与实践相结合的水平。本书还提出了一个变革框架,使本书内容对变革推动者更具吸引力。

虽然在 20 世纪的 80 年代,领导者必须做的一件事是提高决策力,但我认为在 21 世纪领导者需要具备成为变革推动者的能力。今天的校园领导者需要做的不仅仅是作出正确的决定,他们还需要重新审视所做的工作,着眼未来,并维护高等教育的核心职能和完整性。高等教育正处于发生根本性变革的十字路口。卡内基基金会主席瓦尔坦·格雷戈里安(Vartan Gregorian)呼吁成立一个大学校长委员会来研究高等教育的未来,指出有必要实施一些变革,使高等教育系统适应新经济、全球化和技术进步。决策过程可以支持这一变革目标,但往往无法改变现状。当前,许多人认为高等教育在质量、教学和满足不断变化的需求等方面正在退步,关键问题在于如何创造所需的变革来支撑新的高等教育体系——一个不同于过去,希望能够优于过去的体系(Slaughter & Rhoades,2004)。

定义变革

在阐述本书的阅读方法、目标和主要贡献之前，定义变革很重要，因为变革是本书的主题。大多数研究变革的学者已经从认为变革只是一个偶发事件（即不频繁的、非持续的、非有意为之的）的观点转而认为它是一个连续、渐进的过程（即持续的、演变的、累积的），并被偶发的、戏剧性的变革所打断（Poole & Van de Ven, 2004）。有些人甚至认为我们应该将称谓从组织变革改为"组织成为"，因为变革意味着组织最终达到的一种静止状态，而"成为"则表明了一种更真实的组织现实的持续变化概念（Tsoukas & Chia, 2002）。高等教育研究者喜欢强调，作为教育机构，高等教育应该保持传统，不能因一时兴起、潮流趋势或公众压力而不断改变（Birnbaum, 1991; Kezar, 2001）。这种对高等教育的批评和观点是有道理的，但它也掩盖了变革不断发生的持续性。

学者们使用各种术语来描述变革，因此对其中一些定义进行回顾可以帮助澄清我在本书中所指。当院校对外部力量作出反应时，这被称为适应过程（adaptation）；当院校模仿其他院校，非有意地从某种做法切换为另一种做法，这被称为同构化（isomorphism）；当院校实施新的项目或办法时，这被称为创新（innovation）。或者说学者们强调的是组织变革——认为它给整个组织带来了积极的结果；而领导者和变革推动者更强调创新——创造出新的东西。不过，领导者需要更多地考虑外部环境——通常被标记为"适应"或"同构"的领域。当领导者更加主动作出反应时，变革被视作适应过程；当领导者更加被动，例如大学的任务由教学转向研究时，这则是同构化。

我更希望从一般意义上讨论变革，让变革推动者认识到他们有责任警惕同构化，尽可能思考如何通过适应过程起到引领作用，仔细选择创新和改革策略，并考虑所有这些不同类型的变革给机构及其人力物力带来的困难。然而，已有文献中对变革只是泛泛而谈，掩盖了变革存在的这些不同变体。需要注意的是，本书使用的涵盖性术语包括所有方面，因此，变革＝同构、适应、组织变革以及创新或改革。同样重要的是要考虑到范式（如关于变革的基本假设）、理论与变革的不同定义或思考方式有关。变革不是一个单一的概念，而是一个多方面的概念，它随着研究者的理解深入以及时间的推移而不断演变。变革的本质是什么这一问题也存在争议。

关于上述变革定义和我理解的变革概念的说明

我倾向于将变革视为特定领导者推动或实施新方向的有意行为。事实上，吸引人们的不仅是有意为之的变革，而且是有新想法的、创造性的变革（Tierney & Lanford，2016）。如上所述，创新是一种特殊类型的变革，是指在校园中引入和实施新概念、新计划或新的干预措施。但并非所有领导者作出或遭遇的变革都是创新。虽然创新肯定对机构有好处，而且我们需要更多创新，但变革推动者需要关注机构内部出现的各种类型的变革。有些变革会损害人们的创造性和创新想法。例如，院校可能会衰落，这代表了另一种类型的变化——招生取消，经费下降，教师和行政部门之间关系恶化，课程设置没有核心、不成体系，学校声誉不佳。这些也是变革，但不是我们经常关注的变革——院校的衰落是我们需要注意的另一种变革。校园处于不断变革的过程中。这个过程是连续的——有时它是积累性的或者不是那么有意为之的。然而，变革推动者也需要意识到这些类型的变革。在第一章中，我将描述院校对战时条件（第一次世界大战和第二次世界大战期间）作出的反应，以说明院校有时候怎样适应外部变化。变革是组织生活中不可避免的一部分，我们越了解它，就越能更好地与之协调，更好地抵制或促进变革。

主要论点和目标

在序言的剩余篇幅里，我将陈述本书推出的一些主要基本假设和论点。我还会指出本书所针对的主要读者。正如我将在第一章中所提出的那样，高等教育领导者需要进行重大变革，但有几个指标会表明领导者尚未做好充分准备。领导者会犯哪些关键性错误，导致变革的努力失败呢？

1. 忽视变革过程或被内隐的变革理念所驱动

最大的挑战之一是领导者[1]倾向于关注干预措施和计划（例如服务性学习或 STEM 改革），而忽略了变革过程。校园领导者经常试图解决某个特定问题或满足某个需求。例如，当他们考虑如何向学生教授伦理道德时，他们可能会认定服务学习将有助于解决问题。变革推动者通常认为，一旦他们选择了服务学习等教学策略，他们就已经完成了任务，却忽略了该怎样让教师以新的方式去教学。如果领导者对变革过程确实有所关注，他们往往持内隐的变革理念，这些理念过于简单化且没有基于变革的相关研究。例如，变革推动者认为，当证明某一个好的想法行之有效时，其他人会自动接受它。另一个简单化的理念是，变革可以在高等教育中强制执行。本书突出强调了人们未曾意识到的一个问题，即内隐的变革理念问题，以及领导者需要利用相关研究来制定明确的变革方法。

2. 忽视变革环境

另一个相关挑战是，领导者经常忽视外部环境、组织环境以及可以帮助实施变革的促进因素。一般而言，人们缺乏关于这些方面的分析：组织及其变革准备情况，变革倡议是否适合或适宜，在特定环境下顺利执行某个计划可能需要作出的改变。本书的一个重点就是帮助变革推动者和领导者了解外部和组织环境对于成功创造任何类型变革的重要性。

与忽视变革环境有关的另一个错误是，变革推动者经常忽视文化和环境会影响他们的策略选择。虽然这个错误与组织环境有关，但这更关乎变革推动者如何采用适合本校文化的战略去取得变革的成功。例如，试图制定全校统一的政策，这种变革在高度松散的校园文化中不太可能奏效。

3. 采用简单的变革模型

如果领导者和变革推动者明确持有某个变革理论（以及当他们根据内隐的理念工作时），他们倾向于采用单一的方法或策略：学院院长可能会觉得计划是最重要的策略，系主任可能觉得重组永远是变革的最佳方式。然而，成功的变革推动者会使用多种方法来创造变革，与所期望的变革类型以及所处的变革环境相匹配。不少关于变革的论著往往保证采取某个线性的、四步或五步的过程就能奏效，却忽略了变革的环境与类型。早期关于高等教育变革的论著不能很好地为领导者服务，因为它们基于简单的变革战略规划模型——制定愿景，拟定计划，组建实施团队，收集资源，然后进行评估（Kerr，1984；Lucas，2000；Steeples，1990）。大多数对变革过程的描述都是简单的、线性的，忽略了组织环境的重要性。变革需要多重策略，多学科研究已发现这一点至关重要（Collins，1998）。正如最近有关变革的文献批评所指出的那样，尽管大多数作者声称他们有变革的解决方案，但变革过程太过复杂，任何单一的方法都无法在每种情况和环境下奏效（Burnes，2011）。尽管如此，相关文献仍在不断重塑这个神话。例如，Kotter（1996）提出了创造变革过程的八个阶段，包括制造紧迫感、发展联盟、制定愿景、确定短期效果等。虽然这八个阶段很有帮助，但它们提供的是一个过于简单的、线性的和一概而论的模型，难以适用于每种变革情况。本书没有重复这个错误，而是帮助变革推动者了解如何设计适合其环境和他们打算进行的变革类型的定制方法。

本书将突出变革推动者和领导者在应用多种战略和战术进行变革时所需的智慧。我的研究发现，领导者往往会按照过于简单的方式进行变革（例如，不将变革建立在研究的基础之上，或只是依赖于简单的方法），同时也指出，接受培训以了解基于研究的变革原则很有价值。在大型国家级研究项目中，我已经记录了如何指导领导者采取更复杂的变革方法，来推进高校变革项目。总之，本书试图揭示变革推动者通常作出的一些错误假设。

本书的目的是试图提供一个基于研究的宏观框架，帮助领导者克服常见的错误，将变革概念化为一个复杂的过程，并设计一个定制的变革过程，以适应具体的组织问题和状态。本书的总体观点是，变革推动者需要学习，具备适应能力和创造性，并拥有大量可供使用的策略和工具。变革所处的情况不尽相同，且是动态变化的，因此在大多数情况下，直线式的工作方法不会很奏效。其他研究者则以类似的方式批评变革的相关研究结果过于简单化和线性化，其中最著名的是 Collins

(1998)。最近,《变革管理杂志》(*the Journal of Change Management*) 2011 年 12 月特刊重点关注了组织变革历史上 70% 的失败率问题。该刊题为"变革为什么会失败？我们能做些什么？",它指出,高失败率的一个重要原因是多年来人们一直提倡过于简单的变革模型,并宣称这是创造变革的唯一最佳方法。刊载的多个研究表明,在变革计划中采用更复杂方法的变革推动者,其成功率要高得多。此外,该刊还讨论了自上而下组织变革的有关错误假设,指出权力斗争和缺乏授权也会导致高失败率,这也将是本书的主题之一。

4. 未基于研究进行变革

高等教育变革的相关论著并非以研究为基础。相反,它们通常是从业者关于他们如何创造变革的故事的集合,从故事和具体情况中提炼出概括性的原则。本书将回顾对一些关键概念的最新研究,它们已被确定为变革的促进因素,例如组织学习、意义建构、社交网络分析和组织文化。近年来,我们对变革发生途径的了解取得了关键进展,这有助于我们理解长期存在的问题,例如变革计划的阻力、可推广性和高失败率。许多学者指出,变革计划的高失败率（在大多数研究中高达 70%）对变革推动者来说是一个警醒,促使他们考虑需要得到更多的建议并具有洞察力。变革是一个破坏性太大的过程,这么高的失败率无法吸引人们参与,而糟糕的变革举措会导致士气低落、员工离心,造成时间和生产力的浪费。本书将是探索这个话题最早的基于研究的专著之一。如果一本关于变革的论著不是通过个人叙事传递未经检验的建议,而是专注于基于研究的变革原则,那么它将更好地为高等教育的领导者服务。

同时要指出的是,对经过正式研究然后使用理论和研究来指导其实践的变革推动者的研究表明,与没有接受过类似培训的同事相比,他们有以下几个优势:

(1) 他们感觉更加轻松自如,因为他们可以评估和理解变革的驱动因素和环境,以及形成阻力的原因,这使他们感到更有力量前行。

(2) 他们感到能够更好地将他们的策略传达给他人，并鼓励他人加入他们的变革计划。

(3) 他们能够更好地匹配变革策略，更有信心地改变局面。

(Andrews et al., 2008)

研究表明，与领导力或管理类培训课程中经常强调的具体变革技巧相比，变革推动者从宏大的解释性理论中更为全面地学习到变革怎样以独特的人性化和组织变动的方式展开。这些研究的参与者认为那些规范指导性的模型并没有用处，而那些"使他们能够理解和情境化自己所处的变革情况的理论"才是最有帮助的（Andrews et al. 2008：311）。经验丰富的变革推动者都知道，对于每种变革情况可能需要作出不同的响应。因此，能够灵活地适应环境条件是变革推动者成功的关键。此外，了解多种变革理论的领导者能够应对不同的情况，并且根据需要恰当加以运用。这种变革的方法不是将理论视为一成不变的处方，而是根据情境加以考虑。

为了帮助领导者克服上述错误并提供比以前的论著更好的内容，本书期望达成四个主要目标：

(1) 对各种理论进行综合论述，以此为基础提出关于变革过程的重要见解。

(2) 基于这些理论/研究提出一个将变革概念化的总体框架。

(3) 提供对执行变革来说非常重要的特殊研究主题的详细信息，例如组织学习或社交网络。

(4) 回顾高等教育中已付诸实践的现有变革模式及其启示，例如万花筒工程的领导力研究所（Project Kaleidoscope's Leadership Institute）、城市教育中心的公平记分卡（the Center for Urban Education's Equity Scorecard）、实现梦想项目（Achieving the Dream）、校园多样性倡议（the Campus Diversity Initiative）和全国学生参与度调查项目的标杆基准制定（the National Survey of Student Engagement's bench-marking efforts）。

本书结构

本书由三个部分组成。

第一部分"从不同角度思考变革"共三章,为本书的其余部分设定了讨论背景。第一章首先解释了当前环境下变革的原因,以及当前环境如何塑造变化过程。第二章回顾了伦理规范,以及它们如何能够并且应该从一开始就参与思考变革过程。第三章概述了关于变革的主要概念和理论,这些概念和理论将应用于本书的其他章节。后面的许多章节都以第三章为基础,所以这本书最好按顺序阅读。但是,第三部分的章节是独立的,因此可以单独阅读并易于理解。

第二部分"理解变革的多重框架"共五章,回顾了分析变革情况的反思框架。第四章重点介绍变革的类型,讨论对变革类型的分析将如何帮助领导者设计有效的战略。第五章深入探讨了一种重要的变革类型——二级变革或深层变革——并研究了社会认知学派的两种理论,即意义建构和组织学习。第六章回顾了各种环境因素——社会/经济因素、外部组织、校园文化——它们都塑造了变革的过程,也可能成为变革的杠杆或障碍。第七章回顾了能动性和领导力的概念,探讨了不同的参与者如何具有不同的能动性,从而影响变革的战略或方法。第八章总结了如何对变革的类型、环境和能动性进行综合分析,可以产生创造性的方法来作出变革。第八章呈现了五个具体案例,运用上述框架的各个要素对其进行分析。

第三部分"当前变革推动者面临的挑战"共两章,探讨长期困扰变革推动者的一些问题,例如变革的障碍和将变革扩大化。第九章回顾了随着变革进程的展开而出现的常见障碍,以及变革制度化的三阶段模型。第十章回顾了一些能够将变革扩大化的工具,包括社会运动、网络、实践社群和学习社群。这些章节为解决长期困扰变革推动者的问题提供了额外的资源。

本书读者及使用

我不是从行政或管理的角度考虑变革，我在整本书中有意地使用变革推动者一词来表明任何人都可以创造变革。已有相当多的文献来自管理的角度，并且想当然地以为只需针对管理者提供指导，帮助他们实现愿景或利益，在组织层级结构中提供自上而下的结构视图。本书希望阻止从这种自上而下的角度出现的变革过程，而是将变革概念化为一个多层次的领导过程，在整个组织的不同层次上发生变革（Sturdy & Grey, 2003）。因此，本书的读者范围比许多变革专著更加广泛，着眼于所有的组织利益相关者。

鉴于此，本书的读者范围相当广泛，从董事会成员、校长、教务长、院长和系主任，到教师、学生事务工作者、校园内所有单位和部门的员工，再到研究生、本科生以及整个高等教育领域的变革推动者。

本书可用作：

（1）高等教育机构变革推动者和从业人员指南；

（2）高等教育和学生事务方面的领导力和管理课程教材；

（3）关于高等教育变革的学术专著。

高等教育领导力或管理课程的教师和学生都在讨论变革的重要性以及如何创造变革，本书将会是他们一个不错的资源。此外，学生事务课程体系通常也包括一门旨在创造变革的领导力或管理课程。几乎所有研究生都提到，他们回来攻读博士或硕士学位是因为他们对自己目前的某些工作感到不满，想在高等教育领域创造变革。高等教育专业的一些课程往往部分内容或者全部内容都和变革问题相关，因为学生有着强烈愿望，学习如何成为有效的变革推动者。因此，本书可作为高等教育专业的一本重要教材。

然而，尽管本书可以作为教材教授学生理论，但它旨在成为从业者的指南。正如本序言所指出的那样，校园里的变革推动者和领导者过于依靠他们自己的经验或同行的观点来制定变革战略和方法。本书可用于以变革推动者为对象的领导力机构、学会和专业发展项目，这些变革推动者包括教学中心主任、系主任或具有变革愿景的员工等。本书将提供指导，以提高变革计划的成功率。我也希望本书能鼓励领导者思考正在作出的变革类型以及他们选择背后的伦理规范。如前所述，本书旨在通过引入扎实的研究来推动实践，为变革推动者提供一些具有实践意义的启示。本书将明确地基于现有理论，对有关变革的重要研究进行回顾。

作为一本关于变革的学术专著，本书总结了各种变革理论，引导研究者进入这一研究领域。此外，本书还提出了一些关于变革的新思考，例如基层领导者的方法、意义建构和组织学习的作用、社交网络分析的潜力、伦理规范与变革以及基于环境的变革方法之重要性的相关信息。不过，对那些纯粹对变革理论感兴趣并想要一本回顾多学科研究基础的入门读物的读者而言，最好阅读我之前的作品《理解和促进 21 世纪的组织变革》（Kezar，2001）。

在这本书中，我推出了一个工具包——一个分析变革的框架，一系列把理论应用于框架来定制设计变革过程的视角或角度。这种鼓励人们放弃简单、线性的变革理论（或根本没有变革理论）并作为变革推动者提供自己的分析的做法可能不会轻易地被所有人接受。多年来，我一直在努力寻找能够准确描述本书所说的成功变革者必须具备的复杂性意识的研究。在 Kegan 和 Lahey（2009）的《对变革的免疫力》一书中，他们总结并提出了一个用于重新思考个人领导力和变革方法的框架。他们区分了成人意识发展的三个阶段：规范主导（socialized mind），自主导向（self-authorized mind），内观自变（self-transforming mind）。

(1) 规范主导阶段：这个阶段人的意识被周围的人所塑造。他们的言行和所想都受到外界的强烈影响。这些人有着"随大流"的心态，顺从并依赖他人的指引和价值观。

(2) 自主导向阶段：这个阶段的人形成了自己内部的行动导向。他们的自我意识与他们的信仰、原则和价值观是一致的。他们是成功者和独立的人。他们相信毫无信仰的人将会一事无成。

(3) 内观自变阶段：这是最成熟和自我转变的意识阶段，人们形成了自己的思想观念，但能够从自己的角度退后一步，尝试与持相反观点的人沟通。这个阶段的人更有可能组建联盟，改变家庭、社区或国家。这种能力需要谦卑和勇气。达到内观自变阶段的人将会是最佳变革推动者。这样的人更有意识和自我觉知，是更好的问题解决者、合作者和领导者。研究表明，一个人作为领导者的能力与其头脑复杂度（mental complexity）之间存在很强的相关性，这种体现头脑复杂度的例子有：处理不同的观点、多个框架和相互矛盾的目标，同时欣赏自己和他人价值观。这种头脑复杂度在内观自变阶段表现明显。

（Kegan & Lahey，2009）

但75%的普通人只是发展到规范主导阶段。这意味着变革推动者通常会寻求外部指引，被其环境的定义和期望（如简单性）所影响，并试图遵守他们周围的现有规范和观点。虽然接近17%的成年人达到了自主导向阶段，但这种心态有限制性，因为它被一套狭隘的价值观所支配，对其他不同的价值观和观念并不开放。这种心态的优点在于，它在探索了多种价值观体系之后，形成了一种基于批判性思维和反思的观点。

本书鼓励读者走向内观自变阶段。挑战你自己，不要使用简单的或直接从书架上搬下来的现成的变革框架。请尝试使用多种视角和方法来进行变革，这是内观自变的一种表现。不要只接受反映你自己偏见的变革理论——有些人对组织学习产生共鸣，但对政治心生反感；或者有些人喜欢做计划，但觉得仪式和符号是浪费时间。鉴于Kegan和Lahey的研究，我请求变革推动者将自己推向一个新的意识发展水平，这么做定会使你在未来的努力中取得成功。

本版新增内容

虽然本书保留了第一版的主要内容，但我根据读者的反馈做了一些补充，其中包括我关于高等教育变革扩大化的最新研究。我还添加了一些我在帮助院校进行变革的咨询工作中总结的工具。

上述变动主要以我在过去几年中从事的工作为基础。我曾多次参与关于变革扩大化的研究工作，其中最著名的是"美国大学协会本科 STEM 教育计划（the AAU STEM Initiative）"（2013—2017）（www.aau.edu/education-service/undergraduate-education/undergraduate-stem-education-initiative），该计划研究了美国大学协会在所属院校推广循证教学实践和提高本科 STEM 教育质量方面的作用。该计划使我得以研究一个全国性机构怎样与其他全国性机构合作，一起实现更大的影响力和建立广泛的变革网络（https：//pullias.usc.edu/scalingstemreform/about/）。该项目还探讨了院校如何以小组和网络的工作方式支持变革扩大化。同时，Teagle 基金会请我研究大学联盟在促进多校区工作变革中的作用（2012—2015）。该项目还探讨了能够在多个校区之间促进机构变革和学习的因素。该项目及其研究成果可以在以下网址搜索到：www.teaglefoundation.org/Impacts-Outcomes/Evaluator/Reports/Scaling-and-Sustaining-Change-and-Innovation。

此外，我还评估了一个多校区变革项目，即"加州大学 STEM 协作项目（the CSU STEM Collaboratives）"（2014—2017），该项目涉及加州大学的八个校区，他们共同努力提高工作效率，从而更好地支持 STEM 学生（https：//pullias.usc.edu/csustemcollab/creating-a-unified-community-of-support-increasing-success-for-underrepresented-students-in-stem/）。这个项目使我得以研究组织学习实践、网络和机构变革过程等领域。最后，我研究了旨在帮助 STEM 教师改善学习环境的四个大规模的全国性 STEM 改革社群。该项目名称为"实现 STEM 改革的扩大化（Achieving Scale in Stem Reform）"（2012—2015），其最终研究报告（https：//pullias.usc.edu/achievingscale/dissemination/）突出强调了专业学习社群对扩大变革的重要性。我还一直从事特尔斐项目（the Delphi Project）关于教师群体所发生的变化与学生成功经验的研究工作（www.thechangingfaculty.org/），这让我不断思考变革的扩大化。该项目旨在帮助国内每一位非终身教职的教师得到更好的支持，并帮助每所院校的变革推动者制定支持教师发展的教师工作模式，最终使学生从中受益。其目标是影响全国的每所院校，而且我们通过许多方式已经了解到，该项目已经影响了成百上千所院校。这项工作涉及许多不同的变革策略，从建立庞大的网络到基于行动的研究，从宣传或政策方面的变革到工具和资源开发，再到国家级奖项的颁发等等。我还曾在数十个项目和机构变革计划的咨询委员会任职。例如，一项关于 ADVANCE 计划的研究提供了与本书提出的原则相一致的重要工具和案例（www.colorado.edu/eer/research/strategic.html）。

总而言之，上述五个项目属于最早探讨变革扩大化的一批研究。事实上，促成这些工作的原因是，我在撰写第一版《大学变革之路》时深感高等教育变革扩大化相关文献的匮乏。这促使我着手这些项目的研究，力图拓展关于变革扩大化机制的知识边界。

虽然院校层面的变革将始终处于核心，它也是许多变革推动者认为他们最能施展拳脚的地方，但越来越多的基金会、政府机构和政策制定者要求领导者扩大他们的影响范围，考虑建立比单一院校范围更大的变革机制。变革推动者将不仅受益于本书第一版所强调的网络和实践社群，还将受益于本版中展示的其他工具，例如大学联盟与多校区项目、超网络（meta-networks）、媒体与公共关系、同盟，以及其他我们希望在高等教育中推广的将变革扩大化的重要举措。

此版本还提供了针对变革推动者的实用工具。我参与的有关工具开发的主要项目之一是万花筒 STEM 教育有效性框架项目（PKAL-Keck STEM Education Effectiveness Framework），其成果是由美国高等院校协会发布的《提高学生 STEM 成绩指南》（2016）（www.aacu.org/publications-research/publications/increasing-student-success-stem-guide-systemic-institutional）（Kezar & Holcombe, 2017a）。该项目总结变革推动者在变革实施过程中的经验，帮助开发支持他们机构变革的工具。这项研究还举例说明了内隐变革理论在变革实施过程中可能是一种障碍。来自实证研究的证据表明，领导者内心隐藏的变革观念可能对其构成困扰，这是一个非常重要的警示。

我的研究领域已经扩展到更多地关注变革扩大化和工具开发，但我关于变革的主要观点依旧不变：以伦理规范指导领导者很重要，它是变革的基础；应当明确地思考变革过程；关注变革意向和参与度；以变革框架为指导，它为变革推动者提供了分析和定制设计变革方法的空间；接受变革的复杂性；变革以经过研究验证的策略为基础。本版书附录中包含了一些工具，例如衡量变革准备情况的工具。此外，本书的几位书评者认为，给出一些未解决的案例研究并供读者学习和掌握概念会对读者有所帮助，因此附录中也增加了这方面的内容。附录还增加了一些新的总结材料图表。

我之所以决定将关于变革伦理的章节提前至第二章是希望体现这样一个事实：在这个政治化的时代，伦理规范越来越重要，领导者需要在变革中把伦理方面的考虑和过程作为核心任务。来自另类右翼团体和保守派立法者对大学校园的攻击越来越多，他们要求改变终身教职制，重组和关闭学术部门，限制学术自由，并在言论自由和校园安全之间制造竞争压力。伴随着这些压力，院校经费受到威胁。目前还不清楚未来几年可能会强制执行哪些政策，但我很清楚，在即将到来的时代，优先重视伦理规范和进行符合伦理规范的变革过程将最好地服务于变革推动者。

我希望变革推动者从这个修订版中受益，我也欢迎对它进行反馈，有可能的话会出版第三版。最重要的是读者您作为变革推动者所做的工作，如有任何有助于其他领导者成为有效变革推动者的评论，欢迎和我联系。

在我开始描述大学的变革之路之前，请务必了解为什么变革在学术界很重要，以及当今特定环境中变革的具体背景，这将是第一章和第二章的重点。

注释

1 在整本书中，我将交替使用"变革推动者"和"领导者"称呼推动变革前进的个人。

目录

第一部分 从不同角度思考变革
第一章 变革的必要性 / 003
第二章 变革的伦理问题 / 022
第三章 变革理论——变革推动者指南 / 041

第二部分 理解变革的多重框架
第四章 变革的类型 / 065
第五章 创造深层变革 / 082
第六章 变革的环境 / 104
第七章 变革领导力和能动性 / 128
第八章 多元理论变革方法 / 151

第三部分 当前变革推动者面临的挑战
第九章 变革实施中的阻力和障碍 / 187
第十章 超越院校层面将变革扩大化 / 205

结论 / 237

附录A 变革案例研究 / 240
附录B 变革工具包 / 248
附录C 变革准备因素调查表 / 250
附录D 大学变革过程评价表——以STEM改革为例 / 255
附录E 行政管理人员可以采取的高影响力管理办法 / 258

主要参考文献 / 266

致谢 / 281

第一部分
从不同角度思考变革

本书的第一部分主要帮助读者理解变革的必要性，并引导他们了解一些变革理论。这些理论重点研究变革推动者往往意识不到的方面，以启发读者从不同角度思考变革过程。本书第一部分提出了主要假设和理论，为第二部分的变革框架提供理论支撑。第一章解释了为什么高等教育需要变革，以及目前变革环境的独特性。第二章探讨了伦理与变革的关系。这一章回应了第一章中提到的变革环境及其所呈现的伦理困境，要求变革推动者考虑所有的变革计划的伦理基础，同时提出了变革推动者需要反思一些关键问题。我把伦理方面的考量置于首位是因为如果不首先考虑变革的原因和内容，无论你多么强有力地推动变革，如果它的方向是错误的，那么所有努力都将是徒劳的。第三章回顾了六种变革理论，帮助领导者从不同角度思考变革，并拓展他们对变革的看法。这六种理论为本书第二部分的变革框架提供支持。附录 A 包括一些教学案例，使读者能够应用本书第一部分和第二部分中的概念。

第一章　变革的必要性

有些人声称高等教育领域存在着前所未有的变革和危机，我们需对此保持警惕。当前一些评论认为高等教育面临的危机和问题史无前例，要么改革，要么倒退（Christensen et al.，2011）。其实，纵观高等教育史，重大的变革屡见不鲜。例如，1828年《耶鲁报告》发布前后的人文教育改革引发大规模辩论；1862年在《莫雷尔法案》推动下出现了一大批新式高等教育机构；二战后《退伍军人安置法案》颁布，学生人数大幅增加，学生构成发生了极大变化；联邦经济资助机制的推行使更多不同类型的学生获得接受高等教育的机会。

不过，以上案例表明，高等教育内部发生的许多重大变革源自其外部，而不是内部有意识作出改变的结果。一直以来，高等教育面临着变革（其中不乏巨变），这些变革决定了高等教育的性质和使命。但是，变革可能的方向之多，应对当今变革的实力（如财力和人力）之不足，给大学领导者带来了巨大的挑战和危机，需要以更多、更新的思维方式，对过去发生的类似问题和变革进行反思。虽然高等教育不一定处于革命的十字路口，但它必将发生重大转变，并且已经发生了许多改变。

此外，高等教育运行的大环境发生了复杂的变化，需要变革推动者参与其中。在这个时代，变革的方式方法对高等教育事业的健康发展与成功至关重要。本章将探讨领导者应当参与变革进程的原因，以及我们在当今时代将面临哪些特殊挑战。我还提出变革的大环境会影响变革能够发生和实际发生的途径——变革进程的本质就是进程本身也会被改变。因此，如今的变革推动者与以往不同，他可以借助社会媒体和科技的力量，而这些在过去的教育变革中所起的作用并不明显。

变革推动者还需经得起问责，行为更加透明，因为人们对高等教育领域的信任度降低了。领导者需要认识到高等教育和公众与更大的社会、经济目标之间的联系比以往更深，他们的独立性会因此而减弱，更容易受到外部因素和诉求的影响。此外，受全球经济衰退的影响，大部分高校财政状况不如从前，变革推动者需要作出更多努力。以上种种只是促使大学变革环境发生变化的几种情形而已，未来环境还会继续变化，领导者需不断地审视环境，不断地调整以适应环境变化。

为何领导者应当参与变革而非被动接受变革？

历史上看，变革是高等教育的一个普遍特征，领导者参与变革对高校保持活力十分重要。有时候，变革是变革推动者自己作出的，如实施某个战略规划，重新制定课程大纲，执行一个新的项目等，但更为常见的是，变革可能不是我们自己作出的，如招生人数下降、财政紧张等，我们容易忽略此种类型的变革。本书中提及"参与变革"时，所指即这两种类型的变革。高等教育领导者忽视外部压力或组织架构存在的问题是很危险的。某种程度上来讲，我认为过去20年来大学的管理人员、教师、学生缺乏一种应对外部力量的意识。学校领导者能够影响和决定变革的性质，能够决定变革对学校运行是否起到正面或负面的作用。以第一次世界大战和第二次世界大战期间学校领导者的回应为例，一战期间，学校领导者感到军方干涉了学校的运行，认为支持军方并不是学校的公共服务任务。因此，军方进入校园后采取的行动随即引起了骚乱和抵制。相比之下，二战时期高校领导者态度积极，他们决定发起对话，商讨可行的办法以支持军方行动，同时开设新的如地域研究、语言方面的课程，既符合大学使命，又支持军方行动。其结果实际上拓宽了资源渠道，提升了实力，而不是相反。军方的介入成为一种补充力量，而不是像从前那样干扰学校的运行。高校领导者作出回应（或不作回应）能够形成最终不同的结果。下面再举一个当代的例子。

过去20年里，对大学给予财政资助和公众支持的公共决策环境已经发生变化，但高等教育领导者很大程度上未对此作出回应，也未有意识地去适应这种变化。学校一直相信州政府拨款会回到原来的水平，公众支持也会反弹，然而，这一切并未发生，情况反而变得更糟。学校如果不及时应对财政资助减少，将面对日益棘手的决策、每况愈下的大气候和限制变革的一系列问题。

但是，正如两次世界大战期间军方进驻学校的例子那样，回应变革不总是意味着支持变革。有时候最好的回应是阻止那些会危及大学使命和教学运行的变革。例如，过去20年里，学校采用了企业的临时性雇佣模式，70%的教师没有长期稳定的雇佣合同或没有与学校建立长期稳定的关系，而且工作条件不佳，让他们难以完成教学任务并为大学的核心使命作出贡献。实际上，高校对其教师而言是个"糟糕"的雇佣方：工资低，福利差，合同期短，工作不稳定，雇佣流程不规范，几乎得不到指导和支持。几乎没有学校领导者阻止这种在师资构成和管理方面的变化；相反，他们模仿这种在企业盛行且被越来越多兄弟院校采用的新型雇佣模式，以此来解决州政府拨款不足的问题。因此，抵制临时性雇佣模式、考虑其他雇佣模式可能是更为恰当的做法。

一些人争辩说领导者并不是有意造成这种师资变化。在第二章中，我会分析新制度理论，该理论研究组织机构在往往缺乏意愿的情况下是如何参与巨大变革的（Cross & Goldenberg, 2009）。无论如何，师资构成的确发生了变化，几乎没有领导者去扭转这种变化趋势，即去阻止这种变化。所以说，不管是支持还是阻止变革，变革推动方参与变革都具有相当的能动性。虽然执行必要的变革至关重要，变革推动者不能忽视他们身边发生的一些变化，他们也不能只关注自己的学校而忽视了整个教育行业。作为领导者和变革推动者意味着要系统地考虑变革；同时，只有了解变革的背景和外部环境，变革者才能作出恰当的决策。

当今时代的变革

今天的变革环境有所不同，主要原因有：
（1）高等教育和全球经济的联系；
（2）公众投资加大，问责感更强；
（3）学生类型日益多样化；
（4）企业化的高等教育环境；
（5）营利性高等教育、竞争和市场化；
（6）关于人们学习方式的新认知；
（7）技术进步；
（8）校园国际化。

这些问题也说明了变革的紧迫性。虽然人们在谈到变革的紧迫性时会一再谈到这些反复出现问题，但是我希望不仅仅从研究变革的驱动因素这个角度来研究这些问题。我还想研究这些问题如何改变变革的大环境，创造一个变革发生的新时代，目前还没有看到类似的研究。我并不是说高等教育应该就这些问题进行变革，而是想说明它们如何产生变革的压力，并创造一个新的变革环境。事实上，我希望领导者基于证据和研究有选择地改变和行动。[1] 大多数情况下，变革不是以学习、知识创造和公共服务的使命为指导原则作出选择，而只是出于对政治和其他外部压力的回应。

高等教育和全球经济的联系

高等教育已成为进入知识经济社会的门户，这一转变是引起下列情况的主要和首要的原因：劳动力市场已从低技能就业岗位转向需要批判性思维和高技能的就业岗位，未来大多数从事高薪工作的人都需要接受大学教育；此外，创新是全球经济发展的关键。虽然过去50年来，创新已成为大环境的一个重要组成部分，但随着越来越多的国家提供教育资源培养劳动力大军，创新方面的竞争正在加剧。因此，其他国家正在努力使更多的人受教育，力图打造推动创新的生力军，使他们具备在全球经济环境中的竞争力。许多报告引用了近年来美国大学毕业生人数一直在下降的数据（与其他国家相比，我们的辍学率很高），指出这可能会影响我们的全球竞争力（Christensen et al.，2011）。这些趋势导致美国前总统巴拉克·奥巴马（Barack Obama）任内推出"2020年大学结业目标计划"，将大学毕业生人数增加一倍，并有一些举措，如"Lumina教育基金会2025年战略目标"，将努力把拥有高层次学位证书的美国人的比例在2025年提高到60%。为了实现这些雄心勃勃的目标，高等教育需要以新的方式作出反应和改变，因为刺激这种增长的资金即使有，也是有限的。

在决策者看来，高等教育领导者在实现以上目标方面的反应一直不够积极，往往不愿意考虑新的教学系统，如混合式教学和在线学习系统，或为了更快地增加入学机会而重新考虑课程建设或课程规模（Christensen et al.，2011）。[2]我们在改变全国辍学率超过50%这一结果方面还没有取得进展。虽然大多数国家报告中都谈及未来十年的目标，但教育行业可能面临更长期的挑战。高等教育持续的大众化进程带来的挑战需要系统的解决方案，以解决高中毕业率、K-20伙伴关系、重新思考补救措施以及加大对社区大学的投资等问题。此外，过去30年来，费用飞涨，学费每年增长约6.3%（Christensen et al.，2011）。从1990年到2009年，学费和学杂费上涨了274%，上涨速度比香烟之外的任何产品都快。教育费用的可负担性是决策者主要关注的问题，会影响入学率目标的实现。

这一趋势使变革过程也有所不同，因为现在各校园的决策与州和联邦政府的整体经济决策机制有关。许多高等教育领导者持续在孤立状态下工作，他们没有意识到，自己已成为一个更大的资本主义工业综合体的紧密组成部分。虽然这种转变自20世纪50年代以来就一直存在，但在过去二十年中，它随着全球经济和竞争的变化而加剧。此外，要提高毕业率和入学率，需要建立伙伴关系，在各部门之间有更多的合作（例如与K-12和社区机构合作），因为应对许多挑战需要跨部门的努力。变革环境要求高等教育机构之间、各部门之间以及机构内部有更多的协作（Kezar & Lester, 2009）。

公众投资加大，问责感更强

在过去40年中，主要通过联邦财政资助，同时也通过州助学金和政府机构（如国家科学基金会和国家卫生研究院等）的研究资金，联邦和州政府大幅提高了对高等教育的资助。由于财政资助的机会有所增加，受过高等教育的学生人数也在增加，因此高等教育规模得以大幅增长，并催生出营利性教育等新部门。

然而，由于资金的增加，联邦和州决策者开始觉得他们应该在学校中拥有更大的发言权，尤其是那些他们认为对投资来说至关重要的工作，如学生在校率、转学率和毕业率以及就业能力等。此外，他们开始要求学校遵守关于公平和公民权利问题的新立法和相关条例，如《美国残疾人法》《美国教育法修正案第九条》，以及保护雇员免受性骚扰的法律等。举例而言，联邦和州政府继续要求通过评估学生的学习成果，把加强问责制和透明度作为政府向学校投资的一个条件。政府机构希望确保学生学习到在信息经济社会中取得成功所需的知识。

由于高等教育历来享有财政支持，公共问责有限，因此校园利益相关者并不总是迅速响应外部要求校园变革的呼吁。许多民意调查显示，公众担心没有能力支付大学费用，入学率偏低等，特别是在加州等地，许多学生被大学拒之门外。公众的监督力度加大，对教学成果的透明度和问责的要求日益高涨，对使用新评估手段的需求也日益增加。高等教育领导者或机构应对公众日益增长诉求方面行动不力，可能会导致各州财政资助下降得更快，因为高等教育越来越被认为其本身就是一个问题，而不是解决问题的公共政策的组成部分。因此，集体对变革需求没有反应，对如何有效行动缺乏明智而迅速的判断，可能导致我们作为社会机构被认可的价值下降。

所有这些行动意味着变革与问责制的联系更加密切，同样，高等教育不能再被视作唱独角戏的部门，它和伴随公共投资而来的各种要求捆绑在一起。不过，这种变化并没那么简单。尽管随着时间推移，越来越多的联邦政府和州政府资金进入高等教育领域，但最近州政府预算不断下降，各州提供激励措施的能力也不断下降，导致学术领袖们呼吁在州监管、问责和管制方面享有更大的自由。因此，虽然人们对问责制的期望有所提高，但也有人建议，由于公共资金在预算中的作用下降，应将公立高校从问责制中解放出来。州政府的投资根本无法跟上支出增长的步伐。经济衰退严重影响了校园捐赠，也影响了校友对高等教育的捐赠，从而进一步阻碍了校园资金流入。

越来越多的问责问题还与其他新的利益相关者有关，这些利益相关者认为高等教育应该对他们负责。虽然克拉克·克尔在《大学的功用》一书中指出早在20世纪60年代就有了利益相关者概念，随后利益相关者团体数量一直呈几何级数增长，利益相关者对高校领导者带来需满足其各种利益诉求的新压力。诸如公司、基金会、社区机构和民间组织等等利益相关者提出各种要求来影响高等教育的发展目标和方向。

这也会影响变革环境。以前的校园管理者很大程度上可能自行制定或将重心放在内部制订变革计划，（Kerr，2001）。[3] 今天，管理者以及其他校园变革推动者需要顾及更多的利益相关者，并在决策中平衡不同的观点和优先事项。领导者需要思考有意义的途径，以帮助教师认识到，为了提高入学率，提出一般的教育目标可能不如与当地学校合作并整合课程设置来得重要。政策制定者还需要更好地理解，提高学生毕业率的压力实际上可能会降低一大批学生的素质和成绩。对于所有参与塑造高等教育未来的团体来说，有必要比以前任何时候了解越来越多的利益相关者的观点。不管是内部还是外部的团体，都需要有一个更加广泛和包容的对话，加强互动，并培养彼此理解对方观点的能力。

学生类型日益多样化

现在接受高等教育的学生比历史上任何时期都多。随着高等教育行业的壮大，不同类型的学生（例如，第一代移民、成人学习者、残障人士，以及不同的种族、族裔、社会经济地位、性别和国际学生等）被引入校园，这些学生的需求各不相同。未来的学生主体将越来越多样化，人数增长幅度最快的是西班牙裔学生。然而，尽管我们的学生正变得日益多样化，但这些学生群体（特别是低收入和少数族裔学生）的在校率和毕业率仍然很低。根据2000年的人口普查，16%的西班牙裔，21%的非裔美国人，15%

的美洲原住民获得了大学学位，相比之下，35%的白种人和49%的亚裔美国人获得了大学学位。此外，在NCAA排行榜DI类大学中，西班牙裔学生毕业率为45%，非裔美国人为31%，但白种人为58%，亚裔学生为65%。人们认为，高校在满足这些群体不同需求方面进展缓慢，这在一定程度上导致西班牙裔和非裔美国人学生的毕业率较低。

尤其是20世纪80年代和90年代的高等教育文献强调，校园需要改变，要接纳女性、少数民族、低收入学生和成年学生（Hurtado et al.，1999）。我们知道要通过什么样的改变才能帮助不同群体取得成功，但往往未能实施真正的改变。而且，过去的挑战我们还没有充分应对，新的变化仍不断出现。例如，近年来，学生没有像过去那样只在一所高校从入学到毕业，而是在多个学校之间流转，有时同时就读多达三到四所学校。此外，有退役军人身份的学生进入校园后有特别需要解决的问题，如从创伤后应激障碍、抑郁症，到重新适应非军事生活。学校发现，现在不仅需要加强咨询服务，而且需要配备心理咨询人员以帮助退役学生解决他们的问题。同样重要的是，要把退役军人学生联络起来，这样他们才能有志同道合的同龄人一起相互交流。

高校在重新思考组织架构和支持不同背景学生方面取得了一些进展。例如，在吸引女性和成年学生方面取得了很大成功，不过其他群体还没有成功参与高等教育，包括低收入人群、第一代移民和少数民族，特别是男性非裔美国人（Touchton et al.，2008）。部分问题在于，高校未能与K-12系统合作，协调标准，帮助教师成功地支持多样化的学生群体，未能在高中阶段创造有利于上大学的氛围，或未能核查转学流程。此外，高等教育倾向于增加单一的项目或服务来帮助学生，而不是从根本上重新思考组织架构和校园文化来支持新学生。[4] 虽然这个问题很复杂——因为学生也有责任对自己的成功负责，但这仍然是高等教育面临的一大挑战。我们对新学生群体，即奥巴马政府把招生人数翻一番的目标对象，工作做得不是很好。

伴随着学生群体的日益多样化，教职员工的组成也日益多样化。虽然效果没有一些人希望的那么明显，但教职员工越来越反映出在性别、种族和社会经济地位方面的人口多样性。校园里人的面孔的变化为变革提供了一个与过去不同的环境。由于更加多元化，校园利益相关者之间的共同利益，或者至少是感受到的共同利益可能更少。他们的经验和背景差异很大，使沟通和创造共同的视野变得更加复杂。以前大多数教职员工来自相似的经济和社会背景，他们的利益较为一致，更容易相互理解。但现在的变革可能更加困难，有更多的机会产生误解和抵制。通常，变革推动者并没有做好准备,让来自不同背景的人参与变革,真正倾听和理解不同观点,作出复杂决策,并让变革得以发生。[5]

企业化的高等教育环境

校园企业化是另一个影响变革原因和变革性质的主要问题。三十多年前,大多数人会认同校园是专业机构,教师和行政人员共同承担决策和校园运营的责任。同时,校园得到了更多的公众支持,州财政预算为高等教育提供了稳定的资金。然而,随着州预算的减少,校园领导者开始寻找增加收入的新途径(如赠款、许可),提倡创收(例如一些在线课程和证书等旨在赚取利润的新项目),降低成本,在预算不确定的时期灵活处理(如雇佣非终身制晋升轨道的教师),并集中决策,使管理者对支出、规划和优先事项拥有更大的控制权。许多人认为,高等教育行业开始注重商业运营,而不是学术核心(Burgan, 2006; Rhodes, 1996)。教师被视为工人,而不是专业人士。因此,管理人员开始雇用非终身教职的全职或兼职教师,这些教师往往只领到贫困线水平的工资,没有福利,在校园事务、考核和专业发展方面很少或没有任何投入,得不到任何形式的诸如职业指导、办公空间或教学资源等方面的支持(Kezar & Sam, 2010)。这种转变对校园的价值观和优先级产生根本性的影响。在规划和治理时,学术和专业价值观被放到一边;对话和决策主要集中在与资金、营销、品牌、入学增长和生产力最大化相关的事务方面(Slaughter & Rhoades, 2004)。这也导致教师和管理人员之间的共同利益和信任受到损害,当然这因校园背景或部门而异,但在所有类型的高校都能看到。

由于越来越多的行政人员和非学术出身的管理者控制并主导了大学生活,高等教育变革环境也发生了变化(Leicht & Fennell, 2008)。以前,管理人员来自教师队伍,对组织内部十分熟悉。现在,越来越多的管理者不是从教师队伍晋升上来的,对内部规范的熟悉程度较低,并更多地受到外部压力的影响,尤其是把注意力放在提供资源和声望的人士身上。即使是传统的既得利益团体,如父母和校友,也在改变他们的角色,更多地把自己视为客户或控制利益者。过去,管理者在父母、学生、捐赠者、研究资助者和教授之间提供了缓冲地带,他们试图维持一整套制度规范,支撑一系列关于劳动专业化、自主性、终身教职、学术自由的价值观,强调教育和知识的价值。Leicht 和 Fennell(2008)认为,如今,管理者将每个成员的利益视为合法利益,并致力于满足他们的利益,而不是为这些人对高校的影响起到缓冲作用。因此，大学校园内部变革环境越来越复杂：与过去相比，更多利益相关者参与进来，价值观（即创收与学术利益之间）的冲突更甚，领导者秉持的企业式和创收式价值观更多。

因此，许多人认为，企业化的工作环境意味着变革进程发生在教师和行政人员普遍失去共同利益和愿景的校园里（Leicht & Fennell, 2008）。管理人员、教职员工和行政团体之间失去了信任。由于越来越多的教师在终身教职制度外被雇佣，他们的权力越来越有限，身为变革推动者的角色也越来越受到限制，在第六章中我会提到即使是权力非常有限的人也有创造变革的潜力。校园领导者认为自己处在与其他校园竞争的环境中，因此他们不太学院派，很少有信息分享。以上所有情况使得目前的一些变革比早期更加困难且矛盾重重。在早期，教师之间有更多的共同利益，有更强的领导能力，校园内部和校园之间的关系更加牢固，都将自己视作集体事业的一部分，而不仅仅是招生和资金的竞争对手。企业化使得一些增加创收的变革如在线课程、获得拨款的新领域、国际化和全球项目开发方兴未艾，其代价是牺牲其他重要的变革，如提高在校率或多元化等。因此，企业化的高等教育环境似乎导致一些变革兴盛一时，一些变革因有悖企业化价值观而难以进行。

营利性高等教育、竞争和市场化

与高等教育企业化密切相关的是营利性高等教育的骤然崛起。它曾经是一个相对较小的领域，现在则为13%的大学生服务，和非营利私立高等教育所占比重相同。尽管这一领域饱受困扰，例如非法招生、学生债务和违约，似乎无望履行就业承诺，所提供的教育质量受到质疑（如学生是否取得了所需学分、学生是否完成作业或得到恰当评分、教师是否迫于压力让学生考试及格等），但一直在吸引更多的学生。正如Kinser（2011）指出的，许多营利性高校并没有非法和不道德的行为，但由于实际上没有实证性研究或方法揭示真相，上述问题给行业带来了不利影响。新的立法被通过，旨在解决与有偿就业相关的欺诈行为，要求营利性高校证明他们在学生毕业时成功地将其安置在工作岗位上，营利性高校正试图作出回应。另外，他们也被迫对90/10规则作出回应，该规则要求它们从联邦财政资助以外的来源获得10%的学费收入。

营利性高等教育可能不构成对传统高等教育的竞争压力，因为现有高校特别是公立学校难以满足公众对其学位的需求。而且营利性高校的成本结构与传统高校仍然类似,因此除非其定价低很多,否则不会给传统高等教育带来竞争压力。然而,营利性带来了一种不同的运营模式,这种模式似乎正在影响传统的非营利性的学院和大学。例如,非终身制教师模式、课程设置方式(例如预先打包和标准化)和治理结构(例如没有共享治理),以及在运营中人们越来越关注的规则,正在更加频繁地被模仿。营利性模式和非营利性模式越来越相似。

营利性高等教育对传统高等教育中的另一个日益明显的影响是争夺生源的竞争,无论是招生还是吸引最好的学生,学校通过增加校园的吸引力来提高声望。这促使学校将资金投入到校园设施建设、设立优秀奖学金以及他们认为能吸引学生的新服务、新计划中,牺牲的往往是能承受的入学机会或给教师的支持或薪水。虽然在吸引学生方面,营利性高等教育目前吸引的是不同人群,可能不会对除社区学院以外的大多数高等教育部门形成竞争,但他们加速启动了传统高等教育部门内部的竞争模式。[6]

除了营利性教育在业已形成的高等教育市场上增强了竞争意识之外,大学排名体系在企业化的大学环境中也愈演愈烈,造成传统高等教育机构之间的竞争日趋激烈(Pusser & Marginson,2012)。越来越多的新的排名体系正在世界范围内建立,高校在作出质量、绩效、目标和事务优先级方面的决策时受到这些体系影响。由于某些标准或特点是确定排名的因素,它们正日益影响校园的决策和事务优先级。虽然人们可能会认为排名对处于榜首的精英大学十分重要,但这些全球排名使用的标准也成为其他高校——即使是那些未排上名或排名垫底的高校——实际衡量质量的标准和憧憬的目标。因此,这些排名体系以特别的方式推动变革进程,使高校选拔趋严,成本趋高,越来越强调科研和论文发表,更加注重通过营销提高声誉。

营利性模式的兴起和高等教育市场化,也通过强化企业式价值观塑造了变革环境,这些价值观牢牢控制了公立和私立的非营利性学校。如果一个部门表明可以通过这些方法取得成功和增长,就会给其他部门带来了压力,迫使它们考虑采取同样做法参与竞争。营利性高等教育的兴起及其对在线学习平台和标准化课程设置的重视,被认为是通过引入一种颠覆性技术影响传统高等教育,使之有可能从根本上重新思考关于高等教育的各种核心理念(Christensen et al,2011)。新的模式使高校更有可能发生根本性改变,或使这些改变更容易被接受。高等教育的历史表明,每次引入一种新的院校类型(如大都市大学、社区学院),都会在更大范围地影响高等教育行业,不过历史上的这些变化没有像这次变化所预计的那样,动摇了高等教育的核心理念。

关于人们学习方式的新认知

来自认知科学和神经科学的研究表明，人们学习的方式异于我们曾经所认为的那样（Zull，2011）。在课堂教学和课程实践中，学习通常是被动的：教师将信息提供给学生，学生在一块白板上积累知识，随着时间的推移，白板上搭建起分门别类的知识仓库，学生利用这些知识来解决问题和创造新知识。这导致一种基本上以讲授为主的模式，来讲授教学内容和不同课程。一方面，过去已有教学法研究对这种讲授和知识传授方式提出质疑；另一方面，学者们和许多外部的如国家科学基金会这样的利益相关者被说服，认为我们需要将新概念纳入我们的教学实践。令人信服的新的研究证据表明，积极的学习方法可以帮助人们发展深度学习。

研究还表明，碎片化的而不是综合性的学习，效果要差得多；强调将内容、认知图式等要素进行整合的课程设置和教学方法对学生学习至关重要（Zull，2011）。整合不仅要跨越主题，还要整合日常生活和经验，两者都很重要。因此，典型的强调抽象的学习方式效果不佳。当学生现有的知识有体系支撑，并在学习内容之间建立明确的联系时，他们会学得更好。此外，情感与学习的联系也得到彰显（Damasio，1994），从而建议用一些方法回应或激发学生的情感，如服务式学习。这些研究还表明，种族主义或性别歧视会妨碍建立安全的学习环境。

相关研究并未深入探讨最近的认知科学研究结果的细节，而是强调重新思考课程结构和价值观、教学法、教室空间和建筑以及师生互动。许多院校正在根据这些有关整合和综合学习重要性的新发现作出变革（如开设高年级顶点课程或成立学习社区），创立基于问题和体验的教学模式，通过自创专业、以学生为驱动的学习任务和服务式学习课程等充分调动学生的兴趣和情感，来激励学生学习。这一强大的来自认知科学的研究基础为变革提供了坚实基础。虽然过去有许多人呼吁变革，但往往缺乏令人信服的证据说明为什么要变革，支持者也更少。现在，随着主要资助者和强大的外部团体支持这方面的研究，它成为变革的强大驱动力。

由营利性高等教育和技术爱好者所倡导，并受到强调效率、规模和生产力的企业价值观推动，高等教育向被动的、以讲座为主的在线学习形式（尤其是慕课）和碎片化、模块化的课程模式发展。这一发展方向受到认知科学研究结果的挑战。它表明采取未经检验的学习模式是危险的，这些模式正越来越不利于真正的学习。它可能会对渗透进入许多校园的企业化价值观起到反制作用。

这种关于人们学习方式的新知也可以作为产生变革和打造变革的杠杆。认知科学研究强化了为什么拓宽视野、沟通、诉诸情感和理解人们对推动变革的恐惧可以作为变革的杠杆，正如变革用来改善学习环境一样。校园变革的推动者不仅需要思考变革的有力理由，还需要思考如何使人们从情感上接受变革。虽然人们经常在谈到变革时感到恐惧，但直到最近对变革的研究才使我们意识到，人们对变革的抗拒往往是对变革本身缺乏了解——他们自身需要学习这一点实际上是变革的真正障碍，而不仅仅只是心理上的恐惧或对现状的依恋。这就是为什么关于认知和组织学习（第四章）对变革的产生如此重要的原因。

技术进步

技术进步也是影响学生形成不同学习方式的原因之一。今后，视频游戏、脸书、博客和维基百科都将以某种方式上融入校园学习体验；事实上，它们中很多已经融入其中了。通过社交媒体和互联网，学生可以比以往更多地接触到人和信息来加强学习，同时也会分散他们的注意力（Christensen et al., 2011）。不管是好是坏，技术日趋成为世界和校园生活的一部分。学生花费越来越多的时间和技术打交道，并要求通过互联网获得更多校园服务和课程。2008年，25%的学生参加了至少一门在线课程的学习（Christensen et al., 2011）。不仅营利性高校经常使用在线学习平台，许多传统大学也在使用。一些大学（如麻省理工学院、卡内基梅隆大学、开放大学、塔夫茨大学、加州大学欧文分校、加州大学伯克利分校和斯坦福大学）甚至利用技术提供免费或开源课程。虽然他们并不给完成这些课程的学生颁发学位，但颁发徽章和证书，表明通过这些课程考试的学生已经获得或发展了一定水平的技能。此外，其他一些举措，如Udacity（由斯坦福大学提供的免费计算机科学课程发展而来，目前由风险投资资助，包括15个活跃课程）、Peer 2 Peer（三年前成立的在线机构，学生利用网上找到的材料免费学习）、Coursera（利用一系列传统高校提供的免费课程）、edX（由哈佛和麻省理工学院开设的开源课程）、University of the People（一个免费学习的在线机构，颁发某些特定学科的学位）等等，通过在线学习环境免费提供课程和学位，还有慕课，通过互联网提供大规模的在线开放课程。目前这些举措以许多现有的成功经验为基础，如马里兰大学的学院和宾夕法尼亚州立大学的世界校区，它们招收了10万名学生，尤其擅长招收成人学生和无法进入校园学习的个人。

正如认知科学研究正在推动教学和学习的变革一样，比尔和梅林达·盖茨基金会和卢米纳基金会等正在通过提供资金、促进新技术的使用，来增加人们接受高等教育的机会。盖茨基金会通过下一代学习助学金资助了许多混合型教学模式。国家学术转型中心推出了重要的创新举措，该中心为自然科学、社会科学和人文学科等方面最受欢迎的 25 个入门课程创建了学习模块，这些模块可以由在线教学系统提供，能够让更多的学生参与学习，减少教学时间，并通过更大的规模经济来降低课程成本。因此，创新可以降低成本，解决许多人认为的高等教育费用飞涨问题。这些举措的优点在于翻转课堂为学生提供积极的学习方式，这是许多其他教学模式不具备的。大学通常会因技术能带来收益而愿意参与其中的变革，虽然新技术并不总能带来所期望的结果。一些大学推出的在线项目已经亏损，而不是盈利。在线课程常常需要花费教师更多的时间，而不是更少。同时，基建成本往往非常昂贵，由于技术发展非常迅速，一所学校刚安装好一套软件或硬件，就马上面临升级。这些连续成本会减损当初决策投资的预期利润。虽然教育技术人员认为，从长远来看，新系统可以降低成本，但他们也强调，技术上的追求应该出于教学价值，而不是成本，因为降低成本不一定能够带来预期的结果。不幸的是，许多大学正试图利用技术，通过增加被服务的学生数量来创造额外的收入，他们通常使用效果较差的在线学习模式，而不是通过多种途径使用技术（Christensen et al.，2011）。此外，Clark（1983）已经证明，技术只是一种媒介，它本身并不能提高学习的价值，而是有别的用途，比如增加更多的学习机会。因此，领导者需要认真引进技术，不仅了解其优势，还要了解其局限性。

就其在变革进程中的作用而言，技术给我们更多机会，超越分散或封闭的界限并建立联系。人们关心服务式学习、倡导可持续性或多元化的，并越来越多地通过互联网形成社会运动和支持性团体，使用在线工具支持变革。技术对缺乏资源和权力但可以使用免费在线平台自下而上进行动员和创造变革的人群尤其有帮助。技术还让变革推动者产生更大的影响力，通过更畅通的交流来影响变革进程。例如，http://change.org 等网站允许变革推动者发布他们的关注点，召集大量人员支持其所期望的变革，如果他们使用传统工具可能无法联系更多的人。目前有许多教育倡议张贴在这样的网站中，这些网站及其推动变革运动的能力将越来越多地塑造和影响校园变革的方向。

校园国际化

高等教育不再受国界的限制。学生在大学生涯中,越来越有可能参加甚至是同时参加多个国家的课程学习。他们将与其他国家的学生互动,并受其思想和兴趣的影响。美国院校的教职员工也以新的方式走出去,在国外分校工作,或者通过在线项目为世界各地的学生服务。课程设置和教学法需要重新审查,因为它们用于教育具有不同文化背景、国籍和经历的学生。学生需要培养全球化视野,为他们大学阶段的国际体验作好准备。对于许多院校而言,这一领域具有重大的创收潜力,因此校园国际化跨州、跨国扩张,且行动相当迅速。虽然围绕国际化建立起政治意愿相对容易,但这并不意味着所有国际化的努力都取得了成功。

这种国际化背景还意味着院校正在全球范围内考虑谁是他们潜在的合作者和竞争对手。我们看到,越来越多的不同国家高校之间形成了教学和科研的伙伴关系。同时,随着各院校在更大范围内考虑谁是其竞争对手,其他国家的同行也成为它们针对的目标。世界排名体系不断发展,形成了新的全球教育环境。这不仅导致国际分校和合作伙伴关系的增长,还通过英国开放大学或Kaplan教育集团带来全球在线营利性教育产业的繁荣。

国际化也会影响变革的大环境。国际组织、国际趋势和国际政策将塑造高校的发展方向和成功潜力,从而对其施加越来越多的影响和压力。《服务贸易总协定》和经济合作与发展组织(经合组织)或世界银行等国际金融组织的政策间接地影响了校园治理,但在规划中需要得到更明确的承认(Bassett & Maldonado-Maldonado,2009)。除了上述全球排名体系外,要求高等教育学位和课程标准化的呼声越来越高,这样学生就能够轻松地在不同国家的院校之间转学。例如,"调整项目"(the Tuning Project)正在欧洲和拉丁美洲博洛尼亚进程(the Bologna Process)中实施。[7] 国际化产生了一些新的全球性标准和测试,如"高等教育学习结果评估测试"(the Assessment of Higher Learning Outcomes)。因此,这种国际化背景给高等教育领导者带来了一系列新的挑战,需要他们积极面对和思考,而非任凭这些挑战塑造和改变校园。

应对变革

对于一些院校特别是私立文理学院来说,选择不在于改革与否,而在于如何参与正在发生的变革。很多私立文理学院面临入学人数下降、收入短缺和学生外流的挑战，需要找到更好的、更具战略眼光的方法来应对这些变革。通过融合教育技术、招收国际学生或国际办学（前文所述的变革）可能有助于应对其中一些挑战。但对许多院校来说，变革不是一种选择，而是一种必须。

当前环境下的变革：服务公共目的还是企业化

上述变革的驱动因素指向当今大多数院校都需要应对的不同程度的困难，因为它们是影响美国和全球高等教育的主要和首要力量。然而，每所高校都面临着特定环境中亟待解决的问题（例如当地社区的需求、劳动力发展需求、吸引特定人群）。事实上，正如我将在第三章、第四章和第六章中描述的，要决定哪些变革是必要的，需仔细考虑该校历史、文化、使命和战略机遇。这些自身的驱动因素也是变革环境的一部分，可能会使某些变革比其他变革更容易启动和实现。

当今环境有利于带来创收的变革。作为领导者，思考这个问题可以有两种方法。一种方法就是更多地推行强调或优先考虑创收的变革，包括扩大在线课程，增加有市场回报的课程的招生，以及在国外开发易于实现的项目。然而，每当领导者作出只关注创收的决策时，整个教育行业会继续稳步向同一个方向发展，而耽误了高校其他使命的达成。领导者应努力实施在这种环境中难以推动的变革，它们虽花费不菲，但可以提升教学质量或学生体验，同时在更广阔的范围完成高等教育使命。解决多样性和公平问题会影响校园的归属感和人际关系。重视课程设置的质量，即将创新的教学方法或教学策略（如服务式、协作式、参与式学习）以及帮助学生转专业或毕业的方法融入课程设置，可以提高高等教育水平。高校还可以审视学生的求学经历和学生正在获得的技能的本质。他们可以重新思考教师工作的性质，雇佣更多全职、敬业的教师并支持他们的职业发展。我与其他学者一起，将这一挑战描述为在面对日益增长的市场压力时，维护高等教育一直以来的公益性（Kezar et al.，2005）。

Robert Zemsky 等人（2005）认为，高校需要两者兼顾，既要顾及市场，又要以使命为中心。不幸的是，许多院校的办法有所失衡，实施的是在当下环境中最能带来回报的易行的变革（Toma，2011）。[8] 尽管 Zemsky 等人相信校园可以走中间道路，但高校领导者普遍缺乏明确的计划或方向来实现上述两个目标，这通常意味着院校最终因强调创收，而牺牲了教育的公益性使命。如果高校领导者想要成功地采取平衡战略，促进两个方向的发展并都有所收获，则需要更加清晰地明确这条中间道路。承认创收的实质性拉动作用，同时又要注重教育公益性使命和优先级，需要领导者非常勇敢和具备全局观的领导风格。因此，这种变革的背景意味着领导人需要认真考虑他们正在推行的一系列变革，以及这些变革将如何塑造所在院校的特点和性质乃至对整个高等教育的影响是好还是坏。领导者习惯于独自考虑变革，解决各自的问题，然而，鉴于目前高校创收和企业化的背景，有必要推动一个范围更广的变革议程，将个别高校的改革与整个高等教育未来更广阔的愿景联系在一起。

高等教育将走哪条路？是支持公益，拓展服务，广泛地招生，提供丰富的人文课程，为帮助学生提高学业而打造敬业的师资并使其成为共享治理中的一员，还是模仿我们营利性教育的同行（我们和他们越来越像），主要关注收入、招生人数、增长、产出，聘用临时教师，保持对课程、教学和招生过程的严格管理控制？在我开始我的高等教育生涯时，我在非营利性高校中从事的公益性工作与营利性院校的运营和工作目标形成了鲜明的对比；现在，很少能够区分二者之间明显的差别。对某些人来说，这是进步的标志；对我来说，这表明高等教育从业者从事公益工作的水平下降，我们的历史作用被扭曲，因此需要采取行动进行变革。我并不是将过去的情况美化和理想化。在过去，入学率较低，多样性欠缺，高等教育将更多人排除在外。但我知道，高等教育有办法做到既注重学术价值、多样性和质量，又保持财务偿付能力和效率。要做到这一点，则需要变革推动者具备全局化的思维。本书的第十章对变革伦理进行了扩展讨论，进一步深入探讨了要追求哪些变革以及如何作出决定的问题。

有一种令人不安的涉及变革的观点正在出现。这种观点认为，高等教育机构必须整合一系列变革，提高其生存能力和全球经济竞争力，并强调现在和将来的竞争会多么激烈（Christensen et al.，2011；Erwin & Garman，2010）。这种观点的提出者通常是推崇管理的学者（他们自己也许不是这么认为的）以及效率、创新、技术扩散、创收和产生声望方面的变革支持者（Christensen et al.，2011；McRoy & Gibbs，2009）。持这种观点的人士认为，高等教育需要彻底转变，摒弃其传统结构和文化。他们的理解是，任何规模不大的转型都会牺牲颠覆性技术（如在线学习）的发展潜力。这些支持者把非彻底的变革描述成无济于事的修修补补，可能会导致整个行业的衰落。这种观点与本章之前提到的企业化趋向有关联，也支持企业化。

虽然我认为技术、创新和效率是有价值的目标,但大学校园领导者的话语和行动对之过于强调,往往使高校无法关注其学习、研究和公共服务的主要使命。此外,在推崇管理的话语中,创新往往与一系列更狭隘的侧重于效率或入学率的高校目标联系在一起。两者都是有价值的目标,但不能单一追求而忽视高等院校所服务的众多目标。

有些人强烈主张以创新、技术和效率为导向的改革,但其支持的证据和研究有限,我们需要就其基本假设进行更多的对话和讨论。一些核心理念很强大,但往往被支持者不加批判地接受,但实际上并没有带来它们所声称的好处(例如节约成本)。当然,认为完全没有必要变革的观点同样是被误导的。通过研究和对话,采取更好的做法,组织工作总是可以改进的。虽然各高校需要谨慎对待变革,关注其长期使命,但适当调整并采取最佳做法这一点很重要。

本书不提出具体的变革策略,尽管目前存在一些非常有前途的变革领域和途径,包括本科生科研、服务式学习、高级顶点课程、基于问题的学习、自我主导授课、修订后的补差课程和文化多元化举措等。科学研究发现,上述举措能够促进学生学习,变革推动者应熟悉并检视这些新观念,看其是否适用于本校。

小结

本书后面的章节将提出在高等教育领域实施有意义变革的方法。但讨论"如何变革"需要结合"变革什么"和"为什么变革"的问题。本章回顾了一系列变革驱动因素和作用力,解释高等教育变革势在必行的原因。此外,作为领导者,不仅要知道为何产生变革,而且要认真思考受到拥护和支持的变革的性质。本章的论述旨在帮助领导者思考构建所在院校未来发展方向的框架。它要求领导者对校园里提议的变革性质进行伦理层面的反思。

本章中,我还描述了变革推动者所处的独特的工作环境。高等教育作为一个行业,面临着更大的变革压力,要求问责的需求日益增多。利益相关者的范围正在扩大,他们可能不认可高等教育应承担的历史性使命和原则。由外部环境和压力决定高等教育前进的方向是很容易的,但这样做对整个行业的发展无益。忽视许多的变革压力也同样无益。领导者需要了解业态和各种力量,平衡它们和大学历史使命、市场和优势之间的关系。

本章还论述了新的环境如何塑造变革进程,指出变革推动者为何需要了解国际力量和盟友、利益相关者视角的日益多样化、通过技术发展网络的潜力，以及对问责制的要求，以上这些都是我们时代的特点。在深入思考了为什么需要变革之后，现在该考虑一些关于变革的基本假设了。首先，我将回顾变革的伦理，这与本章所审视的"对什么进行变革"和"为什么变革"问题有着错综复杂的关系。随后，我将在第三章持续讨论"如何变革"的问题。

注释

1　例如，参见美国学院和大学协会倡导的颇具影响力的办法：www.aacu.org/leap/hip.cfm。

2　Christensen 等人（2011）认为，当前高等教育正处于被技术发展（在线学习）所干扰的形势下，并且由于高等教育可能无法自我避免这种干扰，变革可能无法避免。

3　Kerr 提醒我们，长期以来在高校都有一个复杂的利益相关者构成的网络，但其数量在不断增加，他们对产出方面的投资比过去更多。

4　参见 Kezar（2010）对支持低收入学生所需的深刻变革的描述。

5　有关怎样吸引不同的人群参与变革，请参阅 Bensimon & Neumann（1993）。

6　竞争和等级制度一直存在于传统的高等教育机构中，但营利模式使基于市场的竞争（例如营销、建立品牌和吸引生源）更加普遍。

7　有关"调整"项目的信息可以在以下网站查找：www.unideusto.org/tuning/。

8　关于校园领导者如何牺牲以公益性使命为中心的变革为代价追求创收的问题，更完整的讨论参见 Kezar（2008）。

第二章　变革的伦理问题

第二章 变革的伦理问题

丽兹和玛丽在不断发生变革的校园里工作，但他们没有看到这和学生学习之间有何联系。事实上，所有的焦点似乎都放在营销、品牌和广告上。每个月都会发布新的政策或计划，旨在实现丽兹和玛丽似乎永远无法确定的目标。他们觉得自己在校园里随波逐流。

每一次变革都被赋予了价值和利益，它有很多伦理上的选择和困境。如本书序言所指出的，目前的政治气候使伦理上的考量变得十分重要，因此，任何变革的伦理考量是变革推动者首先要考虑的因素。在今后的几年里，对于校园里的员工、教师和管理人员来说，抵制不良的变革可能成为现实。在提出变革或寻求对某项举措的支持时，领导人需要审视变革倡议中的受益者，即审视变革是为了满足谁的利益。变革推动者需要谨慎地考量伦理规范，以便作出符合大多数人利益的选择。同时，最近的研究文献已明确指出，有多个环节可以纳入变革计划，使之更好地符合伦理规范。尽管关于变革的研究常常指出伦理在变革过程中的重要性，研究有关组织变革伦理问题的学者还是感叹相关研究的匮乏（Sturdy & Grey，2003）。此外，研究还表明，变革早期违反伦理规范会产生抵制和怀疑，变革失败往往与它有关。最后，所有的变革主张都代表着一种伦理立场。变革推动者必须认识到这一点，并仔细考虑其所提出的议程、愿景或方向可能产生的结果。

然而，抵制方向错误的变革被视作一种伦理上的回应和领导力行为。Sturdy 和 Grey（2003）指出，那些身居权位的人往往拥护变革，并且通常因其在组织内发动变革而得到奖励。两位作者以调侃的口吻招募一位管理人员，要求他不仅要保持组织稳定，还要设法为组织的生存保持连续性。作者之所以主张连续性，批评管理层偏向变革，是因为管理者倡导的变革符合精英阶层的利益，而组织内部的其他利益相关者所关心的问题通常在管理者的议事议程中不重要。Sturdy 和 Grey 指出，亲变革导向在伦理上是有问题的，它往往缺乏反思、批评或包容性。既然许多掌权者倾向于对变革不经审查一概欢迎，那么可能需要抵制变革，以保护非精英人士和更广泛的利益相关者的利益和伦理考量。

需要注意的是，本章没有以哲学方法讨论伦理问题。事实上，我没有借鉴哲学的常规论证方法，而是主要借鉴社会科学研究中有关伦理学的研究，大多数哲学家称之为技术视角。当然，许多重要的伦理学家（如罗尔斯、亚里士多德、哈贝马斯）和伦理传统（如目的论、义务论、实用主义）可以被用来形成特定的伦理立场。伦理准则为指导决策提供了固定立场的视角，例如变革倡议是否公正、公平和能被认可。本章中，许多伦理准则都嵌入在所讨论的社会科学变量中。例如，大范围利益相关者的参与要求反映了哈贝马斯就各种原则进行民主讨论的诉求，组织正义的重要性反映了罗尔斯的正义理论。因此，虽然本章没有从哲学视角出发进行讨论，但所借鉴的社会科学研究已经将这些哲学思想嵌入其中。而且，这些哲学家为变革的推动者提供了重要指导，为伦理学的进一步研究提出了建议。

还要指出的是，大多数关于变革伦理的研究都聚焦身处权威地位的人士及其在变革过程中伦理失误的方式，却很少有研究调查自下而上的变革举措及其变革过程中出现的伦理失误。后面描述的许多观点也可用于自下而上的变革过程，但几乎没有实证研究数据加以说明。不过在本章中，我将提及自下而上的变革推动者在其工作中所需要的关于伦理问题的思考方法。

本章将按如下方式进行。首先，我将研究全球社会环境中存在的伦理立场多元化的问题，它往往使领导人陷入困境，无法行动。我还将借鉴 Rushworth Kidder 的著作，引入健康伦理的概念，隐喻领导者从事的伦理实践。接下来，我会提出不同变革类型的伦理问题；一些变革反映了管理者如何追逐自身的利益，这些变革过于泛滥，我也会加以反思。我将回顾变革过程中常见的困境，这些困境有助于变革推动者认识到变革符合伦理规范的必要性。我注意到抵制和怀疑可能带来好处，它可以推动变革进程，并成为解决矛盾的一个重要指标。我还提出抵制可以成为某种形式的变革力量。本章将重点讨论领导者作为强化变革伦理的环节。在第八章中，伦理准则将应用于两个案例研究中。因此，虽然我们在本章介绍伦理问题，后面它还会出现，而且在附录 A 的教学案例中也有所提及。

属于谁的伦理规范？

我们生活在一个全球化的社会，不同的文化拥有不同、有时甚至相互冲突的价值观，这些价值观每天都在碰撞。我们的大学校园里挤满了来自世界各地的人，在特定情况下，他们会根据自己的观念判断哪些价值观是正确的。大多数人回避伦理学，因为它进入价值观、道德和宗教的模糊领域，很少有普遍的或普遍认同的价值观。然而，一些伦理学家强调，某些品质，如诚实或正义感，几乎超越每一种文化，并在同一个层面上讨论人类价值观或伦理规范（Kidder，1995）。事实上，世界上大多数的人权组织都遵循这些普遍原则。Kidder（1995）解释说，你可以通过不同的宗教文本、世俗规范、军事法规、商业道德规范、企业责任中心和各种组织信条，发现它们之间包含许多相同的原则。这共同原则包括真理、公平、忠诚、正直、尊重、善意、合作、善良、对多样性的欣赏等等。虽然特定文化和状况下可能存在伦理差异，但我们在价值观方面所共享的东西比差异要多得多。

但是，"属于谁的伦理规范？"这一问题可能会阻止变革者在日常决策时考虑重要的伦理问题。大多数伦理学家都同意，在"谁的伦理"问题上艰难取舍总比完全不审查我们决策的伦理基础要好。因此，我们作出的决策可能无法符合每个人的价值观，但如果我们至少从伦理上审查我们决策后果，则更有可能作出正确的决策。此外，变革推动者还可以参与伦理决策过程或实践，挖掘组织内部不同团体之间的价值观，并帮助各团体开展讨论，并为组织作出决策。例如，如果一个身居权位的人需要认识到，即使人们认为变革倡议可能违反伦理，也可能因为害怕不敢质疑或提出疑虑。身居权位的变革推动者允许公开辩论受争议伦理困境的方式是，鼓励人们对变革倡议提出质疑，并表明自己对其他价值观持开放的态度。

健康伦理

Kidder（1995）建议，变革推动者看待伦理问题就像看待身体健康一样。如果不每天锻炼，就不可能跑马拉松。同样，如果人们没有形成习惯去思考或讨论决策的伦理问题，他们不太可能在危机中作出符合伦理的决策。领导者需要每天考虑伦理问题，并培养他们的健康伦理，以便作出正确的决策，尤其是在出现危机、解决更艰难的问题或实施重大变革举措时。培养健康伦理首先要认识三种最常用的伦理学方法及其局限。其次，变革推动者需要在工作中应用这些伦理学方法。

Kidder（1995）还指出，在正确或错误之间（正确与错误对立）作出选择的决定至少需要反思后，才更容易作出决定。如果要在两条都是正确的行动道路（正确与正确对立）中选择其中一条道路，则需要健康伦理。个人在作选择时，应能识别困境，理清各自成立的理由，并使用分解原理进行决策。下文中将综述该原则，以使大家更好地理解如何作出最好的决定。Kidder 详细回顾了他称之为"正确与正确对立"的困境，这些困境需要更广泛的伦理反思。在人类经验中，经常出现四种两难模式。它们是：真理与忠诚对立、个人与团体对立、短期与长期对立、正义与怜悯对立。他的这本书基于对几百名作出伦理决策的领导者的采访，认为上述伦理困境始终在不同的文化背景下出现。

目的论思维方式

这种伦理学方法遵循大多数人的最大利益原则（Kidder，1995）。这项原则在很大程度上依赖于行动的后果或目的。这就要求变革推动者考虑清楚某个行动带来的结果，并能够在各种决策背景下执行。这种方法的两难处境是，为更广泛的人群服务往往会伤害少数人群。此外，众所周知，人类在推测可能产生的各种后果方面难以考虑周全。因此，如果这种思维过程不够正确，变革推动者最终可能不会得到他们所期望的符合伦理的结果。

基于规则的思维方式

目的论的伦理学方法引起一些反对的声音，在此基础上，出现了基于规则的伦理学方法，强调根据普遍性原则，出于最高的内在良知行事（Kidder，1995）。依据这种方法，我们的行为方式绝对不能违背诚实或正义的普遍性原则；要坚持一系列原则，让结果自然发生。伦理方法或意见不应该由行动结果或处境来决定。对基于规则的伦理学方法的主要批评是，它可能过于僵化和严格。而且，鉴于人类个性纷呈，情况多样，如果在作出伦理决策时不考虑背景因素的影响，可能会作出有问题的选择。

基于关心他人的思维方式

这种伦理学方法要求我们足够关心他人，把自己放在他人的立场上，并在此基础上作出伦理选择（Kidde，1995）。它反映了一条黄金法则，即己所不欲勿施于人。因此，行动正确与否的试金石是把自己想象为受变革影响的对象，而不是行动的推动者，并从中体会自己滋生的情感。对这种视角的批评意见认为，它主要出于同理心，如果按照基于规则的伦理方法，个人的行为方式可能会违背伦理。例如，一个人可能在某种情况下认为撒谎是保护某人免受他人侵害的最好办法。另一些人则认为，采用这种方法把情境之中的其他力量忽略了，使得伦理选择更成问题，更不容易被人理解。

Kidder（1995）建议将以上三种方法都应用于现实情况中，使之提供不同的伦理视角并指导行动。他认为所有的方法都有各自的优缺点，领导者将之结合起来，可以更好地制定一个考虑多方面因素的解决方案。在他的著作《好人如何作出艰难选择》一书中，作者提供了具体案例，指导领导者面临困难的伦理选择时如何运用这些不同的伦理框架。他还帮助演示如何协调这三项原则（这一点读者可能会觉得比较困难）。我向变革推动者推荐这本书以培养他们的健康伦理。通过了解和应用多项伦理原则使变革推动者成长为符合伦理变革的推动者。

变革类型的伦理依据和服务管理层利益的自上而下的变革之泛滥

几乎所有关于伦理和组织变革的文献都指出存在一种困境：大多数的变革举措往往自上而下，为管理层或精英阶层的利益服务。至于这些利益是否合乎伦理，却很少有人认真考察。现实情况是，对变革举措代表了谁的（哪些）价值观这一问题一直以来存在中立的导向。这种价值中立的立场隐藏了通常采用但可疑的伦理立场。目前，许多学者和评论员正在批评企业实体在20世纪80年代和20世纪90年代采取的变革举措，包括重组、提高员工资质要求、外包和其他以新管理主义为名的举措（McKendall，1993）。重组导致许多公司为了提高效率而裁员，许多人失业，剩下的员工则工作量显著增加。提高员工资质方面的举措往往导致人们失去职位。当工作流程被重新审查，职位改组，目前在岗的人因不再具备所需的专业能力而遭到解雇。新管理主义是另一种以成果为导向的管理方法，它使用数据建立效益和效率的指标。为了收集更大规模的数据，组织中的管理层级变得越来越庞大，其代价是牺牲组织中较低级别的岗位。由于较低级别的岗位缩减，人们必须更加努力地工作，因为在职员工人数减少。在许多单位的高层，总在创建越来越多的办公室和官僚机构。一个接一个的变革措施都侧重于提高效率、为组织节省资金，但常常以牺牲员工的利益为代价。

同样盲目和中立的眼光也被带到了大学校园的许多变革举措上。正如我在第一章中指出的，近年来，许多在大学校园中身居要职的领导人追求的是学校声望（例如提高排名），而非完成教育使命。此外，大学还采取了企业的管理措施，从以责任为中心的预算编制，到集中治理，再到外包，这些做法都被当成对学校有利的必需的政治手段或更先进的管理策略而推出。到目前为止，校园利益相关者并没有质询（或者被允许质询）追求学校声望是否会损害学生学习或智识活动等教育目标。变革为谁的利益服务，谁的利益受到损失等问题需要变革推动者非常慎重地加以考虑。罗尔斯认为，与那些可能削减当权者利益的变革相比，应该怀疑那些对处于边缘地位或违背自身利益而工作的人施加过度压力的变革。在我20年的大学任职生涯里，我几乎没有听到过关于变革倡议的伦理依据及其为谁的利益服务的讨论。

多年来，一些学者记录了已有的变革如何压倒性地符合管理者的利益，而往往对组织中其他人产生负面影响。Birnbaum（2000）在他的《高等教育管理流行趋势》一书中记录了这一潮流。他描述了几十年来，领导者在高等教育中实施变革计划的倾向：这些变革措施是为提高管理效率和商业价值而服务的。他回顾了在高校中不断出现的管理方法，包括制定目标、重新设计、质量管理和其他各种流行的管理方法。他给这些管理方法贴上流行的标签，因为这么多年来它们反反复复出现，却没有为变革带来持久的效力。他强调指出，它们会有一定益处，但在很大程度上滥用了学校的精力、时间和资源。他的发现类似于商界关于管理流行趋势影响的研究（McKendall，1993）。他的著作记录了高等教育的这些趋势，对一些主张变革，但不考虑更广泛的利益而倾向于更多地关注管理层利益的领导者来说，是一个警示。

Diefenbach（2006）还做了一项个案研究并收集数据：一所高校推行变革的主要目的是为加强管理控制和提升学校声望，变革被管理者伪装成一种对外部生存竞争压力的功能性反应；该校采取旨在提高效率和问责的做法。研究表明，不同校园的管理者模仿类似模式，集中权力，限制员工发声，而不考虑这样做是在为谁的利益服务。Diefenbach还指出，各高校以类似的方式追求声望和创收，而校园里的选民们无法质疑这种新的变革方向。

然而，始终要考虑的一点是，变革是否最终有利于客户——对企业来讲客户就是消费者，对政府来讲就是社区成员，对高校来讲就是学生。事实上，通过任何变革来满足的终极利益应该是学生的利益，因为他们是教育机构的主要受益者和主要工作重心。例如，教师可能不太愿意将课堂讲授方法换成新的教学方法。然而，如果有研究表明，新的教学方法对学生要有利得多，那么就有理由不考虑教师的想法。因此，如果为管理者利益服务的变革举措同时也为学生的利益服务，那么它可能是合理的，但这种利益的获得应考虑对教职员工等利益相关者的影响。如果一位管理人士说正在作出某种变革,以提高效率来节省学生的钱,那么行政人员应该向学生展示节约的费用。通常情况是追求效率,但学生是看不到节约的费用的。不幸的是,以上述方式权衡变革举措造成的影响的做法并不常见。

此外,一些伦理学家认为,变革举措对许多利益相关者造成很大的恐惧、困惑、沮丧和失望,因而只有在有充分证据表明其具有价值并提高组织或团体的效力时,他们才需要参与变革(McKendall,1993)。这些学者认为,在推行某项变革计划之前,需要提供更多证据,说明其功效。此外,正如前文所述,如果推行很少有人支持的变革,会在雇员中引起怀疑和厌恶的情绪(Dean et al.,1998)。因此,变革推动者必须商榷其计划的功效如何,确保它们是有价值的变革。

让我们举一个高等教育中的具体例子。在改善本科教育的全国性运动中,美国学院和大学协会一直倡导一些具有重大影响的做法,如服务式学习、本科生科研、群体间对话、学习社区、积极和体验式学习等。但是该协会在倡导这些做法之前,详细分析了有关教学和学习变革的相关研究。它对这些特定的教学和学习变革的支持是以重要的数据和研究为依据的。它对相关研究加以归纳总结,提供给各地的变革推动者,他们由此帮助其他人了解这些方法的功效性。然而,许多变革计划并非基于数据、研究和全面的分析。由于变革举措往往会人们带来理解上的歧义或困惑,因此我们需要进行此类分析,这是我们应尽的责任。

普遍的困境

不同学者已经发现了一系列随着变革进程展开而出现的伦理困境和问题。虽然以下讨论并非完整,但它确实提出了在整个变革过程中出现的一系列伦理问题。它还解释了为什么变革推动者在推动变革时可能希望过程能够合乎伦理。我已经提到,单纯追求管理层利益是一个需要考虑的伦理困境,接下来我将回顾在变革过程中发生的更多困境。

变革伊始,许多变革推动者会过度兜售变革的价值或者好处;后来,当变革没有兑现承诺时,利益相关者会失望。另一个伦理困境是数据的滥用。同样,为了兜售变革方案,变革推动者的数据可能会被曲解,某些数据会被隐匿,其他一些操作也会不诚实。变革从倡议到执行,情况披露不够充分的困境一直不断出现,其后果和结果显而易见。研究发现,为了试图减轻阻力，变革方案的结果（例如，许多人将失业）有时被隐瞒不让个人知晓（White & Rodenbeck，1992）。

事实上，许多管理方面的文献都描述了当机构内部的人有可能抵制变革时，故意隐瞒变革的性质以及相关数据可能是一种推动变革的策略。Gilley等人（2009a）打了一个医学上的比方：为了使患者不拒绝移植器官，可以隐藏移植器官的信息；社会系统就好比患者的身体，隐瞒信息甚至不被认为是不诚实或不恰当的，而是管理文献中提倡的一种普遍策略。

另一个常见的困境是，变革推动者认为一些个人可能会抵制或质疑变革方案，并指出其中的问题，于是将其排除在外，从而赢得时间，在批评出现之前开始实施变革。交流和信息渠道通常受到高度控制，以防止他人了解全部情况。由于个人通常不知道或不理解变革对于他们在组织中的角色（或未来）意味着什么，那么变革过程会造成不确定和模棱两可的局面。不确定性会导致压力，而压力会挫伤员工的工作积极性。同样，通过隐瞒信息，组织会在员工与其他利益相关者之中制造不健康的心理压力。

掌权者有时也会收集人们对变革方案的看法。有时，这些信息没有匿名，导致不赞成变革的员工遭到报复，有时还导致他们被解雇。在压制反对意见时，许多组织内部出现了违反匿名规定的不合乎伦理的行为（White & Rhodebeck，1992）。虽然这些违反伦理的行为不尽相同，有的可能是完全公开的（如违反了匿名的承诺），有的则是更微妙的问题（如不完全公布信息、给员工造成压力等），但两者都可能会对个人以及整个组织产生负面影响。通常只要稍微意识到一些伦理问题的出现，那么对变革会遇到阻力这一现象就不足为奇了。但是，阻力可能是一个重要指标，表明变革举措可能并不合乎伦理。

抵制与怀疑：伦理立场可疑的指标

变革推动者如何确定他们忽略了伦理方面的考虑呢？一种办法是听取利益相关者的意见，找出抵制和怀疑的原因。虽然不是所有的抵制和怀疑表明了变革有违反伦理的地方，但它们可以作为领导者用来评估改革进程的指标。

大量研究明确指出，在变革过程中对伦理问题缺乏关注将带来阻力和怀疑，最终导致变革过程失败。正如Dean等人（1998年）指出的，"组织变革和提高员工资质方面的举措似乎会引起很大的怀疑"。他们指出，这种态度已经影响了像迪尔伯特系列漫画的创作，这些连环画总是将组织变革举措描绘成滑稽可笑的行动。在本书的序言中，我指出70%的变革是失败的，而且最近许多研究伦理和组织变革的学者认为，缺乏伦理关注与变革失败之间有着强烈的联系。自上而下的领导者倾向于认为变革计划在价值观上是中立的。由于忽略了关键的伦理和价值观视角，他们错过了赢得支持、避免抵制和怀疑的机会。学术界越来越多地关注对变革的抵制和怀疑问题，更好地了解这一问题，不仅能够让帮助变革者重视这一问题，还能帮助他们学习如何有效地团结抵制变革的利益相关者和怀疑者。接下来，我将回顾一些关于变革带来的抵制和怀疑的研究，让读者了解如何把它们作为有意义的反馈在变革过程中加以利用。

也许组织变革的最大障碍是对变革的抵制。抵制有三个主要的来源，都与伦理问题有关：对变革的有效性缺乏信任，变革推动者本身缺乏可信度，以及变革曾经失败并引起怀疑。首先，不相信某种变革有效通常表明，所倡导的变革与过于狭隘的群体利益相关或对某一特定群体有负面影响。其次，那些抵制变革的人经常对提出变革的人或团体表现出缺乏信任，有时是因为他们曾有过变革举措只为变革推动者而不是为组织其他成员服务的经验。这加深了不信任。再次，如果个人经历过谋划和执行不当的变革，那么他可能成为抵制者，不仅不会为正面推进变革而提出批评意见，还会以非建设性的方式努力取消变革举措。从本质上讲，他们在违反伦理规范的变革中的经历可能会将那些提出了建设性批评并帮助修改计划的人转变为更积极的抵制者（Erwin & Garman, 2010）。一个怀疑者给变革提出有益的批评，目的是为了整个组织的良性运转；主动抵制者则不再信任整个组织，而是关心怎样以各种代价阻止变革。

当然，有研究表明，有些人的性格使他们自然而然地对变革更为抗拒，所以他们的抵制可能不是因为过去的变革不好或当前的变革不合乎伦理。但是，将两种抵制类型区别开来唯一的办法就是让所有可能反对变革的人都参与讨论。为了让可能抵制变革提议的利益相关者参与进来，变革推动者可以进行匿名调查，让人们提供反馈，而不必担心报复。有些组织已经成功地在一些地方放置纸盒，让人们提供匿名意见和表达自己的担心（Erwin & Garman, 2010）。

怀疑者是一种特殊类型的抵制者，对他们多加了解是有益的。许多学者明确指出，员工有时对变革产生怀疑，要么是由于以前尝试了不太成功的变革举措，要么是由于观察到了违反伦理或代表非常狭隘利益的变革举措（Folger & Skarlicki, 1999）。怀疑者倾向于不相信人类动机和行动的真诚或善良，因此他们可能会质疑意图和行动（Dean et al.，1998）。他们认为一个组织及其领导者常常缺乏诚信，他们还认为，组织的方向和变革倡议往往基于当权者的自我利益。组织内部的研究发现，大约48%的雇员表现出强烈的怀疑（Reichers et al.，1997）。虽然个人的怀疑情绪有诸多影响因素，包括组织裁员和工资差距增加，但组织的变革措施失败或不力，在引起组织内部的怀疑情绪上升的条件中居高不下。一些学者认为，组织内部上升的怀疑情绪造成了一种对变革根深蒂固的抵制，因为人们对管理层的信任度很低，且随时准备对后者的措施说三道四（Dean et al.，1998）。

研究表明，重视伦理的领导者会寻找怀疑者，因为他们可能会对方向错误的变革举措进行必要的制止。一些学者指出，怀疑可以充当一个组织的良知，因为当其他人害怕或冷漠时，他们通常仍愿意大声疾呼（Dean et al.，1998）。怀疑者比主动抵制者可能更愿意参与对话。研究指出了组织内部怀疑者的价值，他们像是道德指南针，用来质疑动机、价值观和利益（Dean et al.，1998；Reichers et al.，1997）。

合乎伦理的抵制：接受抵制

对于变革推动者来说，防止产生不良影响的变革可能是合乎伦理的做法。令人惊讶的是，直到近年，抵制变革才在各组织内部被视作一种潜在的积极的、起作用的反应（Mabin et al.，2001）。在过去十年之前，抵制变革几乎被普遍视作是需要克服的难题，而无视其缘由或所关注的问题。许多学者都强调指出，大多数文献都持一种偏见，将抵制视为消极的东西，而不是组织的创造来源（Bommer et al.，2005）。在思考员工对管理层变革计划的反应时，抵制经常被提及："研究人员认为，抵制在很大程度上是员工悲观反应的产物，是阻碍组织积极进步的障碍"（Bommer et al.，2005：748）。另一个方向的研究表明，抵制者往往非常关心该组织，并为当权者倡导的发展方向担忧（Reichers et al.，1997）。一些领导者从抵制者和怀疑者那里征求意见，对其跟踪调查研究表明，他们更有能力把计划修改好，获得更多的支持，并放弃不好的变革计划（Mabin et al.，2001）。虽然并非所有领导者都改变或放弃他们的计划，但在变革进程中让抵制者参与进来，则表现出他们的诚信。

很多时候，变革推动者的作用是阻止或修改考虑不够妥当的变革措施。大多数变革推动者往往热衷于发动变革却没有认识到这一作用。假设您的学校为了降低成本，决定将所有补习课程都搬到网上，取消所有当面授课和指导。而您一直以来的任务是为学校的补习中心提供信息咨询，从对学生的调查中，您了解到他们高度重视面对面的授课，并视之为他们获得成功的关键因素之一。如果您发现自己处于这种情况，作为合乎伦理的变革推动者，您有责任让大家了解上述变革倡议的负面作用，以及从满足学生的最大利益角度，表明变革的方向是错误的。您可以主张开展成本收益分析，将课程上网后节约的成本和对学生学业产生潜在的负面影响进行比较。每年在各个校园里，都会有类似的变革计划被提出来，这时需要我们的意见，甚至很可能是我们的阻挠。

Diefenbach（2006）记录了抵制者（通常是教职员工）的反对意见如何被管理层认定为其背后毫无逻辑可言。这种观点证明了为什么我们会发现管理者往往集中权力，助长管理主义——因为教职员工被认为天生就是抵制任何变革的。至于教职员工为何会产生抵制的问题，则常常被校园管理者忽视。

最近关于组织变革的理论将阻力描述为一种正面力量，变革推动者需要通过持续的对话将它加以利用，而不是像以前的文献所强调的那样，避开或克服它（Thomas et al.，2011）。不同观点之间的磋商是自然的，是鼓励，而不是压制、批评和质疑变革的方向。Thomas 等人（2011）提出了一种在变革过程中让抵制意见参与和沟通的新模式，这可以替代另外一种更典型的限制参与的模式，即高级管理人员试图利用权威和等级制度来消除阻力，使环境两极分化，让员工感到被忽视和被疏远。在限制参与模式下，行政管理人员和员工采取的是防御性立场，思想上是封闭的，没有新的有助于协商的理念产生。这种僵持往往导致变革强加于人；信息只是复制，达不成更大的目标，因为员工并未真正地拥护变革。相反，Thomas 等人基于研究提出沟通实践模式，建议高级管理人员征求反馈意见，提出替代方案，澄清和肯定批评意见。这将产生更多形式的对话和协作的理念——变革进程本身具有了新的意义。不是出现权力和对抗的关系，而是允许概念和观念扩充和发展，出现更具创新性的协同性变革。变革结果也许并不尽与最初的变革计划相同，但变革得以向前推进。此外，新的变革与更多的利益相关者的利益是一致的，从而得到更多的拥护。

Thomas 等人（2011）的研究挑战了传统的认知：强调为了取得更好的成果，抵制在变革过程中具有促进性和富有成效的作用。他们指出：这一过程只有当抵制在导向上具有建设性时才会发生，而有些形式的抵制不会带来更好的结果。当人们的抵制没有建设性时，他们就变得片面，往往不再愿意倾听或进行双向沟通。Thomas 等人提醒人们，许多不利的变革进程可能使组织耗尽力量，从而无法发起积极对话。尽管如此，有成效的对话和沟通可能有助于创造一种更好的氛围，即使目前的计划失败，也可以促进变革。

促使变革合乎伦理的方法

虽然变革推动者应培养其健康伦理，懂得伦理困境，吸引抵制者和怀疑者，但他们还需要熟悉从一开始就促使变革合乎伦理的方法。许多有助于促使变革进程符合伦理规范的做法似乎相互重叠或相互关联。虽然我将逐一讨论以下概念，但它们之间有很强的协同作用。这些概念是：

- 利益相关者的参与和意见；
- 广泛的信息共享；
- 充分披露变革的方向、愿景和利弊；
- 信任和开放式沟通；
- 承认不同的价值观和利益；
- 通过持续对话共同发起变革；
- 变革型而非魅力型领导力
- 组织公正。

通过对变革文献进行综合分析发现，参与、坦诚沟通、信任和变革型领导力一贯有助于减少阻力，并引领变革取得更大成功（Erwin & Garman，2010）。我将回顾上述每种方法，最后用适合这些方法的示例说明。

利益相关者的参与和意见

最常被提及的加强变革提案的伦理立场的做法是让各利益相关方广泛参与变革进程（Collier & Esteban，2000）。学者们强调，在制定变革计划时，需要从一开始就加强各方的参与。这样一来，支撑变革计划的内在利益和价值观更有可能代表共同利益，而不是精英或管理者的利益。例如，关于国家公众福利机构实施新政策和程序的研究发现，员工们感到当他们被允许参与从确定议程到实施等改革进程时，这场变革更加合乎伦理，且他们得到了管理人员的信任（Bruhn et al.，2001）。事实上，目前大多数组织和社会上的伦理框架都源于重视利益相关者协商过程的理念。高等教育的一项研究发现，定期接触和了解有色人种学生的大学校长能够更好地推进多元化议程，因为他们经常听到相关意见（Kezar，2007b）。

即使各方利益在改革进程中转化为具体目标并开始执行，也应当继续保证广泛参与。一些人认为，利益相关者的参与甚至被认为是员工的一项权利，目的论伦理模式将它视作员工的职责（Zajac & Bruhn, 1999）。Zajac 和 Bruhn 指出，高等院校有许多不同的委员会，但这不一定能确保广泛的参与性。谁能进入委员会受到严格控制，它常常由管理者来决定。虽然教师可以被投票选举进入学术委员会中任职，但该机构的职权非常有限。大多数决定是在非参与性群体中作出的。虽然在制定战略规划过程中能听到广泛意见，但制度没有规定哪些声音能被采纳。因此，Zajac 和 Bruhn 指出，必须仔细审查为广泛参与而建立的机制，以确定它们是真正服务于这一目的还只是名义上的机制，后者在高等教育中很常见。利益相关者的参与必须是真实的。掌权者真的需要听取利益相关者的观点，并在随后的计划中纳入这些意见反馈。如果未纳入意见反馈，掌权者则需要解释为什么这些反馈被忽略。

广泛的信息共享

确保考虑广泛利益和价值观的基本原则之一是广泛分享有关变革举措的信息。虽然流程具备参与性这点很重要，但如果不广泛分享信息，利益相关者将无法了解情况，无法参与评估变革举措或参与讨论（Nielsen et al, 1991）。广泛的信息共享意味着变革推动者告知利益相关者所有情况或数据，以及不断收集到的信息，以便他们在采取某个特定的变革举措时作出抉择。这也意味着要共享有关创新计划、新政策和其他变革举措的评价和评估信息。虽然评价和评估在教育中越来越普遍，但数据往往受到高度控制。任何负面的评估结果通常都没有与利益相关者共享，这种隐瞒信息的做法会招致怀疑情绪，甚至可能损害未来的变革计划。

充分披露变革的方向、愿景和利弊

与信息广泛共享相关的理念是要充分解释变革倡议的内容及其利弊。例如，Ken 准备在沙特阿拉伯开设分校区时（见第七章），利益相关者必须了解到分校是否最终会有权自主决策，进而有可能相对母校而言具备相当大的独立性，这会让某些人对支持提案这件事感到焦虑。然而，领导人需要充分披露他们的计划，以避免不满和抵制的情绪积累和增加。当领导者不提供信息或从校园成员那里征集意见时，人们从变革开始就会产生怀疑。此外，校园利益相关者在采取下一步行动之前应当尽可能完整地了解变革的利与弊。因此，如果案例中 Ken 提议的分校区有经济上蒙受损失的风险，这条信息应该与利益相关者共享。虽然人们往往不愿分享导致他人质疑变革计划的信息，担心它会减少变革的动力，但这些隐瞒信息的错误做法无论如何都会在整个过程中导致阻力，助长组织内部的怀疑情绪（Nielsen et al.，1991）。

信任和开放式沟通

校园内各团体之间的长期信任会加强开放式的沟通，这有可能使变革倡议背后的伦理问题显现出来。除了发现问题外，沟通还有助于澄清误解，表明误解只是对伦理问题曾有的一种理解。因此，确保变革合乎伦理的关键办法是提供沟通论坛、沟通渠道和沟通工具，其中许多做法都相互关联，因为可以通过沟通工具以及广泛参与促进信息共享，广泛参与本身又依赖沟通来邀请和通知人们参与变革。

就信任而言，Oreg（2006）发现员工对管理层缺乏信任与抵制变革高度相关。在 Oreg 的研究中，员工们对管理层执行变革的能力表示担忧，所以光是信任领导者是不够的，还必须对他们执行变革的能力有信心。因此，缺乏信心或信任与人们对领导者能力是否有信心有关。缺乏信任会导致愤怒、沮丧和焦虑，因为员工感觉到变革计划可能不会成功，或者可能导致巨大的不确定性。Oreg 还发现，员工认为管理者筹划的变革举措无意义，因此表示这些变革实际上并无必要，这也表明他们缺乏信任。员工希望管理者首先能够更加仔细地评估变革的需要和内容。研究还发现，缺乏信任与组织内部日益严重的怀疑和不满情绪之间有着密切的关系；随着不信任程度的加剧，不满情绪和怀疑程度还会增加（Erwin & Garman，2010）。

虽然信任是发起合乎伦理的变革过程的重要机制，但许多大学校园中往往缺少信任。因此，如果变革推动者有兴趣培养信任以推动更合乎伦理的变革，则需要考察群体之间的关系、决策模式、各种计划和部门的历史及其他重要的方面。虽然探讨领导者如何能够培养信任这一永恒主题超出了本书的范围，近年来出版的一本书《信任与公众利益》（William Tierney，2006）讨论了在高等教育机构中如何思考信任问题和培养信任。

承认不同的价值观和利益

通过充分披露和分享信息,利益相关者更容易确定变革提案代表了哪些或谁的利益。如果无法确定深层的价值观和利益,就很难作出合乎伦理的决定。有机会参与有关变革倡议的讨论也有助于促进理解和详细了解不同的价值观和利益,从而促成更有成效的讨论,并有可能带来更多的合乎伦理的结果。变革推动者用不着害怕不同的观点,反倒可以了解它们并达成更具包容性的对话。在旨在变革的组织发展举措中,变革推动者通常会对组织的利益相关者进行调查,由此确定他们的意见和观点,以便表达或了解可能存在的不同价值观。虽然价值观的一致不一定是合乎伦理的变革目标,但研究发现,价值观更为一致的组织可以更迅速、更深入地开展变革。同样的研究表明,承认不同的价值观和利益,在不同的价值观和利益条件下工作,将有助于最终达成一致(Amis et al.,2002)。

通过持续对话共同发起变革

一个更为激进的、打破组织常规流程和结构的做法是共同发起变革,它将有助于加强变革进程的伦理基础(Ford,1999)。一些学者认为,存在抵制变革的原因之一是许多变革提案并不是出于对组织的共同利益和理解而提出的。为了实现更多的共同利益,组织的利益相关者需要相互联系起来,持续地交谈和对话。因此,在这种模式中,一些变革提案是出自共同关切的事务、问题或改进的理念,不同的利益相关者可以走到一起进行磋商,而不是由孤立的个人,特别是处于权力地位的个人,来制定变革的议程。如果管理者、教职员工和学生定期坐下来讨论学校工作和需要改进的地方,变革的想法就会在组织中出现,得到更多拥护并因此而受益。这些想法也将拥有更强大的伦理基础,更好地代表组织的公平和正义原则(自上而下发起的变革往往会违背这些原则)。在高等教育中,共享治理是为上述目标服务的,但它在许多大学里日渐式微。从历史上看,它的作用是使群体之间持续对话,向变革迈进。

变革型而非魅力型领导力

魅力型领导人常常受到研究变革的伦理学家的怀疑(Howell & Avolio,1992)。魅力型领导人往往对自己的目标或议题坚信不疑,因此他们不太可能为了符合伦理而采取一些措施以保证吸纳更多的意见参与变革。而且,他们的做法更可能不允许参与者质疑和审视变革提案背后的价值观。虽然他们可能是非常有力的变革推动者，但其伦理规范往往未经审查。正如 Howell 和 Avolio（1992）指出的：

> 魅力型领导力所涉及的风险至少与其能力一样大。目前关于领导魅力的讨论缺乏对其负面影响的考虑。领导魅力会导致对自大狂和危险价值观的盲目狂热。
>
> （p.43）

魅力型领导者可能会删除批评或反对意见，要求追随者不假思索地接受他们的决定，单向沟通，对其部下的需求漠不关心，并依赖现成的外部道德标准来满足他们的自身利益。

虽然并非所有魅力型领导力都基于强烈的个人利益或愿景，但这种情况的出现比学者们称之为"伦理魅力型"的领导力更普遍，后者在工作中融入其部下的期望、梦想和愿望，以对社会具有建设性的方式运用权力，真正关心群众的福利。伦理魅力型领导者考虑和借鉴批评意见，让批评有机会被提出来；他们还激励群众独立思考和质疑观点。他们的沟通方式更加开放，以便更好地了解不同利益和价值观，为决策提供参考。伦理魅力型领导者的特征与变革型领导力理论中倡导的领导素质相似。这些领导者应该以服务于共同目标、双向沟通、产生成果的权力运用、群众的支持及其发展和成长为导向。变革型领导力的概念是在伦理框架内发展起来的，秉持这一传统的学者指出，领导力和伦理不可分割。变革型领导力的所有层面（包括行为和特征）都以表现出更合乎伦理的方式行事，目的是产生更合乎伦理的结果。当员工观察到或经历了为满足狭隘的管理者利益而导致变革失败时，变革型领导者则帮助员工克服对组织变革的怀疑情绪（Bommer et al.，2005）。

有趣的是，组织变革和领导力的交叉研究表明，75%的员工认为他们的领导在推动变革方面表现不佳。他们还认为领导是他们抵制变革的原因之一，也是前进路上的障碍（Gilley et al.，2009b）。Gilley 等人（2009b）的研究显示，员工列举的领导者的领导力素养与组织内部成功变革之间正相关。此外，相关研究表明，员工对于试图发起变革的领导者往往持相对负面的印象。一项研究发现，40%的员工认为管理者高压管理，以权力为导向；43%的员工认为管理者是理性的、关注事实的经验型领导者（尽管他们认为这具有一点优势）；只有6%的员工认为领导者有合作精神，在决策中让个人参与，这些品质与伦理驱动的变革型领导力相关（Erwin & Garman，2010）。

组织公正

组织调查的主要领域之一是组织公正问题，近年来这一领域得到不断发展。最近，对组织公正的研究兴趣与组织变革相关联起来。近期的几项研究探讨了就某个特定的变革举措而言，雇员对组织公正的看法是否确实能够推动其进行并克服传统的阻力（Shapiro & Kirkman，1999）。在有关公正性的研究中，组织公正由三个方面构成：程序公正、分配公正和互动公正。程序公正是指员工认为流程或组织行动者的行为是公平的，反映了诚实、正直、前后一致、不偏不倚、准确性和道德性。如果程序是公平的，即使个人认为无须变革，他们也很有可能接受变革。当员工得到他们认为公平的结果时，就达到了分配公正。互动公正取决于员工对在组织程序执行期间所感受到的人际关系处理方式的好坏，它可能包括社会敏感度、尊重、尊严或倾听关心的问题、对决策进行充分的解释等行为。

以上三种形式的公正对支持变革倡议和表现出更合乎伦理的取向至关重要。例如，研究发现，当员工预见到分配不公时，他们更有可能抵制变革，对整个组织就没有那么忠诚。相反，当他们经历分配公正时，他们更有可能接受变革（Shapiro & Kirkman，1999）。另一个有趣的发现是，如果程序公正到位，即使雇员认为变革没有反映分配公正或其结果会令他们失望，他们也可能不会抵制这场变革（Folger & Skarlicki，1999）。因此，虽然这三者都很重要，但没有必要为了让员工认为变革过程合乎伦理而要求三者都具备。因此，即使变革的结果不公平，为之提供相应的解释和理由也能够减少阻力。研究甚至发现，处于压力之下、经受失败或处于逆境的员工如果觉得自己受到公平对待，觉得组织公正，那么他们对变革持更开放的态度（Folger & Skarlicki，1999）。最后，所有的研究表明，对公平的看法对变革是否受到抵制以及受到支持的程度有重大影响。

因此，变革推动者需要在变革过程中仔细考虑其伦理行为及其最终将如何影响变革计划的成功。组织公正可以通过很多途径来指导变革推动者，因为它不仅以程序公正和互动公正等涵盖了变革过程的各要素，还通过分配公正检查变革结果。

Gioia（1992）警告我们，如果不有意识地采取这些伦理措施，那么会有许多组织盲区造成我们犯伦理上的错误。Gioia分析了福特汽车公司平托车案，车未召回导致了灾难性死亡，由此向我们展示了组织如何强调中立的认知和特定的价值观，从而远离伦理导向的决策和变革。组织内部的认知强调决策的中立性，使我们对伦理问题视而不见，但这种认知可能受效率与效益至上的商业原则驱动，而忽视安全等原则。久而久之，组织会在其领导者内部制造盲区，遮蔽个人价值观，这些价值观本可以让领导者或变革推动者发现伦理上的失误。上述能力在组织状态下常常缺失，因此，变革推动者必须保持高度警惕——组织实际上会造成盲区，最终阻碍合乎伦理的决策。

我们将在第七章中重新回顾伦理问题，并用两个不同的变革案例来展示如何应用这些概念。

思考题

1. 作出合乎伦理的决策的主要方法是什么？
2. 您如何培养健康伦理？
3. 为什么在变革过程中通常要考虑为谁的利益服务？
4. 组织内部的怀疑情绪反映了什么？
5. 为什么领导人应该认真考虑和欢迎对变革的抵制？
6. 哪些措施可用来确保制定合乎伦理的变革方案？
7. 变革型领导和魅力型领导有什么区别？

小结

虽然许多领导者认为很难保证合乎伦理的变革过程，但希望本章介绍的文献能够说明变革推动者应该考虑的一些标准。对这些标准进行核实也很重要，它们包括：

- 变革举措代表了谁的利益；
- 变革举措是否达到分配公正的标准；
- 变革过程中可能出现的伦理困境；
- 对变革的抵制以及反馈类型反映了变革的伦理基础；
- 采取哪些伦理措施；
- 审视领导风格类型。

第三章　变革理论——变革推动者指南

在本章中，我将回顾几个重要的变革理论，分别代表了六种思想学派。这六种思想学派及其相关理论在高等教育和其他学科的文献中具有典型性，我将在本书第二部分描述变革框架时再次谈及这些理论，它们是后面章节的理论基础。虽然读者在第一次阅读时可能会觉得充分理解这些理论比较困难，但可以先快速浏览本章，在读到后面章节具体应用以及详细讨论后再重新阅读本章。不过，提前概览可以使读者了解一些基本的用语、概念，帮助读者更好地理解后面的章节。这些基本用语和概念包括：

（1）科学管理理论；
（2）进化理论；
（3）政治理论；
（4）社会认知理论；
（5）文化理论；
（6）制度和新制度理论。

这些不同的思想学派和相关理论为变革相关研究一直提供指导和支撑，每一种理论都为理解变革提供了深刻的视角。如果将它们综合起来运用，则会为我们提供最复杂的变革视图。我使用一系列共同因素来比较这些理论，即它们认为变革为什么会发生、如何发生，变革的结果、类型、背景、关键隐喻、示例、策略、收益是什么，以及有何相关批评或局限性。表3.1对这些理论进行了比较。虽然本章将概述这些理论，但在后面章节中将有更为详细的讨论。我不期望读者在读完本章后充分理解每一种理论，但他们应对每种理论的主要概念有所了解。各变革理论的详细论述请见以下章节：

- 科学管理理论，第七章；
- 进化理论，第四章和第六章；
- 政治理论，第七章；
- 社会认知理论，第五章；
- 文化理论，第六章；
- 制度和新制度理论，第六章。

此外，为了突出和强调其应用，在后面章节中论及这些理论时均专门标出。

表 3.1 六种有关变革的理论学派及其特征

	科学管理理论	进化理论	政治理论	社会认知理论	文化理论	制度和新制度理论
变革发生的原因	领导者;内部环境	外部环境	价值观、规范和模式的对立冲突	认知失调;适当性	对人文环境变化产生的反应	外部压力和结合内部规范
变革的过程	理性的;线性的;有目的的	适应过程;缓慢的;渐进的;非故意的	一级变革,然后偶尔发生二级变革;谈判与权力	学习;改变范式或视角	长期的;缓慢的;象征性的;非线性的;不可预知的	适应过程,图式和规范之间的相互作用
变革的结果	新的机构和组织原则	新的机构和流程;一级变革	新的组织思想形态	新的思想框架	新的文化	新的图式和规范
关键隐喻	变革大师	自我生产的有机体	社会运动	大脑	社会运动	铁笼或足球
举例	组织发展;战略性规划;流程再造;全面质量管理	资源依赖;战略选择;人口生态学	赋能;协商;政治变革;马克思主义理论	单循环或双循环学习;组织学习;范式转变;意义建构	解读策略;范式转变;过程变革	同构化;高校创业;学术资本主义
变革类型	有计划的;组织层面的;一级变革	非计划的;外部的	一级和二级变革;组织层面和行业层面的	二级变革,更注重个体	二级变革;组织层面的;计划的或非计划的。	非计划的;和外部环境相关的组织变革

续表

	科学管理理论	进化理论	政治理论	社会认知理论	文化理论	制度和新制度理论
变革的环境	很大程度上被忽视了	涵盖整个系统的方法,强调外部压力以及与各机构的互动	不同的变革环境下有不同的政治,但超越了某种程度上政治兴趣和背景	很大程度上被忽视了	变革环境包括历史、社会、环境、组织等多个层面,具有不同类型	内部环境图式及其与外部环境之间的互动是变革背景的重点
变革的手段	为响应变革创建相应的基础架构;成立强大的指导委员会;建立反应机制灵活的组织结构	为响应变革创建相应的基础架构;成立强大的指导委员会;建立反应机制灵活的组织结构	创立联盟;确定盟友;制定日程;创建集体愿景;谈判磋商	成立数据队伍;建立收集传送数据的机制;通过培训巩固系统思维;助力人际互动	诉诸价值观;审视历史、了解背景,理解基本价值观;改变机构的仪式;创建新的仪式革命	理解外部力量,对变革得到缓冲,对机构有所保护;有固定模式与规范;协调支持变革的外部利益
相关批评	缺少人文关怀;本质上是决定论的	缺少人文关怀;本质上是决定论的	决定论的;缺少对环境的考虑;对领导者几乎未提供指导性意见	忽略了环境的重要性;过于强调变革的缓和性;忽视了价值观和情感	对领导者不具实用性;强调普遍文化;大部分理论未得到检验	很难记录外部力量;未能解释能动性;往往过于强调变革乏力或停滞
理论贡献	强调环境;系统性方法	强调环境;系统性方法	变革不总是进步的;非理性;权力的作用	强调属性建构的主体;强调个体;提出习惯和态度是变革的障碍	环境;非理性;价值观和信念;复杂性;变革的多个层面	关注宏观环境;规范及其能量;非理性;扬以及外部力量的复杂性

为什么要学习变革理论？理论和相关的思想学派本身并不重要。因此，我们的目的不是记住它们，而是利用理论提供的视角来展现你关于变革的心理模型或图式。久而久之，这些思想将成为你分析、决策和制定战略的基本前提。要想使其成为你进行变革时的直觉反应，则首先需要了解它们的核心概念；其次需要尝试应用，并加以温习。随着时间的推移，它们就会越来越成为您直觉反应的一部分，并帮助您成为更成功的变革推动者。

人们开始学习某个理论时，通常只是有意识地应用，随后更加自动地应用。主动学习对于许多专业领域（如医学和法律）至关重要，而且当人们将关键概念或技能常规化地应用于新的情况，主动学习就发生了。此外，如果读者对这里描述的某个理论感兴趣，那么他可以继续钻研并在将来以此理论为指导。本章不是要向读者逐一介绍每个变革理论，而是介绍这些理论所属的思想流派，并向读者举例说明如何进一步研究与其相关的理论。

我想强调，虽然理论可以用来确定发起变革的策略，它们还可以用来仔细分析当前的情况，以明确需要哪些策略。这些理论为分析和确定变革途径提供了思路。换言之，当我谈到一种变革途径时，我指的不仅是行动或策略本身，还包括分析部分。大多数关于变革的书籍只关注要采取的行动，所以本书的独到之处在于促使读者思考变革的途径，这就是为什么理解这里提出的变革理论尤为重要。这些理论突出了分析关键问题——例如需要哪种类型的变革，机构或国家政策的哪些方面可能影响既定的变革过程等——需要采用什么方法。有些理论更适用于分析，在行动策略方面可提供的建议则较少。例如，文化理论、进化理论和制度理论大多是描述性的，因而对于制定变革战略并没有太大指导作用。相比之下，科学管理理论、社会认知理论和政治理论为变革推动者在制定变革战略方面提供了更为具体的指导。不过，这些理论都很重要，因为创建有效变革途径的过程中既包括分析部分又包括制定战略的环节。本书在附录 A 中呈现了一些案例研究，可用来尝试应用这些理论。不过在阅读本书第二部分之后再应用的效果可能会更好，因为这一部分的每一章都应用了这些理论。

科学管理理论

科学管理学派聚焦若干变革模型和理论，包括有计划的变革、组织发展、战略规划、适应性学习和理性方法等（Van de Ven & Poole，1995）。该学派认为组织具有目的性和适应性（Cameron & Smart，1998；Carnall，

1995；Peterson，1995；Van de Ven & Poole，1995）。变革之所以发生，是因为领导者、变革推动者等人看到了变革的必要性（Eckel et al.，1999；Peterson，1995）。根据科学管理理论，变革过程是理性的、线性的，个体管理者对变革过程起作用（Carnall 1995；Carr et al.，1996；Curry，1992；Nevis et al.，1996）。推动组织变革的是内部因素或决策，而不是外部环境。这些模式反映了行动者的有意性。变革被视为积极的，以目标为导向的。变革过程的重要方面包括规划、评估、激励与奖励、利益相关者的分析和参与、领导力、调查、战略、重组和再设计（Brill & Worth，1997；Carnall，1995；Huber & Glick，1993；Keller，1983，1997；Peterson et al.，1997）。变革的中心是领导，他协调目标，设立期望值，建立模型，与人沟通，发动人们参与，给出奖励。战略选择和人的创造力得到强调（Brill & Worth，1997）。基于经验的目标形成、实施、评估和修正是一个持续的过程。

通常科学管理理论解决的变革类型是发生在组织层面上的有计划的变革。这对变革的实施阶段很有帮助，因为领导者会明确需要哪些结构和流程来建立和支持变革，包括奖励或激励。在这些理论中，变革的环境在很大程度上被忽视，因为战略被认为是超越环境的，且规划在所有组织和环境中都很重要。按照 Rosabeth Kanter（1983）的描述，可以把这个模型隐喻成变革大师。领导者是焦点；这是一个人为建立的模型，以变革推动者为中心，使用理性的、科学的管理工具。这是迄今为止研究最多、模型最多的领域（Kezar，2001）。

科学管理研究传统中最著名的模型或理论也许是组织发展理论（Golembiewski，1989；Goodman，1982）。组织发展理论从诊断组织内部问题开始，并持续进行，因此它是生成性的，试图寻找解决方案，即变革计划。变革设定了目标。为推动变革计划，举行许多团体会议，以增加动力、克服任何阻力（Carr et al.，1996）。组织经历不同的阶段；领导者的作用是有效管理，从一个稳定阶段过渡到另一个稳定阶段（Golembiewski，1989）。转变是一个同质的、结构化的和逐步发展的过程。

流程再造是另一种流行的科学管理方法，它侧重于修改组织结构的各个方面，认为这是成功发起变革的关键（Guskin，1996）。领导者的职责是明确和评估组织结构，并思考如何以不同的方式构建结构。绘制组织流程是一种流程再造的管理技巧，它意味着跨职能的团队通过长时间开会来描述和绘制全部流程。所有部门都参与其中，因此参与者可以听取和了解其他职能部门的流程，并确定可以集体更改流程的方法。技术进步、新产品、再培训员工、成本削减和其他变革是由领导者推动的,他们创立技术办公室、成立新的人力资源办公室或减少负责特定职能的办公室数量。

科学管理理论假定变革者推动者有很强的能动性,因此提出了许多与变革相关的策略,包括战略规划、提供激励和奖励、重组措施、提供职业发展和支持、打造集体愿景、建设持续的沟通和影响的渠道、参与反馈和评估,以及与个人管理职责一致的各种措施。第六章将详细综述领导者使用的科学管理理论战略,并考察领导者在变革过程中所起的作用。

这些理论模式有很大的好处,包括强调领导和变革推动者在变革过程中发挥的关键作用、协同作用、帮助员工职业发展能力、预测或确定变革需要的能力,以及帮助组织在困难时期生存和壮大的能力。这些理论的局限性是,它们往往高估了掌握权力/权威的领导的作用,忽视了外部环境,忽视了政治和人类非理性的一面,暗示通过强有力的规划,变革可以更容易发生,忽视了经常出现的困难和障碍。附录D有关启动变革过程的方法,既概述了变革战略,也指出了可能成为变革过程中的障碍的领域。

Kotter的八步变革模型非常受欢迎,对于刚刚开始熟悉变革过程的人来说,这一模式是一个有用的指南。这些步骤可以在单个项目使用,但最初是用于整个组织发起的变革。Kotter的八个步骤是:

(1) 营造紧迫感。第一步的重点是如何激励人们拥护变革。营造一种紧迫感,让人们明白他们现在需要采取行动。突出强调目标计划,并表明这些目标如何使团队或组织受益。

(2) 建立一个引导团队。然后,需要一群人以相当强烈的方式拥护变革。该团队从组织的主要领导人开始,他们将成为变革倡议的传达者。

(3) 形成战略眼光和动议。制定战略,传达给更多的人。之前讨论的极高级别的战略是为了形成引导团队,但现在的战略需要以更加具体而清晰、简洁的方式制定。明确具体措施以达成小目标,然后引导组织实现最终目标。

(4) 招募志愿者团队。引导团队现在可以向组织的外围传达战略和举措,目标是传达计划,争取广泛的支持。招募人员使变革付诸行动。人手多的话可以减轻工作负担。

(5) 消除障碍,采取行动。遇到障碍时容易失去动力。为实现目标和计划,任何可能阻碍团队前进步伐的障碍都要消除。

(6) 取得短期胜利。小小胜利也要在整个过程中展示,这点很重要。明确每一点的进步和频繁显示每一次的成功将不断激励团队。成功地完成各个小目标,加起来就会实现最终的大目标。

(7) 保持进展。取得短期胜利是一回事，但真正的目标是朝着组织的长期目标持续不断地进步。在不断的短期胜利面前要保持清醒。

(8) 实行变革。将变革稳定在组织文化中，不断努力确保变革在整个组织内被接受并被视为机遇。这将使任何新的战略计划都更容易实现，从而使组织更加灵活机动。

进 化 理 论

进化理论包括很多模型和理论，包括适应、资源依赖、自我组织、应急和系统理论、战略选择、点断平衡和人口生态学等。这些理论的基本假设是，变革是每个组织所面临的环境、情况变量和环境的结果，并依赖于这些变量（Morgan，1986）。社会制度被视为是多样化、相互依存和复杂的系统，随着时间推移自然进化（Morgan，1986）。但进化基本上是决定性的；人们对变革过程的性质和方向只有轻微的影响（Hrebiniak & Joyce，1985）。这些模型的重点在于组织无法规划和响应变革，也无法在变革发生时进行管理。变化的发生是系统为了适应环境的变化而作出的改变。然而，后来的一些模型表明，适应可以是积极主动和有预见性的（Cameron，1991）。

进化理论的主要概念反映了生物学研究的表象，如系统、组织与环境之间的交互性、开放性、平衡和进化（Birnbaum，1991；Morgan，1986）。系统的概念反映了组织被认为是具有相互依存和相互关联的结构。因此，影响结构中的某部分会影响其他部分。开放性反映了环境与内部变化之间的关系，人们认为变革具有对外部环境高度依赖的特点。开放的系统表现出内外部环境之间的相互依赖性（Berdahl，1991）。平衡的概念是指通过不断寻求系统与环境之间的平衡来自我调节和保持稳定状态的能力（Sporn，1999）。流程在进化理论模型中本质上不那么重要，因为变革大部分不是计划好的；相反，变革是一个适应的过程（或基于自然选择的过程）。久而久之，人们已经司空见惯地认为环境影响组织的结构和文化，但在30多年前，当这些模型进一步发展时，这一问题开始引发争议。

资源依赖理论是理解变革的一种常见的进化理论方法。领导者作出适应环境的选择；组织和环境之间具有相互依赖的关系，因此重点在于形成这种关系的具体事务（Gumport & Pusser，1999）。这种模式不同于自然选择，因为它强调领导者作为积极的变革推动者，能够响应和改变环境

(Goodman，1982）。例如，合并是组织对外部力量作出反应的一个例子。资源依赖理论的前提是，组织不是自我维持的，需要依赖外部资源；它们依赖其他组织，导致形成组织间和政治上的观点（Gumport & Sporn，1999；Sporn，1999）。这种方法引起了人们极大的兴趣，因为它强调一种更具互动性的进化理论方法，人类借助通过这种方法可以影响变革进程。

就变革类型而言，这些理论主要针对外部施加的变革和压力，以及非计划的变革。该学派还强调了要用系统眼光看待变革，即要把组织当作更大范围的生态系统的一部分，对其进行企业级别的检查。就变革的环境而言，这些理论旨在纠正科学管理理论中缺少环境这一要素，帮助领导者意识到有必要审视和管理外部环境。这些理论主要聚焦经济力量，而非政治因素，而且以非常有限的方式关注社会问题。尽管如此，环境研究是这一思想学派的主要特征。

这些理论淡化了领导者在变革中的作用，并且通常不明确建议变革战略或策略，因为变革被认为很大程度上是有机的、计划之外的过程。尽管如此，学者们还是提出了一些变革策略。例如，积极、迅速地回应外部挑战被发现有助于提高适应力（Sporn，1999）。第四章讨论变革类型，将更为详细地回顾上述内容。组织若拥有灵活机变的基础架构，通常会更长于快速响应外部环境的变化。此外，研究发现，那些强大且运行稳定的组织，不允许其下属部门（如财务、实体工厂、人才）变得弱小，它们对外部的压力和变化有更好的准备。一些人还建议成立一个可以迅速应对和决策的机构，如强有力的指导委员会，来加强校园的适应力（Clark，1998a）。以上都将是第四章详细阐述的变革策略示例。淡化变革中人的能动性的理论给领导者提供的直接指导和建议则要少得多。

这一思想学派的贡献在于说明了背景和环境对变革的影响，而在此之前组织一直被认为是自成一体的实体（El-Khawas，2000；Levy & Merry，1986；Morgan，1986）。认为组织是一个个的系统这一假设催生了对变革不同的思考，找出了影响决策的新的原因或因素，以及变革的新途径。许多实证研究说明了进化理论模型在解释某些变革类型方面的强大作用（Burnes，1996；March，1994；Phillips & Duran，1992；Sporn，1999）。同时，这些理论的出现探讨了变革如何非计划地从组织外部产生，为我们提供了崭新的视角。这一思想学派的局限性在于关注外部力量，容易忽视或无视人的能动性和领导力的作用。许多研究表明，领导力是能够起作用的，尤其是在管理外部力量方面。

政 治 理 论

变革的政治理论是从 Hegelian-Marxian 的观点演变而来的。它认为，一个组织中始终存在一种模式、价值、理想或规范，同时存在与其对立的另一个极端（Morgan，1986；Van de Ven & Poole，1995）。由于两极对立之间的辩证作用，组织会经历长期的进化式变革，而当两极之间陷入僵局时，会经历短期的二级或革命性变革（Gersick，1991；Morgan，1986）。组织的两极对立、信仰体系的相互竞争会逐渐引发冲突，导致根本性改变，最终使信仰体系融合或妥协。冲突被视为人际互动的内在属性。变革的结果是修正之后的组织思想形态或认同。例如，采纳可持续发展计划的学校可能开始认定自己为未来将肩负更多的责任，这种为未来发展而努力的新的思想形态是变革过程的结果。

变革的政治理论认为，变革是人类互动的自然组成部分，伴随着不同利益和议程的协商而发生。政治理论关注谈判、增强意识、说服、影响力与权力、社会运动等，认为这些是变革过程的关键要素（Bolman & Deal，1991；Childers，1981；Gumport，1993；Rhoades，1995）。领导者是任何社会运动中的重要角色，他们是这些模式的核心。但是，集体行动通常才是重点。进步和理性不一定是这一系列变革理论的组成部分；辩证冲突不一定会产生更好的组织。组织被视为政治实体，其中占统治地位的联盟利用其权力来维持现状并维护自己的特权（Baldridge，1971；Hearn，1996）。

政治模型并不认为每个人都要参与。相反，他们强调消极是主要表现（Baldridge et al.，1977；Conrad，1978）。就像很少有人积极参与投票选举一样，也很少有人参与治理且对组织变革产生兴趣。发动变革的人与各利益集团有关，从而进入或退出变革过程。当资源丰富时，很少有人担心变革或发生冲突。只有当资源有限且即将实施的变革可能会影响到一些人时（或当他们因资源缺乏而无力发动变革时），这些人才会动员起来。这些政治模型关注人的动机和需求；对变革而言，直觉与其他模型中强调的事实和数据一样重要（Bergquist，1992；Lindquist，1978）。社交活动比检查环境、制定规划或衡量组织的生命周期更为重要。要理解政治理论，可以把变革隐喻成一种社会运动（Carlson-Dakes & Sanders，1998）。

就变革类型而言，政治理论关注广泛的变革——包括第一级和第二级的变革，以及组织和系统内多个级别的变革。就变革环境而言，政治理论承认政治问题因环境而异，但认为政治问题超越环境，且是所有人类事务的一部分，因此，它们不像文化理论那样过于强调环境。

　　Kotter（1985年）分析了发动政治变革所需的技巧，包括制定日程、建立联系网和组成联盟、谈判和协商。制定日程不同于设定愿景，后者强调的是是科学管理模型中的过程，通常由组织领导者推动。与之不同的是，制定日程涉及听取整个系统的人的意见和周全考虑他们的利益；日程因利益相关者关心的问题而调整（Bolman & Deal，1991）。发动变革的下一步是建立联系网。为了建立起联盟，变革推动者需要确定哪些是促进变革的主要人员，哪些是可能抵制变革的人员。建立联系网的主要目的之一是与能够克服阻力的主要人员发展关系，以便在必要时依靠他们来影响其他人（Hearn，1996）。

　　变革推动者还必须通过成功实施某些举措来确立权力基础，并与其他掌握权力的人结盟。一旦领导人准备好了日程、联系网、联盟和权力基础，变革推动者就可以为发动变革而进行谈判和协商了。发动变革的政治方法中比较积极的方法之一是赋能法。这种方法鼓励变革推动者审查变革倡议对有关各方是否产生互利的后果，是否合乎道德，是否表现出对雇员的关怀（Bolman & Deal，1991）。一些研究表明，赋能模式有助于促进变革（Astin & Leland，1991；Bensimon & Neumann，1993）。

　　就具体策略而言，上文对政治理论模式的综述中突出强调了许多政治理论中提出的重要策略，包括制定议程、组建联盟、建立联系网、谈判和协商、规划权力和影响结构、确定盟友和设定集体愿景。政治理论中描述的大多数策略和战略都可见于"草根"或社会运动。这些战略和策略将在探讨能动性和领导力的第七章中做进一步讨论，目的是描述自下而上的领导者所需要的工作方式。此外，第十章就社会运动理论进行了相关文献综述，帮助读者理解变革在学院中不断升级的途径。

　　这些理论模式的一个主要好处在于它们不再强调理性和线性的方式（Gumport，1993；Gumport & Pusser，1995）。进化理论和科学管理理论模式强调变革是理性和进步的，会导致更好的结果。许多政治理论学者会指出哪些因素对组织变革不利，而且常常指出组织变革的不稳定的、政治的属性（Morgan，1986）。这一思想学派认为变革被赋予了价值观，强调不同利益在起作用。政治理论模式解释了变革可能是倒退，强调了非理性。那些强调社会运动和领导者作用的政治理论更受欢迎，因为它们给变革提供了一个强大而有希望的类比。

该学派的一个局限性是，它可能忽视个体认知过程，将抵制误认为是冲突或利益的博弈，而不是因为对变革缺乏了解或感到恐惧。此外，政治模式带来的变革可能是为了更广泛的公共利益，也有可能并不如此，没有办法评估这些变革的内容或方向。

社会认知理论

社会认知模式和理论在过去 30 年中越来越受欢迎。各种模式都强调从意义建构到组织学习等一系列认知活动（Morgan，1986；Scott，1995；Weick，1995）。这一思想学派的主要假设是，可以通过个人及其思维过程更好地理解和实施变革（Harris，1996；Martin，1992）。认知理论模式突出了学习和发展在变革中的作用（Kezar，2001）。对抵制变革的研究表明，人们抵制变革往往不是因为他们不同意变革，而是因为他们没有真正了解变革的本质，也不了解如何将变革融入他们的工作和角色。因此，研究人员深入研究了个人面对变革时的思维过程，发现人们无意识地持有一些观念，这些观念塑造了他们的世界观（即范式和心理模型）；人们的观点是复杂的，建立在先前的观念基础（即知识结构和图式）之上的；如果持续收到反馈和信息（即控制论和反馈循环），人们有可能改变观点；收到的信息与先前信念相冲突（即认知失调）会促成变革；人们容易产生逻辑上的跳跃，难以发现问题的根本原因，因此绘制图表可以帮助人们克服这个问题（即原因导图）；人们不断尝试通过提示和反省来解读他们的世界（即意义建构）（Albert & Whetten，1985；Bushe & Shani，1991；March，1991；Morgan，1986）。以上皆为认知理论的核心概念。

这些概念（如认知失调）都与认知在变革中的作用有关，人们对之进一步探讨，以了解它们如何促进变革。例如，通过研究知识结构或图式，研究人们如何积累已有知识，有学者提出，机构改革的倡议如果能够建立在已有的组织知识基础上，那么它们将更有可能成功（Hedberg，1981）。当两个相互矛盾的信息汇聚在一起，学习也会发生，这一过程往往被称为认知失调（Argyris，1994）。

发动变革的困难之处在于人们对周围环境的解读非常不同（Cameron & Quinn，1988）。此外，促进变革有时候被认为是一个让人们忘掉过去已有成绩的过程（Morgan，1986）。因此，社会认知模型中变革战略的重点是领导者如何通过提出解释框架来影响个人的思想，以及个人如何解读和理解变革（Chaffee，1983；Harris，1996；Kenny，2006）。由于认知是研究的主要焦点，所以语言和话语提供了理解变革过程的方法，是社会认知研究的重要组成部分。

组织变革的原因与恰当性有关，也是对认知失调的一种反应（Collins，1998）。变革背后不一定是环境使然，或出于发展过程中面临的挑战、领导者的愿景、紧张的意识形态。相反，人们只是处于认知失调的状态，此时价值观和行动发生冲突，或某些事情看上去已过时，因此人们决定改变。变革的结果是形成一种新的世界观。通常可以把这种变革方法隐喻为大脑——存在复杂且相互关联的系统、心理模型和释意。

社会认知理论比较好的例子是 Argyris（1982，1994）和 Schon（1983）关于单循环和双循环学习理论的研究。单循环学习是指保留现有的规范、目标和结构，并更好地完成已经完成的事情（Argyris，1982，1994）。单循环学习通常与一级变革和内部执行标准（例如员工的质量观）相关。相比之下，双循环学习是指重新修订现有的规范、目标和结构以寻求创新的解决方法过程。它通常与二级变革相关，并采用外部执行标准（例如国家规定的质量法规）。在双循环学习中，当指导人们行动的控制变量（即信念）出现矛盾或不匹配时，人们会与之妥协（Hedberg，1981）。普遍的假设是人们会设法解决思想与行动之间或行动与后果之间的矛盾，而 Argyris 和 Schon 的研究认为，这种假设是无效的。承认矛盾被视作在行动中发现失误和过错，人们对这一点总是有抵触情绪，尤其是在等级分明的环境中会追究责任，人们要为错误负责。Argyris 和 Schon 的研究明确指出，人们因害怕受到责备或报复而不愿意细究矛盾，因此必须创造一个相互信任的环境，以产生双循环学习（Argyris，1982）。组织学习说明了为什么变革往往并不常见，因为它要求个人质疑现有的知识，形成全新的视角，并在支持这种冒险和思维实验的环境中发挥作用。Kegan 和 Lahey（2009）关于变革免疫的研究强调，人们潜意识的思想和假设会阻止或拖延变革，甚至是那些他们投身其中、希望参与的变革。该研究（在关于变革障碍的第九章中也有重点讨论）强调了变革推动者不仅致力于变革，同时也认可另一种基于暗持的、不易察觉的信念基础之上的隐藏的价值观，而这两者之间经常发生冲突。

其他从社会认知观点研究变革的例子还有 Bolman & Deal（1991）、Cohen & March（1974，1991）、Morgan（1986）和 Weick（1995）等人的研究，他们探讨了如何因个人看待组织的不同方式而导致变革更加有难度。这些研究从解释视角研究组织，表明个人对组织现状持有多种看法。这些理论认为，面对不同的看法，领导者可以充当变革的解读者和推动者。领导者通过帮助员工从不同视角看待组织，并通过转换角度提出问题来发起变革，以使不同人员能够理解和实施变革。

社会认知理论关注个人的心理变化，即他们的思维过程，而不是组织或整个系统。不过，理论家们也将研究扩展到集体思维及其对系统的影响。但是，其对变革类型的关注是针对个人的，而且往往是二级或转型性质的变革。虽然这些理论可用于理解规模较小的或一级变革，但它们的宗旨是为了解释更难发起的变革。这些理论并不特别强调环境的影响，因为环境与变革的过程有关。

鉴于认知理论强调组织学习和意义建构，许多策略都与产生这两个结果的手段有关。例如，组织学习引导变革推动者创建数据团队，构建数据基础，通过培训增强系统思维。意义建构意味着需要采取一些重要策略，例如促进员工互动，谋划职业发展，从而使人们重新审视自己目前对问题的理解。第五章将介绍具体策略，把组织学习和意义建构作为进行深刻变革的方法来予以关注。

这些理论的主要贡献之一是采用现象学方法对变革进行研究，由此极大地拓展了变革中关于人际关系和人的作用的认识。大多以系统、组织政治压力、环境或组织结构为重点的理论没有涉及个体的意义建构（Magala，2000）。这些思想学派忽略了构成组织或系统的个人因素；社会认知理论则描述了变革与个人学习和意义建构有关。认识到由于个人对变革的不理解常常导致变革失败，这一点对我们有启发。

这一理论的盲点或局限性是，过于关注个人，会忽略其他的一些能够影响变革进程的因素，如外部力量、组织结构和文化等，这些因素在其他理论中有所强调。该理论也不承认个人的非理性或政治特性，倾向于纯粹的认知观，而不是基于情感的人类行为观。此外，一些研究，特别是学习型组织学派的研究，把影响人们并改变他们的观点和基本价值观看得比实际情况更容易。一些学者（包括 Argyris 和 Schon）的研究确实表明学习是例外，而不是常规。

文 化 理 论

文化理论认为，变革是对人文环境发生变化产生的反应；文化总是在变化的（Morgan，1986；Peterson，1997）。变革过程往往是长期而缓慢的。组织内部的变革需要改变价值观、信仰、迷思和仪式（Schein，1985；Shaw & Lee，1997）。该理论强调组织的象征性，而不像早期理论中强调结构、人或认知的方面（Simsek，1997）。了解历史和传统很重要，因为它们集中代表了变革过程随着时间推移而发生的变化。文化理论与社会认知理论有着许多共同的假设；变革可以是计划的或计划外的，倒退的或前进的，可以带来预期的或意外的结果和行动（Smircich，1983）。变革往往有非线性、非理性、不可预知、持续和动态的特点，而且这两种理论都更关注隐含系统、思维模式和价值观/基本假设（Simsek & Louis，1994；Smircich，1983）。然而，文化理论不同于社会认知理论，后者植根于心理学理论并关注思维。文化理论源于人类学和组织学研究，证明思维模式与环境/组织之间存在联系。最后，文化理论提出了不同的策略和概念。一些文化理论模式侧重于将领导者运用象征性的行动、语言或隐喻向组织中的人传达变革愿望的能力作为发起变革的一个关键因素（Feldman，1991；Gioia et al.，1996）。如果有外部激励因素，它往往是合理性，这才是文化模式中的主要激励因素，而不是体现科学管理和进化理论模式的利润和生产效率。

　　文化系统是隐含的，因而变革推动者往往忽视了它。事实上，研究变革的学者们长期以来也一直都忽视了它。直到 20 世纪 80 年代，学者们才研究并开始理解基本价值观和假设对变革过程产生深刻影响的方式。在高等教育领域，有学者研究成功的变革推动者如何采取相应的变革战略或方法与校园文化保持一致（Kezar & Eckel，2002a）。研究表明，如果变革战略与文化保持一致或相符合，那么变革战略是成功的。高校在变革过程中，若有悖于其校园文化则往往会遭遇困难。

　　文化研究方法往往结合现象学和社会建构主义方法来研究组织。相关学者认为：没有单一的组织现实，意义是通过经验建构的。这些研究方法意味着在组织中的意义是复杂的。不同群体通常以不同的方式看待或体验相同的文化。对组织的多重、复杂的观点也意味着深度变革存在困难，因为共识不太可能达成，需要开展大量工作，才能对变革的方向或方法形成一些共同的假设。此外，重大变革涉及核心层面的改变，如果不改变基本信念，这些变化是不太可能发生的。人类学家认为价值观在所有人类进程和结构中都有深刻的体现。因此，改变一种教学方法并不只是了解即将付诸实践的新教学模式那么简单；这也意味着要摒弃与现有教学模式相关的价值观。

　　就变革类型而言，文化理论关注深层或二级变革，它们通常发生在组织层面。也许没有其他变革理论像文化理论那样关注变革环境。文化理论涉及多种层次和类型的环境，包括从职业规范到个人价值观，以及历史、环境、组织类型等各方面。Schein（1985）可能是最著名的文化变革理论家之一。文化是一种集体和共同的现象；它通过组织任务、个人信念在不同层面和潜意识层面得到反映（Schein，1985）。变革随着组织文化各个方面的改变而发生。例如，如果目标重新调整，或新的仪式和矛盾形成，将会推动某个特定的变革举措的产生。Schein（1985）对文化的看法反映在符号行为方法中，其中管理者通过修正组织成员的共同意义来创造变革——领导者在各个方面重新创立符号体系和文化。例如，领导人向人们解读历史和事件，创立改变文化的仪式和活动，从而创造变革（Cameron，1991）。

虽然文化理论认为变革是长期的，且变革推动者对重大或深层变革的影响微乎其微，但这套理论确实为变革者提供了一些具体建议。鉴于历史与环境对变革文化理论的重要性，如果变革推动者熟悉他们工作的校园的历史和环境，将会从中受益，尤其是当需要调查不同的方面和符号去理解那些比较隐蔽的基本价值观时。此外，由于符号的架构对变革过程的成功至关重要，因此鼓励领导者审查和更改目标的表达方式，诉诸当下人们呼唤的价值观，并利用现有的校园符号和仪式，有时将它们稍作改变，使其符合待要融入校园的新的价值观。第六章将讨论变革环境，特别是体制环境，并将进一步解释这些文化概念。

文化理论对变革研究的主要贡献是强调环境、价值观和信念、非理性、精神或无意识，以及组织的流动性和复杂性（Collins，1998；Neumann，1993）。这套理论再次强调了变革的时间维度，特别是与二级变革相关的极其漫长的过程，这一点在近年来比进化理论和政治理论更为流行的社会认知理论和科学管理理论并没有给予重视（Collins，1998）。指出校园文化与变革之间的关系也是文化理论的一个重大贡献。文化理论的局限性是，他们通常给执行者留下很少的实际或切实的建议来实施变革。如果变革是长期的、非连续的，且可能是难以实施的，那么变革推动者很难决定他们怎样做才能促进变革过程（Chermak，1990）。

制 度 理 论

制度理论研究了高等教育作为一个社会机构是怎样以不同于其他类型组织的方式进行变革。该理论还探讨了办学历史较长的院校较难变革的原因。最后，它还研究了计划外的变革或升级。制度理论借鉴了进化理论和社会认知理论，但创立了自己的学派。我将详述这一理论，因为它通常较难理解。相关文献中一直存在的争论之一是，到底是内部组织特征和条件还是外部条件（如国家资助或认证标准）对变革产生更大的影响。制度理论研究组织条件和外部条件两个方面的影响。简言之，"制度理论表明，组织行为的规范源于更大制度背景（例如政府）约定俗成的信念、图式和思想，也是通过这些信念、图式和思想形成的"（Leicht & Fennell，2008：2）。

长期以来制度理论一直质疑单个机构的独立性以及变革的能动性，揭示外部规制的作用和组织本身受所属领域的影响，但也强调组织内部强大的来自规范和效仿方面的压力（Powell & DiMaggio，1991）。来自规范的压力的一个例子是，教师要通过参与各学科协会的活动进入所属的行业。制度理论还表明，学院和大学作为担负与社会目标挂钩之使命的机构，与其他不怎么与社会目标挂钩、具有更灵活或经常变化的使命的组织相比，其变革的速度会更缓慢，变革频率更低。制度理论将变革原因描述为机构的惯性力量与外部各种推动新的工作方式的逻辑相互作用的复杂结果。新制度理论在更大程度上强调人的能动性，因为早期的制度理论被批评为过于强调决定论，忽视了个人塑造现实的作用。新制度理论仍然认为能动性在很大程度上是由组织环境决定的，但承认并探讨变革过程中能动性的作用（Gumport，2012）。

制度理论描述了更广泛的社会领域——如民族国家、市场因素和整个高等教育部门——的影响（Powell & DiMaggio，1991）。社会领域超出组织领域之外，包括经济变革或政治规则，属于外部压力。除了社会领域，制度理论研究者还描述了组织领域，包括学科协会、认证、高等教育联盟等。总体来说，组织领域由公认的机构活动领域的实体构成，即主要供应商、资源和产品消费者、监管机构以及提供类似服务或产品的其他组织（Powell & DiMaggio，1991）。大学努力保持这些实体的合法性并获得它们的支持（Boyce，2003）。所有这些领域都影响组织，其影响程度且取决于各领域的力量。各领域的力量是动态的，随时间而变化。通过这一理论，可以形成一个全面的变革视角，整合各种因为不在高校变革范围之内而长期被忽视的因素和条件。此外，制度理论有助将变革剥离于组织，确定其与外部环境之间的相互作用。制度理论还表明，一些做法会嵌入组织的结构和流程或制度化，因此一旦某些价值观或体系嵌入之后就很难改变它们。虽然做法可以去制度化，但该理论表明，这种情况并不经常发生或容易发生。这里所说的变革过程是复杂的，很难记录适应过程（在进化理论中有所描述）与正在改变的内部图式和规范（借鉴社会认知理论）之间的相互作用。

其结果是一种新的图式和规范。许多人用铁笼的暗喻来描述造成变革困难的制度力量。外部力量的相互作用可被视为运动场（例如足球场），场上的运动员代表外部力量，球代表变化的图式。每个运动员都可能有影响力，但强壮的运动员能够跟随球运动的方向，对比赛结果起到核心作用。

制度理论所解决的重点变革类型是计划外的、效仿他人的变革以及学院升级。变革的类型是一种组织变革，但通常由行业或有更大影响的领域导致。这一过程中，环境与变革有着内在联系，因为院校被认为是倾向于保持现状的，其工作流程和结构被认为将高度地强化现有做法。因此，变革很大程度上被视为各种强大外部力量集体作用的结果。

制度理论的核心概念是所谓"同质化"的概念。许多高等教育研究者都使用制度理论来理解为什么有着不同使命的学院和大学随着时间的推移其特点越来越相似——无论是学生群体、使命陈述、注重科研胜过教学、课程设置，还是其他的组织构成部分。Morphew（2009）认为，从20世纪70年代到现在，院校变得越来越相似，而不再保持其特色。不同领域的各种力量被绘制成表格，显示其改变高等教育格局的影响。例如，学科协会有助于强调教师在科研而不是教学中的作用（科研被认为比教学更带来声望），这已是普遍准则。大学校长和托管人开始注重名气，例如通过获得国家优秀学生称号的数量等指标来确定学校拥有最好的学生，并开始争着招收不同的学生，并在招生工作中投入资金。另外一个例子是全国性协会，它们推动实施更加类似的普通教育课程。

当前高等教育文献中的另一个概念，即学术资本主义，可以说明院校在复杂力量影响之下"非有意"升级的问题。学术资本主义是制度理论的一个例子，因为它可以被看作是来自外部的力量导致院校的彻底变革。其特别之处在于它承认了组织内部行为者在外部变化环境中寻找机会的直接能动作用。正如Slaughter和Rhoades（2004）所指出的，"学术资本主义理论认为，不同群体的行为者——教师、学生、行政人员和学术专业人员——利用各种国家资源创造将高等教育与新经济联系起来的新的知识圈"（p.1）。Slaughter和Rhoades记录了在过去20年中，大多数高等教育机构已变得更加企业化，拥有自上而下和集中的权力，转向以市场为基础的管理和运营方式，并鼓励教师、管理层和员工创收，它更像是经营企业而非严格意义上的教育机构。例如，终身制教师队伍被代之以临时的、合同制的教师职位，因为这些职位成本效益更好，具有了更大的预算灵活性，从这一转变中可以看到基于市场的企业管理方法。

Rhoades 和 Slaughter（1997，2004）描述了校园如何大幅改变组织流程，但由于这一过程为时较长，且各种不同力量起作用，因此这些变化并不那么引人注意。两位学者记录了来自外部领域的各种压力（和机会），它们促成了新的工作方法。例如，Slaughter 和 Rhoades（2004）的研究表明，政府立法改变了科研的价值和教师的作用。例如，贝多法案①允许学者通过专利和许可充分利用原本被认为是开源性的研究成果。高等教育商业论坛等团体致力于在校园内建立产品研发园区，支持工业和企业的利益，这已持续改变了教师工作的性质，增加了非学术人员的就业人数。随着时间的推移，越来越普遍的一个现象是，校园里的董事会成员和校长来自企业背景，推崇一套企业化的价值观和校园工作方法。从外围领域（如立法），到中间团体（如高等教育商业论坛），再到直接参与的群体（如校园托管人和校长），不同领域或网络的各种行为综合作用在一起，改变了大学校园的性质，使之走向学术资本主义。

Slaughter 和 Rhoades（2004）的研究表明，各个领域或网络不仅影响院校政策，而且深深融入院校的角色和实践中。教师寻求外部资金，变得更像企业家，摸索出一套通过办教育创收的方法，如授予专业硕士学位和在线学位，或开设特别课程满足商业和工业需求。管理者寻找一些创收的新途径，包括提供辅助服务，注册学院品牌来给产品授权，与供应商和服务提供商签署独家协议，将教育作为产品向学生营销，以及将科研产生的想法和技术注册专利和授权许可。这一学术资本主义的观念表明，思想意识能够植入网络（即中介和中间层组织），渗入大学的组织结构中，改变基本的运行逻辑和做法。Slaughter 和 Rhoades（2004）使用政治经济学理论来解释以上变革，但制度理论也适用。

高校创业便是新制度理论的一个例子，因为它倾向于强调个人改变院校的潜力，而不是只承认外在力量的影响（Seo & Creed，2002）。新制度理论为高校行动者提供了一席之地，他们通过各种途径采取集体行动，对抗主流认识和思想形态。例如，当他们发现与现有体系的逻辑相矛盾并造成观点不一致时，就会采取行动。高校创业现象还表明，个人会加入集体行动或联盟，推动变革，使人们产生不一致的观点（Dorado，2005）。

---

① 贝多法案（Bayh-Dole Act，又译为拜杜法案）是美国法典第 35 编专利法中第 18 章标题为"联邦资助所完成发明的专利权"的"专利与商标法修正案"，是为解决和促进科研成果商业化而设立。由当年的美国国会参议员 Birch Bayh 和 Robert Dole 提出，1980 年由国会通过。

与进化理论一样，制度理论为变革推动者提供的如何展开变革进程的建议或指导是有限的；相反，它们使变革推动者意识到有更为广泛的力量在起着导向作用，而他们对此可能无法控制。然而，新制度理论更加肯定个人在变革过程中的作用，并明确个体行动者有更大的能动性。新制度理论认为，面对强大的外部力量，个人行动是创造变革的关键，正如我上文指出的，高校创业即是一例。高校创业的相关文献中提到的许多策略和政治理论中关于建立联盟、制定日程和施加影响等策略可以对照。变革推动者也可利用由制度理论得来的经验教训，更好地理解外部力量，使自己的学校免受不必要的甚或有害的变革影响。此外，领导者可以分析现有的思想认识和规范，努力认识和了解那些阻碍变革的价值观。变革推动者还可以进一步开展工作，说服或协调外部利益方去支持那些可能比较困难的变革，使之朝特定的方向发展。

制度理论的主要优点在于它结合了内外部分析，研究了往往是隐藏的、难以记录的变革，聚焦可能会发生的非计划变革或学院变化。它不把个人和变革推动者定位成理性或非理性的行为者，而是认为他们陷入复杂的关系，不断在应对和寻找方向。对制度理论的主要批评是，要记录各种隐藏的外部利益和内部图式都极其困难。支持论断的任何例证本身就是假设的或是二手的。另一些人则认为，该理论对能动性作用的讨论太有限，过于关注宏观层面的力量，而忽略了很多个人都设法改变或跳出更广泛的行为模式这一点。它难以解释异常的情况。一些人认为，它过于对院校持静态的看法，忽略了变动以及体制变化。

怎样看待理论

本章的目的不仅在于向读者介绍关于变革的各种理论，建立一些基本假设，还在于解释变革推动者如何使用这些理论。正如表3.1中的小结所指出的，每个理论都调查和追踪变革的原因、方式和结果，我们不能将它们简单地视为对同一现象的不同看法，而是可以将它们理解为一个复杂过程的不同层面。一些变革过程会涉及院校的历史（文化理论）和当前的政治利益（政治理论），而另一些变革则可能不会涉及。但是，如果明白以上这些方面是分析的重要维度，将有助于我们围绕变革制定更复杂的策略。它们只是变革推动者应该考虑的分析范畴，它们在各种情况下可能相关也可能不相关。首先，这些理论阐明了变革的各种类型：从明确的、外部强加的变革（进化理论），到隐形的变革（制度理论）；从有意创造的变革（科学管理理论和政治理论），到经过历史过程演变的变革（文化理论）。变革推动者可以评估他们工作中应对的变革类型，运用这些理论中的概念，针对特定情况更好地作出反应和采取行动。

其次，这些理论突出了分析和应对变革时的不同环境。根据院校的文化（文化理论）、校园政治（政治理论）、校园成员思想观念和心理模型（认知理论）、外部压力和环境（进化理论）以及制度规范和领域（制度理论），变革举措可能会得到不同的回应，或者以不同的方式展开。

最后，这些理论还确定了领导者能动性的不同层次，就谁可以在变革中发挥领导作用这一点上采取了不同的视角。科学管理理论关注处于权威位置上的领导者，而政治理论则聚焦自下而上或基层的领导者。在剩下的章节中，我将借鉴并解释这些理论如何与变革推动者在开始变革时考虑的概念相关。例如，科学管理理论建议检查体制结构，而政治理论则建议检查利益和权力。关键是，这些理论为领导者提供了深入的见解，都应当被考虑；当领导者使用这些理论，而不是选择他们认为最适合自己的风格或理解的特定理论时，他们获得的效果最好。虽然这些理论并不总是直观或易于理解的，尤其是制度理论，但领导者如果能努力使用所有这些分析手段，则收效最好。

思考题

1. 哪种理论关注学习对组织变革的重要性？
2. 哪些理论强调价值观对组织变革的重要性？
3. 哪些理论关注外部力量对变革过程的重要性？
4. 哪种理论很大程度上依赖规划和理性？
5. 哪种变革理论用铁笼隐喻来体现？什么是铁笼？
6. 哪些理论关注能动性？哪些理论的观点是决定论？
7. 哪种理论的结果之一是形成新的思想形态？
8. 科特的八个变革步骤是什么？
9. 哪些理论认为变革本质上是具有挑战性的，哪些理论认为变革更容易操作？

小结

本章重点介绍了如何在关于变革理论的基础上，看待变革过程的不同焦点、概念和环节。大多数变革学者明确指出，我们在综合考虑这些理论时会更有洞见，建议相关人员依靠几种变革理论来分析情况。但是，如果读者只具备一个理论视角，变革过程就不会看起来那么轻松。第二部分中介绍的宏观框架提供了一种有用的方法，可以有意义地整合这些不同理论来创造变革。后面有几章将通过简要描述、个案和示例来演示如何从不同的理论中获得洞见，并运用它们进行变革。

注释

1 本章大量借用了本人早期一本聚焦变革理论著作中的观点：Kezar, A. (2001) *Understanding and Facilitating Organizational Change in the 21st Century: Recent Research and Conceptualizations*, Washington, D.C.: ASHE-ERIC Higher Education Reports。

2 从本质上讲，高校创业的许多概念来自社会运动理论的相关文献，特别是有关基层领导力，以及个人可以对抗强大力量，自下而上地进行变革的方式等。主要区别在于，制度理论表明自下而上的变革比较困难，相比其他基层领导力理论而言，它认为能动性更具局限性。

第二部分
理解变革的多重框架

针对成功变革的研究，我搭建了一个关于变革的框架，本书的第二部分将阐述其中的要素。大多数变革推动者都把注意力放在与变革计划相关的内容上，包括融合教育技术、建立多元文化中心、创造大学入学机会等，却很少花时间去了解变革过程以及外部环境和组织环境怎样影响变革的成败、推动变革的领导力，或当变革计划与组织文化和结构相符合时的变革特性。本部分的章节将提供理论依据，解释为什么这些特征（如变革的类型、环境、执行力）对促进变革很重要，并把它们与第三章阐述的各种理论联系起来。这种分析对采取行动和制定战略也同样重要。有些理论更适用于做分析，而不能在行动策略方面提供更多的建议。

理解变革的宏观框架包括几个方面，如图Ⅱ.1所示，这些方面将在第二部分的章节中详细讨论。

图Ⅱ.1显示变革推动者首先分析变革类型，结合对变革环境的理解，以及现有的能动性大小，再将以上三个方面结合起来，从第三章介绍的六种理论进行综合考虑并选择其中一些理论作为指导思想，来确定变革的方法。

第四章将阐述如何对变革类型进行分析来寻求适当的变革方法。继变革类型之后，第五章将阐述利用意义建构和组织学习进行深层变革的方法——这两者都来自变革的社会认知理论。第六

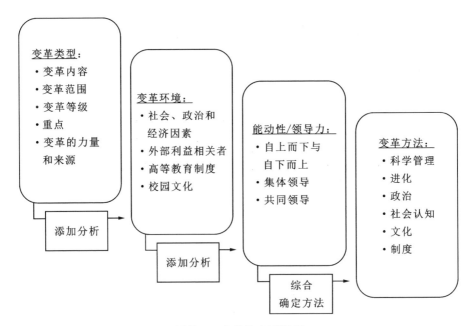

图Ⅱ.1 变革的宏观框架

章将聚焦影响变革进程的各种环境因素（如社会、经济和政治力量，外部利益相关者，院校地位、校园文化），在制定战略之前必须对它们加以分析和考量。第七章将研究领导者在变革过程中的作用，以及不同类型的领导者如何具备不同的执行力。这一章还探讨了集体和共同领导方式的潜力。第八章将总结前四章的内容，用宏观框架分析五种不同的变革案例，提出推动变革的策略。

附录A包括教学案例研究，读者可以运用本书第一部分和第二部分中提出的概念。附录B中的变革工具包也有助于综合多个方面来思考变革过程的各个环节。

第四章 变革的类型

莎拉在大学教授社会学。三年前，她领导了一个工作组，将数字技术融入她所在系的奖学金颁发和教学实践中。她制定了需要变革的方案，和教学中心一起为教师提供专业发展服务，并获得了一项外部经费，支助一名研究生协助她执行活动方案，以使她得到一些空余时间。她取得了巨大的成功，现在她正采用同样的办法，在整个校园推进一个多元文化活动，目标是改变校园文化。她获得了一笔经费，规划了变革方案，提供了专业发展服务，但在培训时人们并没有出现，她的研究生的行动也得不到人们的反馈。实际上，没有人回应。不幸的是，这一次她没有像以前那样获得成功，所以她不知所措。

并非所有的变革都是相同的，但是大多数关于变革推动者的研究和提出建议针对的是所有变革计划。这一点存在问题。变革计划的类型决定变革方法，因此需要予以考虑。从上述例子中可以看出，莎拉试图推进一个多元文化活动，她在尝试融入技术时遇到障碍和阻力。变革推动者如果没有意识到不同的变革类型的差异，则将处于被动地位。本章将探讨变革类型——无论是一级变革、二级变革，还是变革内容（如文化多样性和现代技术）——将如何塑造变革的进程。变革类型将涉及以下问题：内容、范围、级别、重点、动力/来源和意图。本章在第三章提出的理论基础上，解释为什么以上差异对变革推动者来说很重要。事实上，这些不同理论之所以出现，是因为学者们试图解释和理解千差万别的变革过程。本章还多次提到，第五章将为如何创造深度变革或二级变革提供详细的建议。在进行二级变革之前，领导者需诊断是否需要这场变革。本章将重点分析和诊断变革类型。附录 A 是教学案例研究，读者可以运用第二部分章节提出的概念。

图 4.1 突显了以上的步骤。

本章还将探讨变革推动者如何识别变革的类型或方向。人们对变革倡议的反响关乎他们所理解的变革计划与校园或具体情况相匹配的程度，这一点很重要。我们还必须考虑对任何组织或校园而言，变革的方向是否正确或恰当，以及这是否总是取决于个人的利益和立场。我在表 4.1 中总结了每个理论的贡献，并在本章的其余部分详细阐述。

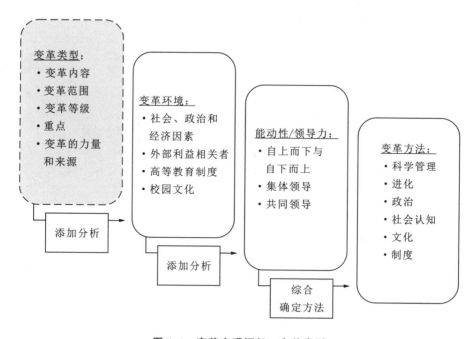

图 4.1 变革宏观框架：变革类型

表 4.1 变革计划的类型决定变革方法：关键概念和理念

	概念	理念
科学管理理论	变革等级、变革重点	通过提供支持变革的结构和过程，在组织层面予以支持 通过结构重组和过程修正，支持结构和过程层面的变革
进化理论	变革等级、变革的力量和来源	通过确认利益相关者和可以用来推动变革的团体，在部门和行业层面予以支持 确认决定变革类型的力量，同时统一策略
社会认知理论	变革的内容、变革的范围、变革的等级	对超出个人理解和认知范围的变革，人们会产生较大的阻力 二级变革可能会要求认知上的改变，可以通过学习的过程、认知失调、意义建构等方式来实现 在个人层面予以支持

续表

	概念	理念
文化理论	变革的内容、变革的范围、变革的等级、变革的重点	对超出个人现有价值观的变革，人们会产生较大的阻力 二级变革可能会要求价值观层面的改变，但基于文化评估结果可能会有不同的形式；领导者通过采取不同的文化变革策略重塑价值观 在团体层面予以支持 在个人层面予以支持
政治理论	变革的内容、变革的等级	个人如果认为变革不符合自己的利益，会对此产生较大的阻力 在团体层面予以支持
制度理论和新制度理论	变革的等级、变革的力量和来源	在部门和行业层面予以支持 确认变革的力量，统一策略，但提供的策略有限

变革的内容

莎拉的经历显示出不同类型的变革会遭遇不同的反馈。政治变革理论经常指出，不同的变革方案反映不同的利益，因此它们被接受的方式不同。有些变革被认为符合某些人的利益，而有些则被视为他们的对立面。许多人认为采用新技术是一种必然趋势，他们必须调整以适应未来的职业规划。这并不是说每个人都喜欢技术，但许多人承认技术是未来工作环境的一部分，它必然成为他们利益的一部分。相比之下，多元文化往往被视为符合有色人种的教师、员工或学生的利益，但并不总是符合白人教师、员工和学生的利益。这肯定会因校园背景和历史而异，但有些变革会比其他变革遇到更多的阻力，这取决于团体或个人是否认为这种变革与他们的利益有关。莎拉所在系的教师知道，如果他们升级技术和创新，他们可以申请并获得一大笔资助。但是，莎拉所在学校的其他老师并没有利益方面的驱动力，成为她领导的多元文化计划的一部分。

文化变革理论也谈及变革的内容如何影响变革过程和遇到阻力的问题。

每个校园（或校园内的子单位）都有一套价值观，指导人们思考，代表一些共同的工作原则。单位内部建立的价值观预示变革计划存在潜在的困难。莎拉没有考虑到她所在的社会学系近年来修订了愿景和政策文件，将新技术作为工作的一个关键方面和核心工作价值观之一。虽然这些举措不是莎拉计划的一部分，但它们显然是支持她的工作的。而学校并没有经历任何类似的过程，为支持多元文化而重新思考其使命、愿景或价值观。

最后，认知变革理论也说明了变革内容如何影响变革过程。变革如果超出了个人的认知范围，个人就会因不能理解而对变革产生更大的阻力。技术已经很普遍，所以人们不得不对它有所了解。通常情况下，一个人可以在不重新调整其基本价值观和想法的情况下接纳技术。但是对于某些人来说，改变技术可能是一个挑战，将引发阻力。多元文化往往需要思想和学习方式的深刻转变，要求人们进行双循环学习①，以充分理解这些概念。双循环学习需要人们质疑基本原则，因此越来越难，也不太常见。多元文化涉及理解新文化，承认特权和权力，重新思考个人的世界观。

通过使用政治、文化和认知变革理论分析莎拉的情况，我们能更好地理解她为什么会遇到问题，以及她能做些什么来推动变革。首先，她需要与校园管理者合作，通过重新思考校园使命和愿景（文化理论），为多元文化提供更明确的支持。目前的价值观体系不支持多元文化，组织内的人会寻找理由，证明改变他们的行为是值得的。其次，她需要提供一些激励、奖励或方法，让人们认为多元文化如同技术变革一样，符合他们的利益（政治理论和科学管理理论）。通过政治分析，她可以看到多元文化和群体利益没有达成一致，解决方法之一是设置奖励。莎拉还需要认识到，许多人很难理解这一变革，因此校园需要引入演讲者、进行对话，并找到方法，让人们思考和挑战自己对多元文化的一些基本观点（社会认知理论）。通过更多地了解多元文化，莎拉和其他人也许能够帮助人们改变其身份认同，并最终改变他们的工作角色。莎拉原本没有看到她所推行的变革类型影响了变革过程，而新的策略将帮助她解决这个问题。

变革的范围或程度

莎拉的努力还受变革范围或程度的影响。技术变革计划旨在进行研究

---

① 双循环学习：指对已有的框架和前提进行质疑，并获取新的思考方式和行动框架的学习过程。

者所称的一级变革，包括轻微的改进或调整，主要是创建可用于课堂和研究的图像资源库，莎拉原先遵循了一个相当线性的过程来实施她的方案，所以没有带来太多误解，也不太需要更多的人参与。相比之下，多元文化计划涉及二级变革，要使变革发生，则需要解决基本价值观、假设、结构、流程和文化等方面的问题。这个过程不太可能是线性的，要不断帮助他人了解变革的性质，并不断强化为什么它对学习很重要。多元文化计划不仅复杂——因为它需要在多个层次上（如院系、部门、跨校园）推行——而且是多维度的（如价值观、兴趣、认知图式）。二级变革有可能会遇到来自机构内外的阻力。当变革过于激进或与现有系统大相径庭时，变革会威胁其环境，从而导致其遇到更强烈的阻力。

一级变革和二级变革的概念还见于之前第二章中关于变革性质的相关概念。大多数理论预测一级变革更容易推行、更为典型，是领导者拥有最多经验的变革类型。事实上，一级变革是大多数科学管理理论、进化理论、政治和制度变革理论关注的焦点。例如，变革的进化理论更加强调偶尔被二级变革（如 G. I. 法案或莫里尔法案）打断的一级变革（如经费波动、出台新法规）。相比之下，二级变革更为少见，领导者经历它的频率也较低。二级变革往往是变革的文化理论和认知理论的关注焦点。政治理论和文化理论还表明，一级变革更可能与现有制度相结合。此外，认知理论，特别是意义建构理论，明确表明二级变革需要更多的时间来处理。第五章将只关注二级变革和推行办法。在高等教育中，我们更有可能遭遇一级变革，或成为其过程的一部分。

然而，一个常见的错误是没有意识到何时需要二级变革，或在一级变革适用于解决问题时却计划二级变革。在许多学校，学生学业评估被视为一级变革。学校成立专门小组，编写一份流程报告，然后提供教师培训。然而，管理者通常没有意识到，学业评估的概念往往要求教师对学习、自己的角色以及与学生的关系等认知发生根本性转变。如果没有一个过程，让教师参与对话，了解学生如何学习，有机会思考评估将如何有意义地和自身的角色相结合，那么工作小组的成效将极其有限。变革推动者需要思考学生学业评估对众多学校的教师而言是怎样的二级变革。

在其他情况下，变革推动者可能认为变革应在比实际需要更深的层次上进行。一些学校可能会定期组织关于学习或改变教师角色的讨论，这使得与教师工作相关的举措不太可能要求二级变革。学校领导可能会注意到很少有教师使用校园内提供的新技术，于是认为问题在于缺乏对此类工具价值的理解，或者教师缺乏使用这些工具的经验。如果领导者花时间与教师们讨论他们关心的问题,就可能会意识到教师们其实认可新技术,但需要一些有效使用这些工具的策略。在此类情况下,一些培训和建议可以帮助推进变革,而无须漫长等待和拖延。

诊断问题或仔细评估校园与某种特定类型变革之间的关系,有助于确定所需的范围。第三章回顾的理论也有助于诊断是否需要一级或二级变革。利用文化理论,可以进行文化评估以了解组织的基本价值观(参见第六章),第七章所述的政治理论可以用来确定各方利益。

变革层面

变革发生在多个层面(如个人、团体、组织、行业)。虽然我们可能在组织或团体层面上推动变革,但是如果不考虑个人层面需要的改变会失去一个重要的动力。尽管我们可能想在全系统推广变革,变革推动者仍然需要考虑在特定校园内可能需要什么样的变革来支持更高层面的变革。由此看来,需要在不同层面上考虑变革,但有很多例子表明变革推动者并没有这么做。

以美国国家科学基金会(National Science Foundation)资助和鼓励科学、技术、工程和数学(STEM)方面本科教育的改革措施为例,美国国家科学基金会在很大程度上资助教师个人,认定如果这些教师开发出新的课程和教学方法,将在更大的教师群体中传播,并在校园内制度化。然而,由于他们的操作模式或对变革的假设仅仅关注个人层面,因此变革工作在很大程度上限于所参与的教师范围内,并没有拓展到校园或学科层面。在组织层面,阻碍变革的奖励、价值观和结构仍然存在;在学科层面,激励措施或学术荣誉并没有变化。除非有意识地检查或关注各个层面,变革很难有所突破。

在系统地考虑变革时,了解变革的不同层面非常重要。变革推动者需要认识到他们正在进行的变革层面并匹配适当的策略。此外,领导者需要考虑系统的各个层面如何影响和推动另一个层面的变革。虽然莎拉的两个变革案例都发生在组织层面,但她没有考虑到系统层面(行业层面)的支持可能会促进她的工作,也没有考虑到来自个人的阻力。她只关注了组织层面,因而无法准确诊断变革中的问题,并知晓她可运用的所有变革杠杆。

变革的社会认知理论为关注个人层面的变革提供了有用的资源。莎拉如果能意识到,多元文化主义的主张对她学校里的许多同事来说是无法理解的,她将会从中受益。她会关注人们如何围绕多元文化主义构建意义、产生理解,会阅读更多关于这种变革倡议的相关研究文献。在团体层面,她会运用政治理论和制度理论来理顺来自各个学科和单位的支持和阻力。在行业层面，莎拉确实错过了利用美国学院和大学协会或美国教育委员会促进种族和民族平等中心等全国性协会支持的机会，错过了全国高等教育种族和民族会议等活动，以及 the Diverstity Digest 或 Diverse 等业务通讯的资源。变革进化理论则建议考察外部环境并确定它如何推动或阻碍变革。在行业层面有许多对多元文化主义的支持，如福特和洛克菲勒等基金会可以提供额外赠款，使变革合法化。有意识地从更大的外部环境中寻求支持，对变革推动者来说非常重要。

莎拉认为，她的变革计划侧重于组织层面并匹配了相关策略就可以在校园里启动。然而，情况往往并非如此。在许多校园里，改善女性和少数族裔教师环境的举措往往针对在招聘和评价过程中个人层面的歧视。尽管个人层面的歧视的确产生影响，但制度中存在的种族主义和性别歧视也可能起重要作用。在评价程序中，一些标准可能整体上偏袒白人和男性教师，歧视女性和代表性不足的少数族裔。学校评价过程中的这些标准通常被认为是中立的，如果变革推动者没有在组织层面上发现问题，可能永远不会对它们进行审查。另一个例子是，在试图推行更多协作的校园里，领导者可能将教师自主性视为主要障碍，因而将工作重心放在重塑教师的工作和角色方面，然而深入考虑会发现，在重构过程中会出现许多组织结构和程序问题，如奖励、部门结构和机构价值观方面的问题。如果这些问题被视为团体层面而不是组织层面上的问题时，就容易被忽视。利用科学管理理论，变革推动者可以看到变革和组织杠杆之间的关系。

大多数变革在系统的多个层面发挥作用，因此对变革推动者而言，关键在于理解和运用理论，帮助他们看到变革在不同层面上的运作方式。了解社会认知理论有助于明确改变个体行为的策略，而文化理论和政治理论有助于形成关于团体行为的知识，科学管理理论和制度理论提供了关于组织的重要信息，而进化理论和制度理论则提供了对系统层面的洞察力。

变 革 重 点

变革重点是指受影响的对象（如结构）。变革的三个重点是结构、过程和态度，领导者通常只关注这三者中的某一个方面，而不去制定与变革计划中各重点相匹配的策略。结构是指组织结构图、管理信息系统以及政策和程序。过程涉及实施某些操作的方法，例如做计划、招生或决策。态度或价值观是指人们在组织现有结构和过程中对其工作的看法，与文化密切相关。研究表明，关注所有三个领域的变革将比仅进行一个领域的变革更难实现（Kezar，2001）。此外，文化变革理论表明，结构甚至过程可能相对容易改变，但态度和价值观可能更难改变，因为它们与潜在的观念有关（Schein，1985）。通过文化评估，文化理论也可以用来理解和挖掘价值观。科学管理理论有助于研究和厘清结构和过程。

在莎拉的案例中，技术变革对过程方面的影响最大。人们不需要重新思考他们对工作的态度或价值观，部门的整体结构也没有重大变化。虽然变革推动者提供资源，但不一定需要新的奖励、政策和程序来支持该项变革。然而，文化多元化变革不仅要求一个较大的群体在态度和价值观方面发生初步改变，而且在过程和结构上需要发生深刻的变化。各项研究已经明确指出，文化多元化会引发权力问题，教师会参与有争议的对话，产生相互矛盾的情感，他们只有在处理上述问题之后才能有效学习（Bensimon & Neumann，1993）。为了支持多元文化主义，各种过程问题，如教学方法、课程设置、招生工作和支持，都需要重新加以审视。例如，有色人种学生在对大学的认识和提供更多从高中到大学过渡的信息方面存在一些特殊需求，可能需要建立新的结构，例如指定负责多元文化主义的副校长和发布新的招生或奖学金政策，此变革的重点比莎拉倡导的技术变革要广泛得多。读者可能会注意到，以上概念和"范围"（本章之前进行了回顾）的概念有所重叠，变革的重点和范围都和变革的程度有关，都讨论变革是带来更深远的变化（如二级变革）还是主要解决一些小问题（如一级变革）。

变革的力量和来源

在诊断进行何种类型的变革时，变革推动者需要检查变革从哪里发起（即其源头是什么）。进行这样的评估还要研究变革的原因以及它背后的逻辑是什么。相关文献通常提到外部环境与内部环境，来自外部的变革往往受到内部利益相关者的更多怀疑。在第六章中，我们将详细讨论可能成为变革源头的各种类型的外部团体——基金会、专业团体、专业认证、政府机构或专业协会。如第三章所述，学者们运用进化理论阐明了外部力量如何不断地影响高等教育，如何使变革推动者更好地适应变革、积极主动实施如第一章所述的那样管理变革。

变革推动者需要辨识变革的起源。莎拉所响应的技术变革出自她所在的学术团体中更广泛的对话，对话是关于如何在一个越来越支持 STEM 学科、轻视被视为和工作没有直接关系的学科环境中使社会学这门学科与我们相关和具有存在的合理性。从新技术相关专业毕业的学生能够获得工作机会；出于经济上的急迫需求，技术变革有着更大的合理性。莎拉在校园里领导的文化多元化变革则属于整个学界为创建能支持所有人的校园而作出更大努力的一部分，但她本人与这一大规模的运动没有直接联系。相反，她只是在响应学校教务长的倡议。变革的源头具有力量，但它属于本地化的变革源头或力量。虽然有时本地的倡议者可以成为变革的核心力量，但情况并非总是如此。莎拉需要考虑教务长作为变革的源头有多少合理性。变革的源头也对变革的轨迹起到重要的影响作用。由于技术变革得到了多个可靠来源（如学术团体和就业雇主）的支持，它可能会遇到较少的障碍。文化多元化变革虽然得到了许多重要来源如国家组织和政策制定者的支持，但这些外部来源如果不有意识地加以利用，变革可能无法得到支持。制度理论和进化理论都预言有影响力的关键个人或组织的联合可以更容易推动进程，因此，如果莎拉向外部众多支持文化多元主义的组织寻求支持，她可以向校园内部成员证明这一变革的合理性，并创造一种推动变革的紧迫感。上述理论还预言，若没有这种外部支持，变革将受到抵制和拖延。

进化理论与变革类型：意图与应对

莎拉的这两项努力都代表了她试图创造有意图的变革。但是，我们已经回顾了变革的来源和力量等概念，了解到并非所有类型的变革都是由变革推动者有意创造的。进化理论和制度理论表明，高等教育机构正在发生许多变革，变革推动者和领导者的作用更多是应对来自校园或单位以外的力量。莎拉所参与的是有计划的、有意图的变革，但本书中的许多例子都不属于这个范围（例如，国家经费的突然减少或新的法规出台）。虽然高等教育领域通常没有提出很多强制性的变革，但未来可能会有所不同，因为利益相关者呼吁完善更多的问责制，可能会导致新的强制命令。此外，许多学者指出，总是存在不可预测的变革缘由，例如经济衰退、人口结构变化、对多种不断变化的经费来源的依赖、宏观政治、法律要求和政治不满。

进化理论告诉我们，应对这些类型变革的最佳办法是什么呢？理论表明，为了最好地应对计划外变革，变革推动者应该理解和利用好以下因素：

- 积极主动；

- 广泛吸引利益相关者；
- 战略性应对；
- 创造灵活的结构；
- 对优势和劣势有清晰的认识，并确定优先级；
- 整理和发展内部能力；
- 具有进取心
- 组织学习

这些理论大多聚焦那些处于权威地位的人身上，以及他们在调解外部强加的变革时发挥的作用。然而，理论也表明，能考虑更多利益相关者利益的院校在应对计划外变革方面更为成功。虽然现有的研究对象是处于权威地位的领导者，自下而上或基层的领导者也可以使用与之相同的概念。附录C为一份指南，有效指导如何主动参与和理解一个机构对变革的准备情况。

积极主动

大多数进化理论的相关文献表明，积极主动而不是被动反应才是最好的应对外部强制变革的办法。在危机情境下反应不迅速的变革推动者可能会遭遇负面结果，如经费减少，士气低落或学校不稳定（Argyris，1982；Senge，1990；Steeples，1990）。变革推动者应该不断审视外部环境，保护学校免受这些外部的干因素扰，并提前把握好组织前进的方向，这样就不会引起太多混乱（Cameron，1991）。Leslie 和 Fretwell（1996）研究了在预算大幅下降的情况下，某些学校比其他学校更为成功的原因。部分原因在于作出重新分配经费的战略选择。这些战略选择需要提前计划，而不是最后一刻才作出反应。这些成功的院校能够了解外部趋势，认识到需要制定应急预案，因此提前制定了计划，宣布预算短缺。此外，对变革总是不断有心理准备的院校能够更好地应对来自外部压力的计划外变革。外部威胁通常来得很快，需要相对迅速地采取行动，因此不能应对的校园会承受更糟糕的后果。

广泛吸引利益相关者

进化理论还表明，通过定期吸引机构内部人员参与，机构可以更好地应对计划外的变革（Cameron，1991）。参与的人越少，外部强加的变革就越有可能花费很长时间，因为推动变革所需的关键人物并未意识到变革的来临。学业认证有时涉及实施强制性变革，例如学生的学习成绩评估方面的变革，这些变革可能不是广泛的校园利益相关者所乐见的。学生成绩评估是目前许多院校正在努力应对的变革。让许多人参与建立学生成绩评估系统的学校比那些成立一个在孤立状态下工作的小型工作组的学校更有可能取得成功。此外，许多院校参与了"学生和访问学者信息系统（SEVIS）"的筹建，以跟踪国际学生。SEVIS是一个可访问的网络数据库，用于监控该项目下访问学者、国际学生和学者的信息。它由国土安全部建立，由"学生和访问学者计划（SEVP）"管理。SEVIS的实施如果有更广范围的人员参与，则可以缓解问题，因为一旦某位国际学生出现问题，需联系所有关键利益相关者（从行政管理人员到学生工作人员，再到教师），这些人都应当参与该项目的实施。

应对压力

进化理论表明，系统倾向于重新恢复稳态，并及时将变革纳入其过程和文化中。对于系统而言，最好是纳入变革而不是忽略它（例如，应对招生率下降的问题）。变革一旦被忽视，它可能会让系统陷入更大的危机。例如，Leslie和Fretwell（1996）对大学校园的研究指出，由于高等教育机构没有对来自外部环境的压力作出反应，导致它构成了危机。Leslie和Fretwell描述了各州经费减少与公众对高等教育的信心下降以及人们认为缺乏问责制的看法之间存在联系。由于公立高等教育机构持续忽视公众的担忧，给自己造成了危机。Clark（1998b）记录了大学如何陷入无休止的压力中，须满足超负荷的需求——从增加入学率、提高质量、增加问责、创建新的知识领域、降低成本、满足知识经济需求、满足日益多样化的学生群体的需求，到用更少的资金完成上述所有任务等诸多压力。然而，很少有院校认识到或重视外部压力。因此，Clark预测，未来几十年，计划外变革的外部压力会越来越大，将不断影响高等教育的发展。积极主动地了解外部压力可以缓解可能出现的危机和问题，但高等教育还没有准备好以这种方式来应对。

确定优先级

校园应对来自外部威胁的主要办法是确定优先级并发挥自己的优势，而不是为所有人解决一切问题。无论是大学还是医院，这些机构都往往试图提供一切服务和项目，在困难时期，这通常被证明是一个不成功的策略（Leslie & Fretwell，1996）。因此，在应对计划外变革时，一个有效的策略是找出校园的优势和劣势，并在规划和执行中加以判断。基于优势和劣势的分析可以对校园优先级有良好的判断,还可以让学校制定一个经过深思熟虑后选择的策略来推动决策,而不是根据校园政治或外部变化的优先事项来决策。

创建提高适应能力的结构

Clark(1998a)指出,高等教育机构目前的结构无法应对外部威胁,需要创建新的结构,从而在外部需求不断增长的环境中反应更加敏捷。Clark对欧洲五所大学的案例研究除了指出应对外部需求时需确定优先级之外,还提出他认为对于适应未来新环境非常重要的一些核心特征。虽然他的研究对象是在适应能力方面面临挑战的欧洲大学,其见解看来对面临新自由主义环境和全球化压力(参见第一章)的其他国家也至关重要。第一个特征是指导核心(或决策机构)得到加强,它是一个由受到信赖的学者、教师以及在中央委员会或决策机构任职的管理人员组成的小组。这种指导核心取代了当前的教师委员会或校园委员会。指导核心结合了集中治理和分散治理,可最大限度地利用管理专业知识和经验,实现学界/教师的价值观和目标。如果没有这样的指导核心,Clark预测管理部门的利益将压倒院校的利益,许多人相信这已经是事实了。Clark还建议成立更多的学科间或跨学科的单位和中心,这可以帮助满足一些外部需求,而不需要明显改变传统的部门结构,他称之为增强型外围发展。为了跟上日益增长的需求,他还认为,高校需要更具创业精神,寻找更多样化的经费来源,而不是过于依赖政府的资金来源。他强调,创业精神必须扎根在高校的核心思想和价值观之中,而不只是某个人或一小群人的愿望。上述建议表明,目前大多数高等教育机构在应对外部压力方面没有做好充分准备。

创建组织能力

Leslie & Fretwell(1996)以及Toma(2012)也指出,校园陷入危机是因受外部力量影响导致出现一些难以解决的内部问题(例如财务管理不善),这些问题削弱了院校在外部压力出现时采取行动的能力。因此,进化理论提出,校园需要关注那些影响校园应对计划外变革和压力能力的内部问题。校园公共设施的维护不能到位是一个经常给校园带来麻烦的问题。拥有多元化和良好的财务基础对于应对学校外部压力很重要。拥有训练有素且运作良好的员工队伍和强大的领导力也同样重要。当出现外部危机和压力时,教职员工的大量流动和行政部门之间缺乏信任,容易在校园里滋生问题。

促进组织学习

近来提出的应对外部环境并成功进行计划外变革的一项重要原则是组织学习（Dill，1999；Gumport & Sporn，1999）。其他许多理论，如战略选择理论、开放系统理论和资源依赖理论，都表明战略规划和适应外部环境是应对计划外变革的方法。组织学习理论建立在这些理论的基础上，认为在战略规划期间收集数据很重要，但这些数据和规划过程中产生的学习结果没有在整个组织中共享，导致个人未能有效回应变革。对于组织而言，可以分享在制定战略规划等流程中收集的数据，从而在本地解决问题，并帮助制定战略措施。这建立在进化理论的另一个属性上，即组织利益相关者的参与范围越广，成功的可能性就越大（Cameron，1991）。组织学习通常由个人组成团队，参与到审查外部威胁、外部任务和组织本身的工作中，以便针对某个特定问题，基于变革背景作出应对。组织学习还强调要发挥已确定的组织优势。第五章将把组织学习作为计划内和计划外变革的战略进行专门讨论。

与变革环境相适应

关于应对外部威胁的相关研究发现，各院校需要制定自己独特的战略来应对具体情况（Chaffee，1983；Leslie & Fretwell，1996），这和第六章讨论的关于变革环境的重要性的研究结果相印证。尽管相关研究提出了一些普遍性策略，例如积极主动、设置可以满足环境需求的部门或项目、发挥优势、灵活创建新的治理结构（如中央委员会），但有些研究认为这些普遍方法——如积极主动——可能因校园而异（Chaffee，1983；Clark，1998a；Leslie & Fretwell，1996）。

进化理论倾向于更多地关注对外部压力的功能性反应和处理计划外变革的方法，而制度理论只是解释了机构有效或无效应对（如通过同构）的方式。制度理论强调，许多机构对环境要求作出反应是模仿其他校园的做法。虽然研究表明，发挥校园优势而定制的策略往往更为有效，但相比之下，制度理论表明校园倾向于学习同行们的做法（DiMaggio & Powell，1983）。他们往往通过管理人员的专业网络平台和协会了解哪些大学做得好，模仿他们解决特定困难、财务限制或其他提高教育质量问题的做法。虽然模仿其他校园可能对某些校园有效，但这也导致许多校园采用的策略无法恰当地执行，并带来了新的挑战（Gumport & Sporn，1999）。因此，制度理论往往不会提出具体有效的办法,而是记录不成功或没有策略的变革方法。

确定所需变革类型示例

有时,领导者认为他们已经为校园确定了"正确的变革类型",但实际上误判了情况,并提出一个不恰当的变革举措。我们来看一个例子(有关完整案例,请参阅 https://www-personal.umich.edu/~marvp/facultynetwork/cases/olivet/olivet1.html)。一个关于奥利韦特学院的个案研究记录了当校园爆发种族冲突时领导人的做法,当时这一个案引起了媒体的关注,因此全国皆知。在这个案例中,连续两任校长误判了问题,并采用了错误的办法。危机开始时,已经任职多年的时任校长几乎没有采取任何措施来解决这个问题。因此,董事会迫于外部团体的压力要求校长辞职。董事会聘请了一位看上去改革能力颇强的新校长,她一直是校园多样化的倡导者。新校长迅速行动,采取措施改善校园种族氛围,进行课堂巡查以确保为学生提供安全的环境——她采取行动的出发点是认为需要一级变革。然而,她误判了问题。在这个案例中,虽然校园里的种族危机是外在的症状,但学校还有更深层次的问题,种族危机只是其中的一个症状。问题包括士气低落,使命感丧失,偏离历史价值观和优先事项,课程支离破碎,自上而下的官僚领导传统,教师、行政部门、员工和学生之间相互不信任,不健康的种族主义的学生文化,以及入学率和资源下降,等等。例如,种族危机的发生是因为他们离自己作为第一个支持废奴主义校园的历史使命愈行愈远。教师和行政部门之间缺乏联系,沟通和规划有限,这使得该校无法解决偏离学校使命的问题。直到第三任校长详细地分析了情况,才确定了正确的变革类型,校园才得以向前发展。

第三任校长被聘用后,他没有马上采取行动,而是花时间了解学校并核查情况,以确定变革的类型。通过这段时间的分析和反思,这位校长确定了二级或深度变革的必要性。校长的做法是解决价值观、结构和流程方面的问题,他还认识到需要在多个层面进行变革,并且知悉变革的内部和外部来源。因此,他首先针对已确定的二级变革制定了一项战略,包括意义建构,组织学习,促进对话,创造共同的价值观和利益,以及质疑现有的假设等。

虽然有时我们会被要求执行变革计划,有时我们推动自己所热衷的变革,但在其他情况下,我们总是试图解决问题或改进现状。在奥利韦特学院的例子中,变革推动者试图制订变革计划,以处理需要解决的问题。如果我们被要求执行变革,我们仍然需要确定所提出的举措是否与正确的变革类型一致。为校园执行一个糟糕的指令是高风险的工作。我们常常觉得,执行变革举措必须按照要求去做,但没有主动权。最近一个令人印象深刻的例子是圣何塞州立大学的教师,他们拒绝在没有证明对学生具有价值的情况下在校园内强制推行慕课。我鼓励大家反思你们学校推行的变革举措,思考它们是否反映了正确的变革类型,以及它们是否值得花费时间和精力推行。

其他时候,我们可能热衷于某个问题,并希望将其向前推进,但我们的方法可能无助于解决问题或适合校园文化(事实上,它可能完全不适合)。我们的热情可能会使我们看不到这种变革是否恰当,或者考虑不到在校园面临的其他问题时它是否是优先事项。我们甚至可能决定在一项举措与校园需求不完全一致时将其向前推进。在这种情况下,根据校园环境对变革类型进行评估有助于呈现实施变革时可能面临的挑战。

思考题

1. 变革内容与变革过程有何不同?
2. 变革内容如何影响变革过程?
3. 不同的变革理论如何反映或阐明变革内容的不同方面?
4. 如何应对计划外变革?

小结

在对变革类型进行反思后,莎拉可以用完全不同的方法处理多元文化倡议。首先,既然她认识到这是一种会引起政治反应和抵制的变革,她可以考虑放缓行动,制定策略来应对反对的观点。她可以找出反对方是谁,为什么反对,又有谁支持她的计划(政治理论)。莎拉还可以参与二级变革过程,深入研究人们的基本假设和价值观(社会认知理论)。因为人们没有很好地理解这些变革,她可以思考可能需要进行的学习任务和意义建构。此外,在进行更广泛的组织层面的变革时,她可以认识到需要审查和改进的结构、奖励和价值观,以支持变革(科学管理理论)。她还要确定并联络高等教育机构的资源来支持变革举措(进化理论)。由于此项变革是二级变革,其重点是全面的——她与盟友合作,更广泛地了解需要改变的态度、政策、程序和流程。事实上,她发现许多教师认为课程设置是中立、不涉及价值观的,这种观点需要受到质疑,它是阻碍自己和支持者工作的一个主要问题（文化理论）。她还认识到，需要对课程委员会作出一些改变（政治理论），因为许多成员的理念都过于陈旧。莎拉在探寻变革的源头时发现，教务长作为变革源头几乎不具备合理性，所以她与多元文化中心的主任们合作，在很多人看来他们的工作做得很好，却被排除在课程设置的工作之外（政治理论）。通过努力辨别涉及的变革类型（如内容，范围，级别，焦点和源头）的努力，莎拉制定出了一个比原来成功得多的策略。

注释

1 当变革挑战基本假设时，就会发生双循环学习；个人必须质疑并改变他们的基本假设，变革才能发生。

第五章

创造深层变革

第五章 创造深层变革

　　泰德是一所学院负责国际教育的院长，他发现很难让人们认可出国留学和交流项目的价值。尽管泰德出具了关于学生参与度的全国性调查中与留学项目价值相关的研究结果，但大多数高层管理人员以及教职员工仍然态度冷淡，不愿重新考虑他们的课程设置和要求。他认为，影响或说服人们认同这种价值的最佳方式是带管理人员和教师到国外体验他为学生设想的项目。虽然管理人员和教职员工不太愿意花时间，但他们还是同意去。从这趟考察回来后泰德发现，管理人员和教职员工的看法发生了很大变化：他们现在强烈支持留学项目。他们只有在亲身体验这个项目并且看到它怎样以新的方式促进学习之后，才真正欣赏泰德的远见。当我们面对变革时，只有帮助人们理解变革的意义，才能推动变革。

　　变革推动者面临的主要挑战之一是如何创造深层次或转型性质的变革，正如本例中的泰德遇到的情况一样。在这个特定问题上学校工作的难度最大，因此本章提出了如何克服这一挑战的一些洞见和策略。本章讨论了二级变革或深层变革的问题，第四章曾指出它们是颇为棘手的变革类型。一级变革更为常见，也更容易成功，其相关研究比二级变革要多。对于变革推动者来说，意识到参与二级变革的方式以及意义建构和组织学习（两者都是社会认知理论中的概念）作为协助变革的有效策略尤为重要。通过出国考察的方式，泰德帮助人们更好地理解出国留学和国际交流的重要性。

　　许多评论家认为，高等教育机构内部特别难以进行二级变革。第三章回顾的制度理论给我们提供了一些背景知识，说明为什么二级变革在校园里不太常见。人们认为高等教育机构作为社会机构是长期存在的，肩负着某个需要持续完成的使命。高校不被期望或不习惯于对其核心目的或价值观作出重大改变。因此，在某种程度上，我们不会期待高校内部发生大的变革。然而，如第一章所述，某些力量表明，需要进行一些深层次的变革来帮助大学实现其使命。例如，最近来自认知科学的研究表明，人们学习的方式和我们以前所理解的方式并不相同，因此需要重新理解学习过程，以此来指导教师和行政人员的工作。教与学的巨大变革可能需要形成制度。

　　在本章中，我将更详细地定义二级变革。我将在本章重点介绍促进二级变革的两种方法——意义建构和组织学习。二级变革的确具有挑战性，意识到这一点很重要。对于试图推动二级变革的领导者来说，相关研究结果并不乐观。从某种程度上，本章可算是关于创造二级变革之困难的警示故事。然而，本章也阐述了过去几十年来可能推动二级变革的一些机制和过程，以及一些重要的经验教训。本章将重点介绍帮助变革推动者创建组织学习的重要概念，但有关组织学习的更多概念认知，请参阅 Kezar（2005a）。

二级变革

二级变革有许多名称，例如深层变革、转型变革或间断变革。它有时也被称为双循环学习，其中组织挑战现有的假设和信念，以顺应环境——这通常需要转型变革（Argyris，1994）。无论使用哪个术语，其所描述的变革过程都是深刻的，会改变一个组织或系统的运行体系、基本价值观和文化。另一项共识是，由于需要改变的价值体系和潜在思维非常顽固，所以学者们认为流程或结构上的变革不太可能起作用。正如前几章指出的那样，社会认知理论和文化理论的重点在于解决二级变革或深层变革的问题。文化理论与深层变革有着内在的联系，因为该理论强调通过背后的价值观和符号系统来理解文化。社会认知理论描述了人们如何在组织中构建意义，包括如何将个人的身份认同与社会建构的观点联系起来。社会认知理论的研究者关注人们对变革的抵制以及不参与某些特定类型变革举措的原因。通过调查，研究者明白了人们的思维模式如何阻碍了他们能力的发挥，以及为什么不能参与组织变革工作。文化理论和认知理论的研究者都重视调查组织内部的规范和个人信念，以便更好地了解这些因素是如何影响变革的。

人们如何知道二级变革已经发生？有两个典型指标可以识别。首先是态度或文化方面的事实证据。它可能包括群体或个人之间互动方式的变化、校园里的人在指称自己时使用的语言、发生的对话类型，以及放弃旧的观点或与利益相关者之间形成新的关系。其次是存在结构性因素。在高等教育机构中，它们可能包括课程设置的重大变化、新教学法出现、学生学习和学业评估方面的变化、新政策的出台、资金的重新分配、新的部门或体制结构的建立，以及新的决策过程或结构。然而，二级变革的本质特征是组织结构同时体现出来的在态度上的变化，单一结构上的变革通常不是二级变革。

变革推动者怎样才能知道何时需要二级变革？在第四章中，我阐述了理解适当变革的重要性。试图在校园不需要时启动二级变革，会消耗人力和财力资源。在需要二级变革时却不加以认定会带来一些较小的变化，但只能治标而不能治本。确定所需变革类型是否是二级变革，需要对学院所处环境进行反思。

本书将提供几个二级变革的例子。这里我先用第八章中的一个例子来说明变革推动者评估二级变革的必要性。在第八章中，我将介绍一个叫杰夫的人，他决定在校园里创造一个对家庭更加友好的环境。杰夫了解文化理论，知道如何评估变革类型，所以他意识到他的行动需要二级变革才能成功。首先，他意识到根深蒂固的性别歧视，并知晓校园里产生性别歧视的历史。其次，他能够明白这种价值体系如何嵌入校园文化结构和其他方面（例如糟糕的终身教职和晋升政策），这些结构和其他方面不支持而且非常抵制对家庭友好的政策。变革推动者只有不断了解这些历史，才能成功地制定有效的策略。杰夫诊断出需要二级变革，他明白利用意义建构的方法推动变革的益处。在本章中，我将重点介绍意义建构机制，到第八章我将重提杰夫和他在意义建构方面的举措。

什么是意义建构？如何识别？

意义建构包括改变思维方式、行为、优先事项、价值观和承诺（Eckel & Kezar，2003a）。二级变革的关键在于人们对事物形成新的理解。形成新的理解意味着个人要在变革计划中寻求自己的角色和职责、身份以及对组织的整体认识。意义建构是一个和组织里的人一起形成认知的过程（Weick，1995）。

意义建构可以通过两种方式形成。首先，个人将新的意义赋予熟悉的概念和理念（Eckel & Kezar，2003a，2003b）。例如，在许多高校，所谓备课充分的教授可能意味着他有着条理分明的讲义、清晰明确的教学目标，考试公平公正。而在经历过转型的高校，备课充分的教授是指他凭借巧妙的方式和技术来加强教与学，他能够利用跨学科知识，系统地将学习目标映射到学习成果中。这种变化反映了借助熟悉的概念深入思考的结果。人们进行意义建构的第二种方式是形成新的语言和概念来描述一所已经发生改变的院校（Eckel & Kezar，2003b）。例如，若"员工健康"这个词语及其相关概念以前在一所高校从未使用过，现在开始经常被谈到，那么这所高校正在经历一种新的意义建构过程。随着意义建构的持续进行，健康和相关优先事项的概念不仅使用得更为普遍，而且更广泛地改变人们对学术职业生涯和生活的看法。

只有在这种理解成为集体意识并影响院校的意义建构时，二级变革才会发生（Weick，1995）。如果只有少数人理解，会产生意义建构，但不能为院校创造二级变革提供必要条件。然而，随着时间推移，它可能会过渡到一个更加集体化的进程。为了使它成为院校内部或者至少是特定的下级单位或拥有亚文化的人群之间的集体化或共享的过程，需要采取一些措施来建构新的共享的意义。然而，意义建构并不意味着集体的趋同思维。相反，意义建构过程表明，重要的是个人的思想要和新的理解或变革以及变革的意义相碰撞，否则意义建构会与集体或群体思维相反，因为它不是简单地采纳他人的观点，也不是模仿他人的价值观。

研究表明，如果变革推动者能够为人们创造沟通的渠道，设法将新思想引入组织内部，为人们提供相互联系的机会，并且有效地使用语言和沟通渠道帮助人们不断进步，那么他就可以推动意义建构（Gioia & Thomas，1996；Thomas et al.，1993；Weick，1993）。意义建构需要时间，因为机构变革伴随着整体观念的改变（Gioia & Thomas，1996；Thomas et al.，1993）。当具备多种途径，信息详尽并始终不变地传达，且涉及相当规模的人数时，意义建构最有可能形成（Weick，1993）。Eckel和Kezar（2003a）指出，由于高等教育机构具有分权、参与者进出关键决策领域的流动性大等特点，并且许多工作依赖个人自主，意义建构过程在高等教育机构中以某种独特的方式发生（Birnbaum，1991；Cohen & March，1974；Kennedy，1994）。当过程不断重复、持续和包容时，意义建构才有最好的结果。高等教育机构的措施只有更加广泛地运用，更频繁地重复，才能取得成功，因为高等教育部门和机构具有分权和分散特性以及双重权威结构。

组 织 学 习

在强调人们的心态转变方面，意义建构和组织学习的概念是重叠的，但组织学习遵循更加理性和数据为本的方法。组织学习也比意义建构具有更广的文献基础，尤其是在与组织变革相关的方面（Kezar，2005a）。20多年来，组织学习一直是组织内部创造变革的主要工具之一。

与组织学习关系最密切的作者是Chris Argyris（1994），他在20世纪70年代便开始了他的工作。组织学习的基本假设是，人一旦发现错误，就想纠正并进行变革。因此，组织需要创建方便人们检测错误的机制，这通常涉及数据的收集和审查。组织学习本身就是对组织是否学习、如何学习以及在什么条件下学习的研究。虽然不少学者研究了促进组织学习的条件，但这并不一定表明许多组织都具备这些条件，或学习是组织本身就具有的特性（Fiol & Lyles，1985）。两个领域的文献有助于我们理解组织学习可能为变革所用的方式。首先是过程元素（如引入新思想、制造疑问），这些元素可以促进组织内部的学习，例如数据或团队工作。第二个领域是支持这些学习过程的组织因素或条件（如等级不森严、信任的氛围）。另一个有潜力但现有文献中的记载非常有限的一个领域，是一些学者将组织学习与其他变革理论如政治理论或文化理论相结合的研究。正如本书所指出的那样，对变革持一种狭隘的观点可能会限制变革推动者的作用。然而，大多数研究组织学习的学者倾向于狭隘地看待这些变革机制，而不考虑其他影响因素。

学习型组织的概念是从组织学习的研究演变而来，并在 20 世纪 90 年代流行开来。学习型组织的提出者是 Peter Senge（1990）和 David Garvin（1993）。学习型组织更像是一个理想化的模型，为个人提供识别或从不同角度解读问题的方法。从事学习型组织研究的学者往往会推广使学习更加容易的方法。支持者强调，需要理解个人是在心理模型的基础上行动的，这些心理模型包括理所当然的信念和假设，它们会阻止新的学习。要达到学习目的，我们必须了解自己和他人的心理模型塑造学习的可能性。学习型组织的研究方法为变革推动者提供了反思的技巧，提出了个人能力的概念（如怎样创建共同愿景或鼓励团队对话），并强调了系统解决问题的必要性。

虽然学习型组织的概念来自对组织学习的研究，并提出了可以帮助个人和组织学习的一些重要过程，但两者之间的关键区别在于强调学习困难或容易的程度。组织学习理论提出，许多个人和组织都会出现阻碍学习的防御性行为，并且强调人更多地受到政治和自我而不是理性的驱动。此外，组织学习理论认为，学习并不总是正面的，它可能会朝着负面的方向发展。学习型组织的方法，则倾向于认为所有的学习都是正面的。

绝大多数关于组织学习的文献表明，组织学习并不常见（Argyris，1991）。事实上，许多研究者终其学术生涯识别和记录所谓的组织防御行为，也就是阻碍学习的系统。他们的研究表明，个人和组织始终坚持旧有的模式和做法，这为组织学习带来了挑战。为了解释学习没有发生的原因，组织学习方面的理论研究者研究了阻碍学习的组织特征，以及其他特殊的构成障碍的问题。组织防御行为包括防止参与者遭遇尴尬或受到威胁的政策、实践或行动，这些政策、实践或行动也阻碍他们发现尴尬或威胁的原因。例如，当有数据表明某个过程出现问题时，为了隐藏令人尴尬的内容，经理或员工会通过让人们聚焦其他数据来转移注意力。例行的组织防御行为会让人们产生一种无助感，对变革过程产生批评、怀疑，这不利于学习。因此，了解它们很重要，这样才能通过组织学习来推动变革。学习没有发生的关键原因之一是，个人没有意识到他们如何被带离轨道，以至于难以将一个群体带回到学习模式之中。因此，了解不利于学习的行为与知晓促进学习的方法同样重要。通过识别不利于学习的行为，领导者可以帮助团队克服它们。

意义建构与组织学习

您可能想知道为什么这两种方法都旨在改变基本假设，但两者的实施过程是分开且独立的。从根本上说，尽管它们的核心假设不一定冲突，两者分别建立于不同假设的基础之上。意义建构理论来自对个人的研究以及人们对所处环境不断地观察；这些概念被建构并用作理解人类行为发生变化的入口。意义建构强调人类参与的社交互动是变革的一个来源，并将对话和语言视为新视角来分析促进变革的因素。变革的工具包括促进人际互动，开展对话、协作和沟通，帮助人们质疑自己的假设，更多地接触新思想或价值观。意义建构学者认为人们不断建构意义，同时也注意到常常有非常强大的惯例规范学校教育、职业和文化制度。因此，虽然意义建构学者指出人们对世界的理解是可以改变的，这一点是值得肯定的，但他们也强调了惯例如何使这种改变困难和问题重重。组织意义建构理论认为人们更具可塑性，但缺乏足够的证据支撑（Kezar，2001）。这种观点过于强调这些过程能够或容易发生，在关于意义建构和关于组织学习的文献之间造成一些对立的观点。虽然研究表明，人们的基本假设可能会发生变化，但也有证据表明，这种情况发生概率较小。

组织学习也试图通过与意义建构略为不同的工具来改变基本假设和信念。组织学习基于以下假设：给人们提供数据、信息和查询方法，他们能够发现不准确的地方或错误，并通过创造更好的组织工作方法来解决问题。组织学习的理性倾向往往与更多组织管理上的观点非常吻合。它比意义建构理论吸引了更多的追随者和研究兴趣，而意义建构理论是由与人类身份建构相关的概念构成的。

意义建构和组织学习理论之间的另一个区别是，意义建构理论更倾向于关注二级变革。组织学习理论常常用来理解一级变革；并非所有的学习都涉及双循环学习，其中基本假设和价值观受到质疑并需要改变。相反，大多数的组织学习是单循环学习，其中个人发现组织环境中的错误，然后想办法在现有假设和价值观中创造变革。

组织学习和组织意义建构在强调识别组织特征（如激励措施、团队结构、促进互动的机会）以及组织如何为学习或意义建构创造条件方面是相似的。这些特征（如允许质疑的环境）和这些过程（如团队和小组工作）被视为与组织有紧密联系。从这一假设中产生的挑战之一就是，不在组织层面工作的变革推动者（如自下而上的变革推动者通常在小组层面工作）可能会发现直接应用上述理论的机会较少。例如，基层领导者可能不会觉得这些理论中提出的概念和过程特别有用，因为这些变革推动者并不总是能够进入基层组织中，没有能力在行政管理人员和教师等主要群体之间建立信任，也无法号召校园里的所有团体。然而，尽管这些理论倾向于强调组织层面，但仍然有一些经验教训和思想适用于组织和网络的下属单位。但要指出的是，大部分的相关研究主要针对组织层面。

鉴于高等教育的分权性及其在各部门和各个子单位之间分散的基础架构，领导者可能更倾向于考虑在组织的子单位之间学习，而不是在更大一级的组织层面。此外，组织间学习通过联盟、共同项目或各种类型的网络发生，目前兴起的关于组织间学习的对话和研究，有可能会创造学习的机会。

与组织学习相比，意义建构理论的优点之一是，它可以跨群体发生，而工作的强度要小得多。对于建构意义的个人来说，他们只需要承认变革可能塑造他们的身份认同和采纳变革过程中出现的观点。个人没有必要经历深度学习的过程，这一过程会要求他们以新的方式思考组织面临的特定问题。事实上，组织学习发生时所涉及的困难和复杂性意味着它实施起来可能具有挑战性，意义建构和组织学习可能一起实施，以达成预期的深层变革，而不是单独使用其中一种方法。

其他人可能会认为，使用数据通过学习促进变革比努力引导人们重新审视自己的身份和价值观更为容易。但两项工作的开展都很艰难，我们实际上几乎没有任何研究来了解哪个过程执行起来更困难或更耗时。意义建构一直以来被认为是一个更加让人难以捉摸的概念，关于它以及它在组织中实施困难的研究也少得多。随着时间推移，它可能被证明与组织学习一样具有挑战性。在上述背景下，我接下来将讨论用于促进深度变革的策略。

意义建构的工具：赋义

Weick（1995）和其他意义建构学者将帮助人们构建新意义的机制称为赋义工具，因为它们是帮助组织中的人建构意义的一种手段。有时，赋义可以很简单，如公开演讲、召开发布会或阐述愿景。高等教育机构常见的一些重要赋义工具包括：
- 持续而广泛的校园对话；
- 协作领导；
- 成立跨部门团队或工作小组；
- 为教职员工提供发展机会；
- 借鉴和讨论外部观点；
- 灵活的愿景；
- 制定正式文件和概念性文件；
- 准备并公开演讲。

Weick 描述了几个与意义建构相关的关键概念：它是社交性的，持续的，帮助人们反思身份，引导人们重新思考假设，涉及触发事件和合理性。它是社交性的，因为人们在社交的而不是孤立的环境中建构意义。当新的行动信号在反复互动中被引入和加强时，就会发生意义建构。无论是在教学、促进高质量教育还是学生成就方面的变革，互动和活动都需要帮助人们反思身份以及与变革相关的基本假设。人们需要帮助他们重新思考假设和反思自己身份的触发事件，例如新的终身教职制度、晋升准则或其他修订的程序。行动信号帮助人们作出新的解释并重新思考他们的假设。最后，对于被要求变革的校园和个人来说，变革看起来应当有合理性。合理性不同于准确性。既然人、触发事件、互动和解释不尽相同，人们尽量提出一种适用的但可能不太准确的解释。符合学校具体情况但并不准确的解释可能会被采纳。尽管 Weick 还描述了意义建构的其他属性，我将在下面讨论意义建构工具时重点介绍上述属性，因为它们最具相关性。

需要注意的是，其他类型的活动可能有助于意义建构，但上述活动在一项学院转型变革的重大研究中有所记录，该研究的名称是"机构领导和转型项目"（Eckel & Kezar, 2003b）。他们为变革推动者提供了一些例子，可以作为促进各校变革的赋义工具。[1] 下面我将一一综述上面列出的赋义工具。

持续而广泛的校园对话

持续的校园对话在帮助院校采用新的心理模型方面发挥着重要作用。对话使人们重新塑造关键概念（如如何评估学生的学习或联合课程如何支持课堂学习）以适应新的现实和未来的变化。通过在静思会、圆桌研讨会议上对话，教职员工和管理人员可以就各种思想形成共同语言和共识；他们可以重建关键概念。相关研究的案例中，对话发生在一系列集会中，每个新的对话都建立在前一个对话的基础上，没有一个对话是孤立的。对话还要有包容性和广泛性，应向所有校园利益相关者公开信息。对话允许人们以协作和公开的方式构建新的身份（即对话是社交性的）。在许多情况下，对话是回顾性的，因为它们根据已经发生的事件或对比过去的信念和活动展开讨论。它们经常始自人们对不断变化的环境进行的评论。它们基于学校的历史、规范和社会功能来强调对学校而言合理的做法。

虽然那些处于权威地位的人通常能够组织大规模的对话，如静思会和全体人员会议，但自下而上的领导者可以组织自带午餐会和其他小型聚会，这也可以赋义。

协作领导

意义建构的另一种方法是通过协作领导，来自校园内的广泛利益相关者（例如教职员工、行政管理人员、学生）共同制定变革计划。协作领导与下一个工具，即跨部门团队密切相关，它涉及来自不同部门的人，他们一起参与某个变革计划的制定或建立一个强大而复杂的校园网络。协作领导还建立在持续对话的理念上。随着涉及的变革推动者越来越多，个人会更深入地质疑变革计划对他们和整个校园意味着什么。协作领导表明人们不仅仅只是象征性地参与，而是为他们提供权威、决策权、影响力或其他一些塑造变革过程的手段，使他们能够行使主动权。

协作领导的概念有助于人们在被吸引到变革过程中时以积极的方式重新考虑自己的身份。人们和校园里的其他利益相关者相互联系，所以这个概念也具有社交性。它还具有持续性，因为不断有新的参与者补充新的视角成为触发新思想、新方法的事件，领导过程随着时间的推移不断展开，形成参考点。

成立跨部门团队或工作小组

跨部门工作团队将来自整所院校的教师、行政人员和员工（有时是学生）聚集在一起，形成不同的组合，每个组合都带来独特的观点和假设。许多院校的大部分工作都是一个部门唱"独角戏"，各单位之间几乎没有互动。思想的交互促进往往有助于思想交流，使人们不再那么固执己见。团队是社交性的，它把人们聚集在一起，完成一系列具体任务。工作团队具有社交性和持续性。它之所以是社交性的，是因为它促进了校园里的人，尤其是不经常交往的人之间的交往。它也是持续性的，因为团队通常频繁开会以继续之前的谈话。这些属性确保了工作团队是意义建构的强大工具。变革推动者可以利用这些讨论会来检验变革计划是否适合学校及其目标，从而更符合人们的身份认同以及具有思想的合理性。工作团队可以创造机会，触发与变革计划相关的事件，相当于种下意义建构的"种子"。这些触发事件也因为工作团队将许多来自不同单位的人聚集在一起而得到广泛的传播。

虽然那些处于权威地位的人更容易建立跨部门团队，但自下而上的领导者通常会形成自己的跨部门非正式网络，从而发挥个人在不同专业岗位上的作用。这些网络也可以作为构建意义的场所。在我的研究中，我记录了学生、教职员工怎样通过非正式校园网络重新定义为少数弱势群体服务的方式，重新思考以学生为中心的意义，重新理解如何以最好的方法教授特定概念或科目，并重新评估高等教育为公共利益服务的意义。

为教职员工提供发展机会

职业发展往往是高校构建新意义的关键杠杆。在意义建构方面做得成功的高校通过规划各种项目来满足教职员工的不同需求，并与变革方向保持一致。此外，院校经常为新入职的教职员工提供岗前培训，帮助他们更好地融入学院，并让他们明白在特定校园环境里一名好老师是什么样的。

为教职员工提供发展机会的做法是把人们聚集在社交场合，一起学习技能并获得与校园变革相关的新知识。此类活动可以持续进行，包括自带午餐讨论会、研讨会、教师讨论小组等，有时专门讨论如何接受新的观念（如形成性学习评估）并将之合理化，使其适应本地的环境和任务。职业发展系列活动会促使人们重新思考自己的角色和身份。

虽然许多研究都关注处于权威地位的人如何为教师创造职业发展机会，但是自下而上的领导者认识到他们也可以参与职业发展活动。自下而上的领导者可能没有一个教学中心来致力于职业发展，但他们可以举办一系列自带午餐会或研讨会，帮助其他基层领导者构建新的意义。

借鉴和讨论外部观点

一些校外人士对高等教育的关键信念和假设提出了质疑，变革过程通常可以从他们的观点、评论、建议和策略中受益。在许多情况下，这些局外人，如受邀演讲者、外部变革推动者或付费顾问，能够提出校园变革推动者自己难以提出的富有挑战性的问题。学校通过派遣教职员工和管理人员参加校外活动（包括区域性的或国家级的会议）来构建意义。变革推动者还通过广泛分发精心准备的阅读材料，在务虚会上、定期安排的会议期间，或在有组织的阅读小组和专业研讨会上进行讨论，从而促进意义建构。

校外人士和他们引入的观念可以帮助个人反思过去的运作方式和思维方式，挑战当前的认知和感知方式，并帮助院校考虑哪些是合理的变革方法。他们为变革提出了明显的新思路，为不断变化的环境带来新视角。通过每年派人参加会议，成立阅读小组或发起系列演讲，外来的观念可以源源不断地输入。

灵活的愿景

高校构建意义的办法之一是与员工、教师和学生一起为变革计划制定共同愿景。少数人制定的变革愿景是其他人难以完全理解的。让不同人共同制定愿景，意味着更多的人将挑战他们固有的旧观点并尝试接受新观点。此外，一些新人和利益相关者因没有参与愿景制定而感到被忽视。成功变革的愿景是灵活，并随时间的变化不断修正。校园领导者曾谈到，愿景始终类似草稿的状态，并且随新人加入而添加新的内容，这是不断进行意义建构的一种方法。灵活的愿景可以让不同的人尝试适应他们在组织中的身份，并感到自己可以制定新的愿景。与他人一起制定灵活的愿景是一个持续的社交过程。愿景本身提供了一个参考点，帮助人们形成新的理解。愿景还反映了理解的合理性——对于一个组织来说，要实现的不是一个准确或正确的愿景，而是领导者认为适合特定社会环境的愿景。

制定正式文件和概念性文件

与灵活愿景密切相关的是制定一份逐步规范的文件，记录灵活的愿景。变革推动者经常组织制定一些流程、一份（或一套）指导性文件或概念性文件，阐明其变革的日程和走向，并将其与学校重要的价值观挂钩。请注意，重点是推动文件制定的过程，而不仅仅是制定文件。虽然这些文件通常很重要，但其创建、起草、分发、讨论、修改、呈现和润色的过程有时会对意义建构更为重要。意义建构只有在一大群人集体参与制定文件来指导变革时才会发生——这是一个社交性过程。把重要的想法写下来，让人们畅谈他们的设想，并推动领导者通过教师务虚会、高层管理人员会议和校园论坛不断使整个校园参与进来。文件制定还为校园提供了变革触发点，因为人们可以在视线可及的地方更好地理解和考虑拟定的变革。即使在自下而上的变革过程中，一些工作不太可能由正式文件推动，有时可以制定不那么正式的概念性文件，分发出去并获取反馈。

准备并公开演讲

在变革过程中，高校可以为各种人士创造大量公开演讲的机会。集中演讲、听取演讲的过程可能有助于打破心理框架并形成新的心理模型。首先，组织一场演讲要求人们思考他们的想法和假设。其次，听自己演讲和大声发言为个人或团体创造了另一个催化思想的机会。观众也有机会通过聆听来构建意义。最后，演讲者有机会听取和回答观众的问题，两组人群都使自己的思想越来越成熟。

整理公众意见的过程很少是单方面的活动。公开演讲通常侧重于某个院校或团体已经取得的成就，因此具有回顾性。它还可以在正在进行的工作、已有理念和取得成绩的基础上，巩固院校或团体文化中合理的部分。公开演讲触及身份认同的问题，宣传这所院校是什么样的院校，它正在成为什么样的院校，以及为什么是这样的。院校可以将变革的要素在更大的范围内组合在一起，让人们接受他们可能听说过的思想，帮助人们将其与变革计划联系起来。例如，要想推动跨学科研究，一方面可以在专业协会、国家研究机构和政府机构之间进行对话，另一方面可以强调跨学科研究能够满足地方经济和社会的需求。将变革计划与校园许多关键的领域联系起来，可以达成更多的个人认同。

旨在意义建构的国家级项目

推进计划项目

推进计划（ADVANCE Initiative）是美国国家科学基金会的一个项目，它利用了几种促进意义建构的工具来创造变革。推进计划项目旨在让更多的女性和弱势群体的少数族裔进入 STEM 学科，担任高等教育机构的教师。该项目的一个基本假设是，像系主任这样关键的高校变革推动者需要明白谁可以成为一名科学家、成功的科学家意味着什么。该项目还揭示人们往往没有意识到高校里的性别歧视和种族主义。这些基本的价值观和假设被揭示出来并得到承认，这样人们才能够在院校里构建新的意义，克服这些思想造成的障碍。使用的工具之一是召开系主任务虚会，召集这些校园的领导者在校外聚会，使他们远离日常工作的压力，重新考虑如何努力帮助教师。参与 ADVANCE 项目的几个校园的人成立了剧团，情景再现校园里的会议和活动，例如招聘委员会，晋升和终身教职评审小组的会议，系主任和初级职称教师之间的指导会议，或具有歧视性特点和行为的教师之间的人际互动。系主任被请来观看这些情景剧，对场景中描述的事情进行反思，阐述他们对该情景的感受，然后可能会请一些参与者在每个场景中尝试扮演系主任。

系主任参加了系主任务虚会和剧团的情景再现活动后，明显改变了其心态。这些活动非常有力地重塑了参与者的思维。大多数系主任指出，虽然他们以前读过关于偏见的文章，但是各种场景再现让他们加深了印象。将来如果在校园里遇到类似的问题，他们会更好地作出反应。但最重要的是，这些常见的场景再现使他们能够从自己的身份和角色中跳出来冷静地思考问题，并将新思想融入自己的工作中。系主任一直在经历这些类型的情况，但往往没有时间对它们深入思考，并从中学习，重新考虑解决方法。

上述体验还提供了社交互动和交流的机会，参与者可以与其他系主任讨论每种情况。通常，这些情况孤立地发生在校园里，或者参与者对发生过的场景习以为常而未进行深入思考。情景剧的表演可以触发某个问题（如不恰当的语言、让别人不适的肢体语言），帮助参与者以不同于他们日常工作和生活的方式审视每种情况。剧团活动通过触发一些突出和重要的问题来吸引系主任的注意力，从而构建新的意义。该过程也可以是回顾性的，当系主任们观察某个特定情况时，可以促使他们想起之前在招聘委员会或晋升和终身教职评审会议上的经验。这样一来，他们能够回顾和思考自己的经历，并在他们开始构建新的意义时加以借鉴。在许多方面，戏剧化的情景再现提供了一种有趣且非常有益的方式来构建意义，从而给校园带来重大的变革。

万花筒工程

万花筒工程（Project Kaleidoscope）采用了另外一种构建意义的方法。该项目旨在为STEM本科专业推广参与度更高、更积极的学习方式。它最近的一个举措是要求不同的高校团队创建符号、口号、图表或其他表现形式，展现他们对跨学科及怎样把跨学科作为校园的优先事项的看法。各校园组成团队，打出强有力的宣传标语，如"Broad is Beautiful"，或推出像双手相扣这样的图形符号。这些做法具有典型的象征意义，在随后的几年中在项目会议上常常被作为指导性符号和标语提出来，表达人们心目中的跨学科。因此，随着时间的推移，这些符号和标语成为人们的参考点，帮助他们建构意义。每个符号、标语等表现形式都以个人的身份认同为基础，但也通过与他人的社交互动而创建。每个小组的目标不是提出跨学科的实际定义，而是小组成员根据自己长时间的理解形成独特的解读。

万花筒工程还有一个例子——愿景练习：给各学校一套乐高积木，要求他们为本科生STEM改革建立愿景。此活动具有社交性，参与者要和校园里的其他人合作，把他们的愿景具象化。它还以这些变革推动者的身份认同为基础，因为参与者被要求在创作的同时重新思考自己的工作和角色。该活动也具有持续性，因为参与者可以在为期三年的项目中重新审视他们的乐高创作，从而看出自己对STEM改革的理解和感受怎样发生改变或保持不变。通过这种方式，乐高任务中变革举措得以具象化，也变得具有追溯性：个人可以在某个时间点回顾他们的意义建构，并在任务推进时将其作为参考，看到自己观点的进步和变化。具象化也使参与者对环境的解读更为真实。

下面我将转向讨论组织学习以及变革推动者利用工具推动变革的一些方法。

促进组织学习的工具

关于组织学习的文献描述了某些可以促进学习的因素,例如引入新思想、信息的获取和发布、专业培训、数据和系统思维的解读、团队和小组、领导力、鼓励质疑和重视错误。这些机制取自关于组织学习和学习型组织的文献。

引入新思想

新思想的引入有助于人们重新审视当前的操作模式,这时学习更有可能发生。这些新思想可以从经验(如在另一个校园工作)、其他人和组织的样板实践(一般通过标杆分析确定)或以新眼光提出新问题的方式重新审查常规数据来获得。我参与过的许多校园项目都采取以上做法来启动组织化学习。一种常见的做法是把个人送到其他校园,看看别人如何处理多元化或技术上的问题,然后把那些思想带回校园。例如,越来越多的校园在研究同行在学业评估方面的工作,看看别人的思想和方法在自己的校园里是否也能奏效。此外,校园也开始进行试点实验。可以同时开设跨学科课程和同一科目的学科课程,来确定跨学科如何影响学生的学习。这些类型的实验可以为实施有效方法提供佐证。

信息的获取和发布

除了引入新的思想或信息促进学习之外,系统本身的数据和信息还有助于及时发现问题和推动学习。为了促进学习,组织需要创建强大的信息收集和发布系统。在大学校园里,院校研究办公室往往为校园团队和决策在数据的获取、传播和打包方面发挥关键作用。推动组织学习的校园支持收集校园重要问题的数据,例如学生成就、学习成果、工作效率、成本分析等。虽然许多校园都设有院校研究办公室,但它们作为学习过程的一部分面临着许多挑战。首先,许多院校研究办公室并不是为了推动学习而设立的,而只是通过收集数据来满足监管要求,它们并不关注校园建设。其次,高等教育孤立的组织结构往往使数据采集变得困难,因为不同单位并不总是信息共享。不能只是单纯收集数据,还要以决策者能够容易审查和理解的方式把数据呈报给他们。数据的呈报与数据的收集同样重要,因为它有助于数据的解读,但院校研究办公室并不善于呈报数据。

有关数据使用的专业培训

一个组织可能有强大的院校研究办公室和知识管理系统，但缺乏专业培训来帮助校园的人使用数据并做有意义的调查以最终推动变革。许多关于组织学习的早期研究成果表明，组织过于关注出具数据报告，而忽视了人们需要消化和使用数据，把它转化为知识。目前，很少有校园具备一定的基础设施，帮助校园利益相关者在决策过程和制定变革计划中有效地使用数据。最近关于院校研究的文献一直在宣传将院校研究人员纳入校园团队的重要性，因为他们可以帮助团队中的人更好地利用数据（Borden & Kezar, 2012）。实际上，很少有学校为教职员工提供相关培训，原因往往是他们认为个人不会利用这些机会。

数据的解读与系统思维

数据的解读不是一个简单的过程，可能会出现各种问题，阻碍知识的生成和系统思维的发生。许多学者将数据和信息与知识区分开来（Brown & Duguid, 2000）。知识是通过思考或数据和信息的解读而生成的，有时能够帮助解决复杂的问题。人们倾向于查看数据并考虑短期解决方案，而不是长期解决方案。同一组数据可能导致人们得出完全不同的结论或解决方案，这取决于对数据的观察角度和解读方式。人们在解读数据时倾向于寻找简单的因果关系，聚焦局部的因果关系，常常对问题作出错误的判断。系统思维与之不同，它的基本理念是，存在一组涉及全局的复杂的因果关系，我们能够对此进行描述，从而提高认识，开展学习。

人们也倾向于把事情分解成碎片，这阻碍他们更全面地看待问题。信息孤岛阻碍了对数据的系统分析。如前所述，校园内的办公室和部门之间通常不共享数据。如果没有跨多个单位的足够数据，系统思维就不太可能发生。因此，数据团队需要能够促进数据解读的院校研究和强有力的领导者，仅仅拥有数据不会产生最好的学习过程。

创建小组或团队

当对数据施加多种视角时，对数据的解读往往会更加丰富。研究组织学习的学者经常论述创建团队、委员会或工作组的重要性，以审查、解读、质疑数据并将其转化为知识（Kezar, 2005a）。然而，所有研究也表明，光靠创建小组不会产生学习，因为如果没有明确的指导，小组容易运作不利。

小组成员需要经过精心挑选、培训和沟通。需要创造一个环境，其中成员相互了解，建立信任，领导者善于推动团队审核数据，开放的氛围和密切的人际互动允许人们公开提问和分享。此外，研究表明，小组和团队收集的信息需要被解释并传达给更大的组织，并以能够说服尚未参与学习过程的其他利益相关者的方式传播。

鼓励不同声音和怀疑的批判性领导力

组织成员都对各种流程持有假设，例如招聘的做法是否公平，招生的流程是否具有筛选性，或者是否为学生提供了足够的支持。如果个人在工作中与任何一个这样的流程或职能打交道，他都可能有一些想法，认为怎样运作会比实际情况更为优化。如果相关数据和现有信念不符，开放的环境允许人们质疑自己的信念，允许组织的利益相关者提出新的方向，那么更有可能推动学习的发生。如果人们认为他们已经成功地教育了学生，提供了足够的支持，那么当有关高辍学率或学习成绩不佳的数据证明他们观点错误时，他们只有被劝退离开职位。给质疑提供渠道的校园往往会让一个校外人士或批评者加入某个任务团队或委员会，这个人必然会发起一些让人不那么舒服的讨论。

重视错误

与鼓励怀疑相类似，组织学习理论学者描述了在学习过程中重视错误的重要性。在大多数校园里，承认某项服务或项目失败了无异于政治自杀，可能会终止一个人的职业生涯。每所高校在对错误缺乏容忍度方面没有什么不同，结果往往丧失从错误中学习的能力。通常，我们对数据共享的恐惧源于担心它会指出错误或低绩效，因此领导者不会向其他校园利益相关者或公众提供信息。这也导致院校研究者发布的数据是非常受限的，可能会隐瞒校园团队确诊问题所需的信息。然而，除非承认错误并从中吸取教训，否则将无法进行所需的重要的组织学习。

以上组织学习工具的例子请查阅 Babauman（2005）、Dill（1999）、Lieberman（2005）和 Ramaley & Holland（2005）等人的文章。这些工具虽然不是很常见，但开始在一些校园和特定的变革项目中出现。事实上，接下来介绍的公平记分卡、实现梦想和校园多样性计划展示了这些工具在实践中的应用。

以组织学习为重点的国家级项目

公平记分卡项目

公平记分卡（Equity Scorecard）是一个全国性项目，它运用组织学习的原则来创造变革，提高大学校园中弱势群体学生的成功率。公平记分卡项目运用组织学习的原则，首先要求组建一个跨校园团队，成员包括来自院校研究专业人员、教师和其他拥有有色人种学生工作经验并作出贡献的员工。接下来，校园团队通过各种手段审核目前在有色人种学生工作方面取得的成绩，以了解学校存在的具体问题。然后，学校使用基准分析工具来确定必要的校园干预措施。团队中的数据审查由训练有素的引导员推动进行，他引导校园采取基于调查的方法和以怀疑为导向的思维方式，避开许多组织学习上的壁垒和障碍，因此有关团队更有可能经历一个学习过程。数据审查和团队工作的最终目标是制订干预措施和行动计划，帮助有色人种学生取得成功。

如公平记分卡项目网站所述：

> 人们普遍认为学业成功和失败的责任完全在于学生，证据小组的成员学会将视线从这种观点移开，转而询问学校和自己能够做些什么来改善情况。这种关注点的改变使他们能够将不平等问题视为专业实践中可以解决的问题。
>
> （引自"城市教育中心"）

在过去十年中，公平计分卡项目已与全国近100个院校合作，帮助他们改变思维方式，创造重大的组织变革。

实现梦想项目

实现梦想（Achieving the Dream）是另外一个运用组织学习原则推动变革的国家级项目。该项目始于2004年，目前与近200所大学，100名教练和顾问以及15个州的政策团队合作，工作范围涉及32个州和哥伦比亚特区。该项目旨在帮助更多社区大学的学生，特别是低收入学生和有色人种学生，帮助他们留在学校并取得大学证书或学位。该项目负责组织学习的成员使用证据和数据来改善学院的工作，帮助学生取得更大的成功。该项目还在校园内发起基于行动的调查研究，以便为行动提供支持，产生知识。与公平记分卡项目非常类似，实现梦想项目创建校园团队，这些团队使用数据来更好地了解学生成功和失败的原因，然后运用数据来制定干预措施以及新的学生工作方法。数据教练为学校的团队提供支持，帮助他们写报告，解释数据，并学习如何使用数据进行决策和变革。该项目分为五个步骤，通过改进学校工作来提高学生的成功率：

（1）从每个参与的大学得到完成项目的承诺。

（2）使用数据确定行动的优先级。

（3）数据表明应当采取适当的干预措施后，让利益相关者参与支持这些干预措施。

（4）实施必要的变革，使用数据不断评估和完善流程。

（5）通过前面的步骤帮助形成持续改进的氛围，从而在初始项目结束后维持变革成果，并在校园内建立学习型组织的基础架构。

人们认识到，在高等教育中建立一种基于证据的决策文化——有时被称为组织学习环境——是很困难的。该过程牵涉到一个提供支持的网络，包括数据教练、实现梦想项目的相关支持单位，以及提供专业培训、帮助数据解读和呈报、提出问题引出质疑的各州政策顾问等。实现梦想项目认识到还有一点也很重要，即领导层有足够的决心并提供必要的支持来创建学习型文化。该项目创造了许多可供其他院校使用的资源，帮助他们向学习型组织转变，如：

• 每月的数据说明，呈现与学生成绩相关的重要问题的数据，如入门课程、补习教育、学生成绩差异以及有关保留率的分类数据。

• 题为"前沿"的系列出版物，就诸如建设院校数据知情决策能力等主题提供指导。

• "知识中心"，包括各种主题的出版物：从让教师参与数据审核，到基于数据分析的干预措施；从如何进行特定形式的数据分析，如队列分析，到在组织内建立院校研究职能的方法，以及各种变革准备工具等。

校园多元化倡议

另外一个运用组织学习方法的重大项目是校园多元化倡议项目。从2000年到2005年，校园多元化倡议项目与加利福尼亚州的28所独立学院和大学合作，战略性地致力于提升校园多元化。这里提供的信息直接取自该项目的最终报告《能力建设：詹姆斯·欧文基金会校园多元化倡议的影响研究》。[2] 两所参与该项目的学校通过将其作为优先事项并打造领导力，提高了校园多元化工作的能力。通过最初的校园审核、制定优先级、建立工作的指导性框架，同时跟踪实施进程不断评估，实现了组织学习。组织学习方法主要嵌入评估模型中，有助于各校园使用数据来持续监测其成绩和成果。积极利用评估过程来指导和评价工作的校园实现目标的动机最强，开展组织学习的有效性也高。那些不断对工作进展情况做跨院校分析的大学知道如何在需要的地方以恰当的方式加以改正，以确保成功实现目标。这个过程帮助那些成功的校园真正理解他们成功的原因。此外，通过提供监测和数据解读的系统手段，校园多样性倡议将每个校园的主要参与者聚集在一起，采用了更加集体化的方法，这与其他依靠一个人或小组来评估结果和写报告的评估模型形成鲜明对比。

研究发现，评估的组织学习模式对许多校园来说并不是本来就有的，他们需要反复接受培训才能使用这种方法。校园多元化倡议报告记录了实现组织学习时出现的许多常见难题，显示了高等教育未来工作的方向，这些难题包括：

- 组建团队是成功的关键。校园如果没有建立真正具有代表性的跨校园团队则不会取得太大进展。
- 院校研究能力较强的校园更有可能取得进展。
- 院校研究办公室提供的数据或报告不足，则不太可能支持工作取得进展。
- 如果担心数据分析结果会暴露出进展缓慢并影响院校声誉，则会阻碍学习。
- 在团队中加入院校研究人员有助于促进学习。
- 校园一般不喜欢设置需要达到的特定标准，这妨碍了数据的有效使用和问责。
- 校园内的数据孤岛导致缺乏沟通，损害了其学习能力。
- 向团队外部展示数据的开放式论坛有助于赢得利益相关者对所提出的想法和干预措施的支持。当团队的想法扩大到更广泛的校园时，有助于变革的实施。

关于在未来利用组织学习开展项目的重要建议包括培养院校研究能力，利用院校框架，帮助校园建立和使用标准，让有着广泛基础的校园团体审查数据，对发现的问题和错误秉持诚实和开放的态度，在整个过程中保持有效的沟通和信息流动。校园多元化倡议项目指出了组织学习变革方法的前景和一些挑战，它常常不适合高等教育目前的结构或许多院校的文化和价值观。

思考题

1. 为什么深层或转型变革如此困难？院校的本质特点是什么？
2. 意义建构与组织学习有何不同？
3. 有哪些策略可以实现意义建构？那些策略可以实现组织学习？
4. 意义建构和组织学习面临哪些挑战？

小结

本章的目的之一是帮助读者更好地理解二级变革的含义，以及在变革过程中何时需要二级变革。目的之二是描述通过意义建构或组织学习创造二级变革的方法——二者都是社会认知变革理论中的重要策略。这两种方法都是在人们试图发现为什么二级变革往往如此困难、为什么经常出现变革阻力的研究中慢慢形成的。

变革推动者应该继续努力考虑和实现意义建构和组织学习，尽管这两种方法都会面临许多挑战。两个主要原因：首先，除非进行意义建构或组织学习，否则高等教育中提出的许多重要变革都不会发生；其次，政府机构和基金会尤其相信组织学习的有效性，并将继续资助这一领域的举措。专业认证机构也在投入大量的精力、工作和资源，帮助校园使用数据进行学习和创造变革。随着越来越多的外部组织看到组织学习的潜力，并为此支持校园建设额外的基础设施，高等教育机构使用这种方法并使其成为日常工作的一部分可能变得不再那么困难。

虽然今天的校园可能还没有准备好成为学习型组织，但它们已经比20年前进步了很多。院校研究办公室越来越常见，它们正在得到越来越多的支持来进行能力建设。信息和数据越来越多地在校园里由利益相关者共享，他们以前可能从未收到过数据。教师被要求考虑学生的成绩评价，并考虑使用数据通过认证流程改变他们的做法。未来十年左右的趋势是，校园里组织学习不仅得以促进，而且可能是常规操作。变革推动者要做的决定就是选择意义建构（可能更容易）还是组织学习。

注释

1 关于正在进行意义建构的校园的详细案例研究，见 Eckel & Kezar（2003b）。

2 该项目的资源工具包可点击链接 www.aacu.org/irvinediveval/evaluationresources.cfm。

第六章 变革的环境

第六章 变革的环境

阿尔伯特是一所文理学院的工作人员，该学院正在发起一个新的学生领导力发展计划。他开展研究，调查来自各个领域（商业、政策和非营利组织）的领导力发展计划的标准。他发现了许多功能强大的模型。他为新计划制定了提案，带到学生事务部门的会议上。有些人反对该提案，因为它采用了来自高等教育以外的模式，而且他们认为略显等级化的模式不适合学院文化。另一个小组提到了之前的一个似乎具有许多相同元素但最终失败的领导力发展计划提案。还有一些人问阿尔伯特的提案为什么不包括标准促进委员会的关于领导力发展的指南。一位高层管理人员指出，她喜欢该模型中对创业精神的强调。部门主管要求阿尔伯特考虑所有反馈意见，重新制定提案带到下一次会议。阿尔伯特在推动变革的初步尝试中忽视了什么？他如何在下次会议上更加成功？

除了认识到正在实施的变革类型之外，要想成为成功的变革推动者，还需要全方位了解和领会影响变革计划的各种环境因素，无论是历史的、外部的，还是组织的因素。上述阿尔伯特的小故事说明，一些环境因素经常被忽视，可能会影响变革过程。本章将回顾一些关于组织外部和内部环境如何影响变革进程，以及各种环境条件如何帮助变革推动者取得更大成功的研究。本章鼓励变革推动者将变革过程视为一个嵌入更大环境中的过程。本章借鉴了进化理论、制度理论、文化理论以及一些实践（这些实践帮助变革推动者检查和理解大环境及其对变革进程的影响），将重点介绍变革宏观框架的第二部分，如图6.1所示。

高等教育环境在不断发生变化，领导者需要意识到如何在学术资本主义日渐盛行的环境中创造变革。在过去十年中，学术界已基本上由非终身教职的教师组成，资金极其有限，创收已成为院校运营的重点。这些变化从根本上改变了变革的可能性和方法。在本章中，我想提醒读者注意，在制定变革计划时需要考虑到环境已经改变了，环境各方面的改变我已经在第一章有所介绍。

将变革概念化的早期研究往往忽视对环境因素的考虑，试图确立任何情况或组织环境下都能适用的普遍原则。正如序言中所指出的那样，这些概念已作为变革的科学管理方法的标志，嵌入变革步骤或阶段的模型中。近来，进化理论、文化理论和制度理论的相关研究展示了各种不同环境因

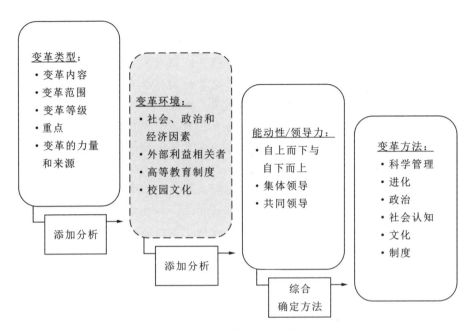

图 6.1　变革宏观框架：变革环境

素的影响，那么让我们更详细地了解一下对变革产生有意义影响的不同环境因素。虽然阿尔伯特倡导的变革并不是与所有这些因素都相关，但它确实反映了一些需要考虑的重要因素，包括专业协会的影响、学术资本主义的趋势以及高等教育的独特传统，例如共同治理和平等主义。

进化论和制度理论描述了在各种环境下的两个关键影响来源。首先，需要考虑社会、政治和经济因素。其次，环境中的利益相关者扮演着不容忽视的重要角色（见图 6.2）。本章首先论述了以上两个影响来源，然后将重点论述制度理论和文化理论涉及的两种主要环境，即高等教育制度环境，以及特定校园里存在的因学校类型和其他条件而异的校园文化。最后，本章将回顾组织变革能力的概念，对以上不同环境因素进行解释后，可以更好地理解这一概念。

图 6.2　塑造变革的各层环境因素

社会、政治和经济因素

在最广泛的层面上,变革推动者可能需要考虑塑造变革或与特定变革举措相关的社会、政治和经济因素。虽然许多校园领导者可能意识到州政府预算的下降,但变革推动者往往止步于此。其实,还需要理解许多其他的外部变化趋势。例如,正在努力为 LGBT 的大学员工的伴侣提供医疗保健福利的院校,应该关注最近在几个州支持同性婚姻权利的一系列立法和倡议的胜利。这些最近成功的法案和公民投票表明,某些州内的环境越来越友好,校园可以利用这种积极的势头来推动政策的改变。

另一个例子是跟踪公共政策民意调查,了解人们对高等教育和负担能力的看法。如果一所社区学院为增加资金,即将就发行债券进行公民投票,那么它要是能够了解当地公众对负担能力的看法,它将做得更好。了解利益相关者对校园的看法也将对发行债券的投票及其成功产生重大影响。由于此类举措成本高昂且需要花费大量时间,因此需要对获胜的可能性和需要解决的问题有充分的了解。

虽然社会意见是很强大的因素,但政治因素在高等教育中也显得很重要。也许政府政策对高等教育影响的最深刻的例子是经济资助,它使高等教育的入学率大幅增长。经济资助使低收入学生负担得起大学教育,使他们相信自己能够获得高等教育机会。另一个例子是《退伍军人安置法案》(Servicemen's Readjustment Act,又称 G.I Bill),该法案带来退伍军人入学人数大幅上升。《退伍军人安置法案》促使高等院校开始改变服务和项目,以更好地为具有不同工作和生活经验的年龄较大的或非传统意义的学生及家庭提供服务。1862 年的《莫里尔法案》(Morrill Act),也被称为《公地兴学法案》(Land Grant College Act),为高等教育带来了新的院校类型(如公地大学)和新的目标,开设了扩建和扩展服务办公室。与高等教育有关的联邦立法清单很长,其他一些例子包括确保体育项目中性别平等的教育法修正案第九条(Title Ⅸ),保护学生隐私权的《联邦教育权利和隐私法》(FERPA),以及确保身体残疾人士入学的《美国残疾人法》(ADA)。校园还受到平权行动法律的约束,以确保历史上形成的弱势群体在同等条件下应聘时优先录取;另外,在校园里民权法保护个人免受歧视,制止欺辱的法规以及酒精管控的法规则保证学生享有安全的生活和学习环境。

各州的法律、法规和政策都不相同，往往与经济资助政策有关，例如提供"佐治亚州希望奖学金"、发行债券、根据学业成绩实行资助计划等。相关政策还有大学结业计划、学费政策、最近推出的与大学入学资格有关的共同课程标准、影响某些群体入学机会的州级移民政策等。此外，每个州都有自己的规范和制定州教育政策的委员会和协调委员会。

再举一个更为详细的例子可能更加有助于读者理解，这个例子是关于联邦立法及其对校园的影响。1982年的《拜杜法案》使学院和大学能够通过申请专利和发放许可证创收，这促进了大学从发明创造中获利，从而更具创业精神。自《拜杜法案》实施以来，高校的专利和许可证呈指数级增长。高校能够利用这一额外收入来源去冲抵不断减少的州财政拨款，但该法案也引发了人们的担忧：研究成果通常是由联邦政府资助却不能惠及大众，一些研究可能因为专利或许可有利可图而不公之于众。在州一级，《加利福尼亚民权动议》或称"209号提案"意味着学院和大学在招生过程中不能再考虑种族和民族因素，这改变了许多校园的人口构成特征。

政府往往重点放在制定更为普遍关注的公共政策问题（如财务、学费、入学机会、问责制、公平性）的相关政策上。政府政策既可以成为变革的杠杆，也可以成为障碍，但需要认识到它们的存在，否则它们会成为实质性的障碍。然而，近年来，新立法的进程一直不顺利，因此变革推动者更难真正把握新的法律和法规。显然，经济形势也影响了高等教育的变革举措。近年来，经济衰退导致许多校园重组，缩减教职工人数，重新思考优先级和办学使命。第二次世界大战后的经济增长推动了高等教育规模增长，形成了更大的系统，社区学院得到发展，入学率增长，研究经费增加。几十年来，经济形势与高等教育规模的增长和紧缩有着千丝万缕的联系。

与内部因素相比，这些更广泛的变化趋势更容易被基层变革推动者所忽视。身处基层的个人通常没有管理层如负责对外联络的副校长、外联主任、或法务主任等所具备的综合分析这些外部力量的资源。即使管理层拥有资源并能够紧跟形势，他们更倾向于狭隘地关注影响校园预算的本州以及全国的政策和形势。虽然进化理论常常阐释外部力量的影响，但制度理论有助于讨论这些来自其他领域的力量对校园的塑造和影响。

校园通常享有很大程度的自主权，因此可能会忽视这些可能对校园的变革计划产生积极或消极影响的更广泛的社会、政治和经济条件。要想成功地创造变革，变革推动者应该跟上形势发展，从战略上思考如何减轻或利用这些力量。通常，这些社会、政治和经济因素牵涉到外部利益相关者团体，如基金会、政府机构和专业协会，这些团体也以各种方式塑造和影响变革。

外部利益相关者

当阿尔伯特提出他的领导力发展项目时，他发现在制定变革计划时需要考虑许多外部团体和利益相关者。他遇到的特殊情况是，准备提案时，应该把一个专业组织"高等教育标准促进委员会"制定的标准作为关键文件考虑进去。进化理论和制度理论都强调在管理和创造变革时要跟踪、预测和利用外部因素、形势和利益相关者。在第三章中，我根据制度理论阐述了影响高等教育的社会与组织领域。社会领域是指政策制定者通过政府法规塑造高等教育环境，这些压力通常来自高等教育之外。但是，组织领域由校园外部但与校园关系更密切的实体组成，如专业协会或专业组织等。两者都被视为外部利益相关者，但它们与校园的关系不同。变革推动者通常更有可能意识到组织领域的影响。

高等教育与专业协会、行业协会、联邦和州政府、政府机构（如国家科学基金会NSF）、工会、私人基金会和认证机构等部门的工作关联度很高。影响高等教育的是一个较大的生态，在做任何变革规划时都需要考虑到这一点。事实上，许多的上述外部利益相关者都在提升高等教育水平方面发挥了作用，所以它们成为我们变革举措的主要参与者。以认证机构为例，它们现在认为自己的主要目标是提高高等教育水平——本质上，它们的作用涉及创造持续的变革。私人基金会和政府机构通常提供资金来支持高等教育，可能要求高校改变其政策、实践或流程，以达到学科融合、提高入学率和国际化水平的目的。这些外部团体既可以用作变革的杠杆，又可能成为障碍。这个由基金会、政府机构等参与者和团体构成的庞大网络——代表了另一组成功的变革推动者需要综合考虑的因素。这意味着要了解它们的活动，了解他们的优先级，并认识到他们的利益所在。正如前面在制度理论章节中所讨论的那样，这些不同组织和团体的影响并不总是被清楚地注意到，它们被称为"看不见的手"（Altbach et al.，2011）。下面，我将讨论几个团体及其对高等教育变革过程的影响。当校园变革推动者开始实施变革时，需要意识到上述外部利益相关者可能会对他们产生负面影响，也可能会成为推动变革的杠杆。另外，这些外部利益相关者常常迫使高等教育进行由领导者推动的重塑校园环境的变革。例如，有决策者呼吁大学取消重修课程，如果重修被取消，那么可能会有成千上万的学生受到负面影响。

基金会

不同学者研究了基金会的资助计划对高等教育发展方向的影响（Altbach et al.，2011）。长期以来，基金会一直是创新源泉，影响了高等教育领域的新举措。在过去，基金会打开了新的研究领域，引入或推动了新的教学法，如服务式学习教学法，支持文化多元化，发展校园和社区伙伴关系，推动国际化项目，以及其他类似成就（Rojas，2012）。目前，比尔和梅琳达·盖茨基金会（Bill & Melinda Gates Foundation）正在资助利用科技为更多学生提供高等教育机会。光明基金会（Lumina Foundation）也资助了提高高等教育生产力、提高入学率及毕业率的计划。提格基金会（Teagle Foundation）正在支持学校实施学生学业评估以及反思新时代人文教育质量的计划。如果了解上述及其他外部资助方，就可能为变革推动者的工作提供杠杆和支持。即使某项计划没有获得资助，与主要基金会的项目保持一致或协调，这种工作方式也可以推动变革。

认证机构

认证机构是负责保障高等教育质量的实体。近些年来，他们把工作重心放在促进变革上，目的是为了持续提升质量。评估和认证学院和大学的地区性认证机构有六个，还有许多不同领域或学科的认证机构。全美高等教育认证委员会（CHEA）是一个由学院和大学组成的非营利组织，在全国范围内支持通过认证实现自愿自我监管。这些实体在促进或创造变革方面所具有的主要权力是，未经地区认证机构认证的大学无法获得联邦财政资助（专业认证与财政资助无关）。认证系统很复杂，因此我建议不熟悉这些机构及其工作的人员访问相应地区认证机构（即中部、新英格兰、中北部、西北部、西部和南部）和 CHEA 的网站以获取更多信息。

认证工作经常因在高等教育中推动的创新不够多，或设定的标准和资格太低而受到批评。但地区认证机构推动了一些重大的高等教育变革。例如，近年来，他们支持鼓励学校评估学生学习成果的工作，直面教育技术和在线学习的优势和问题。一些专业认证机构，如商业或工程领域的机构，也是更新课程设置、制定学业评估标准以及强制要求新的教学方法的主要力量。许多学校由于认证考核而进行了变革；有的时候，变革推动者利用认证过程作为变革的杠杆。一方面，基金会更注重创新，政府希望影响资金、入学率和公平公正等方面的相关政策；另一方面，认证作为一种杠杆，可以围绕基本的校园基础设施和运营（除了打造教学和学习环境外还有治理）进行变革。通过认证，可以改善校园的沟通和治理结构，明确教职员工和行政管理人员的职责，重新分配资源。认证侧重于校园工作流程，因此通常最适合用它来推动治理、预算和规划等流程方面的变革。不过，它越来越强调提高学生学习成果的重要性，所以也可能被用来推动这一领域的变革。

专业协会

专业协会影响了专业领域内和领域间学者思考知识构建的方式：学者的道德义务是什么？知识应该是跨学科的吗？工作是否应该在协作团队中进行？学术应该更多地面向实际目的还是更抽象？国际学者如何共同努力使研究受益？技术如何促进学术？专业协会影响着教师对教学的看法。例如，组织教学是基于问题的，它是合作式的还是服务式的？专业协会还增进教师对其角色和责任的理解，例如教师研究和教学的优先级、参与治理、对服务的态度等。专业协会不定期发布文件，说明它在上述问题和许多其他问题上的立场。它还制定专业准则，规范其成员的行为和价值观。当变革推动者考虑推动与研究、教学、学生生活或教师角色相关的变革举措时，应该了解专业协会的政策、文件和观点。专业协会通过塑造坚实而难以撼动的各领域的价值观和激励机制，实现与专业人士的联络和沟通，其对变革的影响可以援引变革的文化理论来更好地理解。

政府机构

尽管从更广泛的意义上来讲，政府通过立法和政策影响了高等教育，一些特定的政府机构往往在影响高等教育方面发挥非常直接的作用。例如，美国国立卫生研究院（National Institutes of Health）、国家人文基金会（National Endowment for the Humanities）和国家科学基金会（National Science Foundation）在影响高等教育不同研究领域的政策和实践方面发挥了重要作用。它们还为研究的发起和推动、新项目领域或专业发展提供资金，以改进教学。这些机构还影响了学生毕业后的就业领域。例如，美国证券交易委员会可能会为商科学生教育提出变革的建议或方案。多年来，许多这样的机构都提供资金，说服高等教育尝试新的教学形式或更具协作性和跨学科的研究。

还有许多其他的外部团体,这表明不同团体对高等教育都会产生影响,但方式不同,重点也不同。这些团体的存在常常被没有持系统观点的变革推动者忽略。进化理论和制度理论对这些外部环境和利益相关者进行了探讨,如果阿尔伯特加以考虑的话,他的变革计划可能会准备得更好。

高等教育制度环境

阿尔伯特没有考虑到高等教育是变革发生的一个特定环境因素。他发现,他的同事担心商业价值观会被强加到他的领导力发展项目的提案中。与商业领导力相关的价值观通常被认为与长久以来形成的学院式共同治理的价值观截然不同。因此,对于任何变革计划,首先应该考虑和分析的因素之一是它能否适合特殊的高等教育环境,而高等教育本身正处于转型期。违反学院式价值观的变革举措和进程很有可能遇到困难。

制度理论认为,高等教育是一种社会制度。像其他社会制度(如医疗保健制度)一样,人们认为高等教育不应该受外部力量或市场条件的影响,而应该承担社会责任。对非营利高等教育机构的研究表明,抵制变革和保持稳定的运营对其生存很重要,这带来增长和更新(Salipante & Golden-Biddle, 1996)。高校内部的变革过程往往需要许多不同利益相关者进行广泛讨论,因为校园服务于许多不同的社会需求。校园任何方面的改变都可能危及某个长期存在的特定使命。制度理论表明,高校需要缓慢而谨慎地作出反应,因为它们的本质可能会随着使命的改变而发生巨大变化。

高等教育作为社会制度的地位表明,变革过程是独特的。它是一个不那么开放的系统,环境的影响经常受到怀疑,因而需要审查根深蒂固的组织习惯、规范和逻辑,才能有效地创造变革。人们通常很难认识到高等教育机构的独特特征,尤其是因为许多高等教育的专业人员一直都在该部门工作,而没有认识到与其他机构或部门(如企业、政府或医疗机构)的运行方式不同。在本节中,我将对变革发生时高等教育环境的特殊性做一些有意义的总结,在制定变革战略时考虑到这些因素将有助于促进变革的实施。然而,正如我将在本节末尾强调的那样,传统高等教育机构环境中的一些元素正在遭到削弱,其中一些独特因素的影响在许多校园里不再那么普遍。

专业官僚机构

高等教育是一个专业的官僚机构，一种特殊的机构类型，具有与企业或政府完全不同的独特的结构和文化。专业官僚机构的特点是双重权力和权威系统。专业人员（如教师，有时也包括工作人员）被认为是自主工作者，他们参与自我评估，制定与自我工作条件相关的管理政策，并自行规划和协调大部分工作。他们被赋予高度的自主权，认为彼此相互负责，参与自我监管和同行评议。为了保障这种问责制，教师从就读研究生院时就开始接受漫长的训练和社会化过程，遵守专业标准，并贯穿其获得终身教职和晋升的过程。此外，由于他们具备专业知识，高等教育专业人士被认为与其他组织的传统工人或雇员不同。例如，行政人员充当机构的管理者，但从历史上看，他们没有直接监督教师的工作。相反，他们监督其他类型的校园工作，如校园设施、预算和规划。当涉及学术任务时，行政人员与教师分担决策的权力和责任，例如确定培养方案、即将采用的教学法以及学生生活的各个方面。行政或官僚结构的工作方式与校园的学术领域不同；它的特点是个人之间更具等级性或自上而下的关系，工作方式更像传统的商业组织，其中由经理指导和协调员工的工作。

共同治理

专业的官僚结构还造成了共同治理，理事会、校长、行政人员、教师和学生之间就各自在校园决策中扮演的角色达成协议。教师被授予在课程设置、教学法和学生生活（如咨询、联合课程）等领域的主要决策权，而行政人员则被授予财务、战略和政策调整，以及设定机构总体目标的主要责任。作为专业人员，他们有权参与决策，并强调他们对管理机构的集体责任。这一结构并非没有困难或矛盾。行政人员经常被推向标准化和集中化的程序，而教师通常更喜欢权力下放和协作的过程。此外，官僚机构倾向于关注讲求效率的目标，专业人士则倾向于关注有效性且淡化效率。

双重权力和权威结构

专业官僚机构的传统在学院和大学内创造了一种与大多数组织不同的独特权力和权威结构。权威是指个人或办公室要求他人采取行动并期望这些要求得到满足的权利（Birnbaum，1991）。权力通常被描述为一个人影响或控制他人的能力。在校园的官僚层面，权力和权威更加清晰，并通过一系列命令建立起来。然而，在校园的学术层面，权力和权威并没有被职位或等级制度明确划分。有些教师担任职位具有领导权威，例如系主任或学术评议会负责人，这似乎与组织中更传统的权威结构相似；然而，关于系主任的研究文献表明，当他们的权威和地位是相对于其他教师而言时，他们会感到矛盾，他们并不认为自己拥有官僚权力和权威，更愿意以合议、专家或感召的形式来行使权力。合议制是一种有等级差的权力形式，工作时间久的同事可以获得权力，但总的来说，权力的差异被最小化。当个人因他人拥有某些特殊知识而愿意受其影响时，这里实施的是专家权力。感召权力是指他人因为某人被认同为同事或值得信赖的人而愿意受其影响。各种研究已经表明，教师更有可能受到他人专家权力或感召权力的影响，前提是他们认为这个人拥有专业学术知识，具备相似的价值观，值得作为同事来信任。

理事会

学者们还指出，大学内部权威和权力系统受到理事会成员所拥有的外部权威的影响。学院和大学的管理委员会或理事会拥有代表系或学校行动的合法权利，其权威源自政府、政治组织和州的管理委员会。理事会可以尝试采用从其法律地位派生出来的官僚式的或基于职位的形式。Birnbaum（1991）谈到了美国大学理事会的独特传统，即理事会对大学最终拥有完全决策权，却将决策权委托给了随时可以被吊销资格的行政管理人员。理事会拥有的权力对于高校来说非比寻常，但大多数理事会都没有使用过这种权力，而这可能是变革过程的一个关键点，因为它们拥有如此多的形式上的权力。例如，理事会可以强行规定新的通识教育课程，虽然理事会并没有行使这种权力，但它们有权推行这种变革。

合议制

专业官僚结构和共同治理模式带来许多校园的合议环境。合议制体现为重视共识、协商和审议，被认为比效率更重要。许多学校力图实现共同目标、共同的价值观和抱负，尝试平权，因为它们认为专业人士一般拥有平等的地位。合议制也意味着校区成员之间相互尊重、相互平等。多年来，行政管理人员都是在教师队伍中逐级晋升上来的、在同等地位的人当中被排第一的那些人。随着管理人员越来越多地来自高等教育之外的部门，这一传统正在消退。

松散耦合

专业官僚结构也导致了所谓的松散耦合系统。紧密耦合的组织是集中和高度控制的，具有严格的劳动分工。相比之下，松散耦合系统不协同工作，组成部分之间具有更大的差异，具有工作人员高度专业化、未来行动可预测性低的特点。校园的学术层面造成许多权力下放，其中决策是在专业知识集中的部门或单位层面作出的。由于权力下放，许多校园工作程序并不协调统一，依赖不同工作人员的专业度。松散耦合系统中的变革往往有利于局部的、自下而上的变革。许多研究人员认为，松散耦合也会在各方权力管辖不明朗的情况下，给变革带来更为政治化的环境（Cohen & March，1974）。

有组织的无政府状态

有些人认为，大学体系的松散耦合特性以及多重权力和权威结构造成了决策过程和体系的有组织的无政府状态（Cohen & March，1974）。松散耦合有点像是无政府状态，因为形式上的权威结构不能准确地代表权力所在的位置，而且影响过程非常不清楚，难以理解。事实上，许多决策是权力下放的，并不总是通过少数核心决策组织（如学术评议会）进行沟通，因此这些局部进程在某种程度上是看不见的。此外，Cohen 和 March（1974）认为，高等教育与生俱来的模糊目标、不明确的教学手段以及决策参与的不均衡导致高等教育成为一种有组织的无政府状态。通常，校园内的不同群体（学生、教职员工）所认知的大学目标彼此不同。即使是共同认同的像高质量教育这样的目标，不同群体对其解释或理解也可能有所不同。教与学的方式方法多种多样，对这一过程没有明确的共识。由于双重权威结构，教师只参与某些决策。不同的教师团队被要求作出不同类型的决定。因此，不同的教师团队在决策过程中进进出出，导致参与的不均衡和流动性。制度理论认为，如果变革推动者认识到高校具有松散耦合、双重权威或有组织的无政府状态等特点，变革过程将更加成功，因为采取不那么线性的变革过程将更有可能对多种力量和影响因素（它们常常是隐蔽的）作出敏捷反应。

价值观驱动

研究人员还明确指出，高等教育机构是受价值观驱动的，但价值观结构具有相互冲突和复杂的特点（Birnbaum，1991；Clark，1983）。所有组织都以价值观和信念为指导，但学院、大学与其他组织的区别在于，其运行通常由一套更多元化的价值观或信仰体系驱动，这些价值观或信仰体系有时相互冲突或截然相反。Clark（1983）记录了学院派成员的一些共同的根深蒂固的价值观，其中包括研究的重要性、研究过程中的诚信、教授被认为有讲授自己认为合适的知识的自由、共同治理和学术自由的重要性、知识的专业化以及广泛的学习机会和包容。然而，学者们也强调，除了这些共同的价值体系之外，优先级和视角不同的各个学科之间的价值观存在着巨大的反差。例如，数学家可能强调逻辑和一致性，而艺术史学家可能强调视角和解读。一般来说，教师作为专业人士，重视深思、自主、共事、权力共享和有效性；然而，管理者倾向于重视效率、等级制度、官僚规范和结构、理性、行动和直接控制。

不同的角色（如教师、管理者、职员）、截然不同的学科（如人文、科学）以及见解和优先级不同的利益相关者群体（如校友、社区机构、当地政治人物）也带来了自己独特的价值体系，形成了一套复杂的相互作用的价值观。这些相互冲突的价值观只会变得更加复杂，因为校园正在聘用来自不同种族、民族、国际和社会经济背景更加多样化的个人，给校园的价值观体系带来了更多差异。研究表明，来自不同种族、性别和社会阶层的个人往往有不同的经历，这些经历使他们形成了对教育和校园运营的独特观点（Kezar，2001）。显著的意识形态差异使变革的政治理论更加突出，它已走到变革过程研究的前沿。这些不同的价值观也强调并进一步证实了通过文化理论来研究和理解个人建构意义的必要性。

长期聘用制

从历史上看，高等教育机构与众不同的一个共同特点是，员工（包括教师和职员）获得长期聘用。过去，教师倾向于其整个职业生涯都为同一个学校工作；职员也有如此传统，也是长期雇员。很少有组织具有这种类型的劳动力的稳定性。一些校园可能仍然会维持这种程度的稳定性，这一点会影响变革进程。但是，高等教育正日益成为一个主要依赖临时或暂时雇员的行业。现在百分之七十的教师签订的是学期或年度合同，其稳定性远不如过去。学术界正在从一个由长期稳定的员工组成的事业单位转变为由不稳定员工组成的部门。员工的这些特征将对高等教育的变革进程产生重大影响。一方面，拥有大量长期员工往往使变革的主张变得困难，因为人们已经习惯了旧有习惯和特定的规范。另一方面，校园里不太稳定的教师群体会影响变革的效率，因为能够参与变革行动的人较少，几乎无法获得任何人的时间和注意力，也没有机构记忆来继续某个变革行动。员工长期和短期任职的现象都表明了有必要采纳社会认知理论，从而了解如何改变高度实例化的认知、如何吸引短期员工的注意力，了解短期就业对变革进程造成的局限性。

高等教育的这些独特特征（如共同治理，松散耦合，双重权威结构）因院校类型而异。许多人认为，无政府结构在研究型大学更为普遍，而共同治理在文理学院更为突出。在社区学院和资源匮乏的院校，临时雇员更为普遍。与其他部门相比，强大的共同治理可能是精英文理学院和研究型大学的一个侧面。因此，虽然上述特征仍然影响着学术界，但它们因院校而异。

历史特征的消失

虽然上一节谈到了历史上关于高等教育部门的观点以及长期影响高等教育机构的特点，但在当下，其中许多特征正在发生变化，变革推动者在规划举措时需要考虑到这一点。近年来，高等教育作为一个系统，对外部的影响变得更加开放。正如进化理论所表明的那样，高等教育已经卷入与更多外部压力和信息进行协商的过程，这些压力和信息有可能重塑高等教育的本质。有证据表明，这一点已经成为事实。高等教育正在经历相当重大的变革。新自由主义和企业逻辑（在第一章中概述）的影响越来越大，正在重新塑造高等教育，历史特征正受到强烈的挑战（Slaughter & Rhoades，2004）。

首先，随着管理人员集中权力和权威，授权减少并逐渐摆脱共同治理结构，教师角色的专业性质正在退化。在如今的校园词汇中，效率、创收、创业精神和问责制等带来的新价值观与探究、学术自由和社会流动性等传统价值观一样盛行。新的价值观正在推动校园的运营和结构。由于专业人员不再被视为院校运营的核心，非终身制教师已成为教师的绝大多数，长期以来一直是高等教育标志的员工长期聘用的特征开始慢慢消失。

前面的章节已经就这种转变进行了阐述，所以我在这里提到它只是为了将它与过去长久以来影响变革性质的高等教育环境作一个对比。这对变革推动者的启示是，过去的策略围绕着权力下放，以共同治理的方式工作，或者诉诸某些价值观（如公平），这些曾经是成功的关键，在如今的某些校园里可能不再管用。变革推动者可能需要适应日益等级化和企业式的权力和权威体系的新运营原则。然而，这也意味着可能会有一些新的变革机会，因为人们不再长期待在校园里，持固定的观点。尽管如此，教职员工的人事变更与变革息息相关，因为没有领导层或个人来推动变革。因此，变革进程的逻辑也必须适应这些新的"制度"环境和新的现实。

明智的变革推动者将了解高等教育作为一种"制度"的历史地位，同时跟踪当前的变化，如学术资本主义，对两者都有所了解从而驾驭变革。例如，阿尔伯特本应该认识到他所在的学院在共同治理、合议传统和价值驱动方面的一些情况。同时，他本可以利用按学术资本主义逻辑运作的行政人员的利益，推进他的议案，克服他人的一些抵制。

校园文化

虽然整个高等教育具有一些独特特征（如专业官僚主义、共同治理、学术自由），但每个校园也具有独特文化，变革推动者如果想要成功，就需要了解这些文化。了解校园文化对变革时避开障碍、导向前进以及把它作为创造变革的杠杆至关重要。变革文化理论强调需要分析和识别隐含的意义、假设和价值观体系，它们往往不是那么直观和明确，却影响了学院的制度，能够防止或促进变革。文化还包括校园的历史。正如阿尔伯特所发现的那样，制定领导力项目的早期工作正在影响人们对他提出的变革倡议的看法。几乎任何倡议的背后都有历史，最好先调查和了解这些问题。然后，变革推动者能够站住脚，说明为什么以前的问题不再有关联或要在当前提案中设法得到解决。被历史蒙蔽是很常见的现象，但可以通过一些研究或干脆与校园社区的长期成员直接交谈来避免。文化还有其他几个关键方面，变革推动者可以给予关注，以便更加成功地制定正确的战略。

校园文化研究的一个重要发现是，当变革推动者将他们的战略与制度文化保持一致时，他们会更加成功（Kezar & Eckel, 2002a）。例如，在一个权力极为下放的校园里，试图为所有部门和单位制定一个普遍政策可能会遇到很大的阻力。但是，变革推动者可以在各自不同部门内自下而上地开展工作，推行支持全校范围变革举措的政策。在权力下放的校园文化内部行动，变革推动者会比仅在校园层面推动普遍性政策获得更多的成功和支持，后者可能会遇到巨大的障碍，带来很少或根本没有变化的结果。

Kezar 和 Eckel（2002a）表明，明智的变革推动者如何进行文化评估并使其变革策略与校园文化保持一致。

文化评估

变革推动者需要获得的最重要的思维方式之一是人类学家的思维方式。能够"重新"看到一个人的校园环境，且不会对推动整个校园行动的隐含价值观和假设视而不见，这一点尤为重要。因此，文化评估对于根据文化确定使用哪种策略至关重要。这些文化评估的领域有许多来自 Schein（1985）关于校园文化的研究。主要包括对校园历史、价值观、符号、语言和隐喻、先例以及仪式和典礼的评价。

校园历史

阿尔伯特的例子指出了在试图推动变革计划之前了解相关历史的重要性。大多数学校已经在改变课程设置、采用新技术，实施新的商业实践等方面作出了许多努力。了解个人和团体对这些举措的反应，以及存在的障碍和表现出的价值观，对于变革推动者的成功至关重要。通过与校园里各类人交谈，你可以更好地了解你需要解决的问题或变革计划的历史和潜在影响。人们已经发现，校园历史和传统强烈影响变革过程和人们意义建构的方式。因此，变革推动者必须仔细分析他们正在着手改变的问题的相关历史。

价值观

价值观可能是无形的，因为它们往往是一种志向和信仰，而不具有客观表现形式。价值观指导行为，但往往以一种无意识的方式发生。价值观通常没有清楚地表达出来，人们也很难把它明确地表达出来。校园里的行为反映了一种价值观体系，已有的先例和符号也是如此——有时它们可以更好地反映价值观。重要的是，要意识到人们所信仰的价值观并不总是组织的实际价值观。事实上，人们所信仰的价值观往往代表了人们的向往，这些在对大学使命和价值观的阐述中并不鲜见——它们反映了想要成为什么样子的校园。因此，被信仰和代表向往的价值观可以成为潜在的重大变革杠杆，因为它们代表了校园利益相关者可能愿意投入资源和努力实现目标的特定方向。

你可能还记得第四章中莎拉的情况。教务长持有一种代表向往的价值观，即校园应该接受多元文化和多样性。如果莎拉做一些准备工作，她很可能会发现这些代表向往的价值观反映在校园的各种文件中，或者，很可能找到那些与她一样对把多元文化主义作为优先事项感兴趣的人。然而，只有通过与许多人交谈并观察他们的反应，她才能确定校园里实际存在的价值观并不包括对多元文化主义的支持。非常重要的是，人们所信仰的价值观往往导致个人相信变革将取得更大的成功，以为会遇到更少的阻力。变革推动者不要被这些价值观的表象所愚弄，有必要与校园内各部门和单位的人进行谈话，以确定"实际"的价值观体系，同时还需要观察人们的行为和分析校园先例。

符号

从人类学的角度，你可以解释和分析一个组织暗示或传达隐含价值体系的符号。当你在校园里分析这些符号时，找到那些可能支持你的计划或代表阻力的具体符号，也有可能似乎找不到可以使用的符号，这可能表明缺乏支持变革的价值观。校园里到处都是符号（如吉祥物、徽标、艺术），它们暗示了变革的潜力或难度。校园里的教师可能正在试图发现是否存在对服务式学习项目和更多形式的奖学金的支持。他们可能会观察到，校园的内部通讯包含了桥梁的图像，而桥梁似乎是社区参与的象征。例如，分发给社区团体、校友和当地非营利组织的新闻稿都使用此符号。他们可能还会发现，近年来，校园领导人举办了几次校园开放日活动，全州各地和全社区的人都被邀请到校园讨论发展合作伙伴关系。这些措施被描述为具有象征意义，象征着该校希望与校园围墙以外的群体建立关系。然而，这些围墙——真正环绕校园的墙——很高。虽然修建它们是为了给学生创造一个安全的环境，但对于外面的人来说，它们代表了社区和校园之间的历史性鸿沟。它们可能提醒许多外部利益相关者，彼此脱离接触的历史由来已久，这是今后合作面临的障碍。因此，校园历史留存和当前可用的符号传达了复杂的信息。

语言与隐喻

校园文化也可以通过人们在校园里使用的语言来捕捉。人们可能会使用隐喻来描述和阐明环境中的意义，这体现了人们关于变革或特定问题的观点。例如，变革推动者可能会意识到女性教师将获得终身教职和晋升的过程描述成"受欺负"，或者将进入终身教职轨道的职业生涯描述成"无子女区"，这些表明她们不得不放弃对成立家庭的任何希望。这种语言和这些用来指代终身教职和晋升的隐喻表明缺乏重视家庭的价值观，但同时也表达了女性在这一过程中有时会感受到的歧视。这种语言可以有针对性地揭示或说明缺乏重视家庭的价值观，同时可以援引新的语言来支持家庭友好政策。不断重复能够捕捉现有价值体系的关键隐喻或语言，有助于使变革的需求与人们产生共鸣。

先例

先例是组织价值体系的有形表现形式，可以包括各项政策、特定的项目或实践，例如某种校园雇佣员工的方法。符号是传达思想的图像，先例则是实际存在的具体表现。有些先例可能会帮助变革推动者了解家庭友好政策是否在校园受欢迎，如一些院系关于创建或维护支持家庭友好环境的政策。如果变革推动者查找了所有关于终身教职和晋升的文件，他们可能会注意到有合适的先例来解释养育儿童、照顾家庭的可承担性，或者还有其他对家庭友好的政策。另一个例子是制定专业发展计划，旨在帮助教职员工实现更平衡的生活方式，或是在校园专门成立办公室，推进家庭友好政策的实施。再举一个实践的例子：在为空缺岗位寻找合适人选时，可以让平权行动干事阐述包容的价值观，并在描述工作环境时考虑候选人的利益。如果变革推动者对校园进行检查后，没有发现支持的先例，这可能表明有必要进行二级变革。结构和过程是动态变化的，因此不总是反映隐含的价值观，但是它们往往是反映隐含假设和价值观的指标。换句话说，它们并不总是"完全"的反映，但校园里的先例可能暗示某些方面，而不代表其他方面。

仪式和典礼

校园活动也可以反映校园文化，通常在文化理论中被描述为仪式和典礼。大学会举行学位授予或毕业典礼等。仪式可能包括姐妹会和兄弟会的一些正式仪式，定期的校园演讲或足球比赛。一个非常基本的仪式也有可能是各种委员会按照《罗伯特的秩序规则》走的常规流程。所有发生的各种仪式和典礼都可以为规划变革过程提供思路。校园举办的社区活动丰富了与外部力量的合作伙伴关系，这是一个努力促进社区外展的新兴仪式的例子。主办一些如"带你的孩子上班日"之类的活动，或让家庭参加庆祝教职员工成就的活动，同样可以传达越来越推崇家庭和家庭友好政策的优先级信息或价值观。仪式和典礼的组织方式可以表明某价值观不存在（如家庭不被邀请）或正在培养这种价值观（如家庭现在被邀请参加活动，但以前没有）。因此，通过对仪式进行评估，我们可以了解潜在的变革障碍以及推动变革的杠杆。

文化如何影响变革

不同的文化会导致不同类型的变革在校园里上演。开放型社区学院的 STEM 改革计划不太可能与精英研究型大学的 STEM 改革计划相同。在开放型社区学院,其核心价值观通常与对学生的支持、多样性和平等主义有关。因此,在这样的校园里,STEM 改革计划将包括为支持学生在课堂外获得成功而补充教学、检查可能妨碍学生成功的门户课程、分析不同类型学生的表现的相关数据、制定学习社群等策略来提高 STEM 专业的学生保留率。然而,精英研究型大学更有可能受敢于竞争、追求卓越和个性的价值观的驱动。那里的 STEM 改革计划可能侧重于给本科生创造科研机会,为学生提供社会化平台,帮助他们成为未来的科学家。改革计划还可能使用"全美大学生学习投入度调查"(NSSE)的数据来审查课程所要求的批判性思维水平,从而使学习从记忆转向更高层次的思维。教师可以围绕尖端的专业内容进行专业发展,了解哪些教学法最适合教授科学课程。

Tierney(1988)研究提出了一个描述高等教育校园文化的框架,它探讨了校园六个关键的方面:环境、使命、社交、信息、战略和领导力。环境包括校园的实际布局、空间、建筑物,有时还包括与校园结构有关的历史先例。使命是大学的总体目标,通常用宣言形式把它陈述出来。然而,了解它最好的方式是观察人们在工作时把时间都花在什么事情上面。社交是个人了解校园价值观和实务的过程,导学就是社交过程的一个例子。信息是描述校园价值观和意义的数据或报道。战略是旨在实现长期目标乃至使命的总体计划。战略包括决策和长期规划等过程,它见于规划文件中,但也见于政策、程序指南和其他关键文件中。具备领导力的人是指一群在校园里采取行动、创造变革的人,他们也是对校园活动影响最大的群体。

分析校园文化要深入地检查上述提及的每个方面并指出问题,它既包括如何定义和阐明使命、使命是否作为决策的基础、信息有哪些、谁又有权获取信息等,又包括如何作出决定、谁来作决定、人们如何回应外部团体(例如认证机构)、战略是如何制定的、由谁制定,以及当人们来到校园里,他们如何学习行为规范等。这种分析方法假定大学的价值观、信仰和假设反映在其运营过程和历史先例中,前面提到的文化理论就是如此。这种方法让变革推动者研究校园中所发生事情的全部过程,这些过程有时比更广泛的领域(如价值观、符号或历史)更容易理解。某些变革推动者发现，要识别和研究某个文化环境，观察其过程更实在，更容易。关键是要找到一种技巧，帮助你研究和发现校园文化。

让我们来用一个例子说明如何使用 Tierney（1988）的框架进行文化评估。我们还是以本章开头提到的阿尔伯特为例，不过要把他放在另一个环境中——一个小型的耶稣会学院。首先，在研究环境时，阿尔伯特可能会意识到耶稣会的教义和价值观与校园中的大多数课程和实践密切相关。因此，他应该考虑这些教义和价值观是否在他的领导力发展提案中得到了体现。他可能还要考虑到许多基于宗教的领导力发展模式，或者至少要了解这些模式，例如服务型领导模式。其次，该学院的使命还包含了耶稣会的服务观和正义观，在开发培养领导力项目时可以把它们融入进去。例如，如果提案融入了服务式学习的内容，那么它可能更契合这所学院及其使命。学院里的每个人的社交方式主要是大量的人际交往，没有正式的指导或培训项目，例如新来的人为了了解校园，便和很多人出去吃午饭。信息也是以比较不正式的方式传递，人们不发送官方备忘录或写报告。战略则是通过利益相关者之间的谈话而非通过举行正式的战略会议来制定的。人们往往在授权下发挥领导力，而不会自行发挥领导权。因此，就变革策略而言，阿尔伯特可能需要与许多不同的人会面，讨论变革提案，并把它打造成一个新出现的思维，而不是固守成规的提案。他还要设法让人们授予他变革推动者的地位，而不是被认为在那里自行其是。通过他的谈话，人们可能最终把他当作合适的领导人选。因此，过早采取太多行动可能是有害的。通过分析事态如何运作（即校园里的各种程序），变革推动者可以更好地制定他们的战略，与校园文化的独特特征相契合。

校园文化原型

虽然我们每个人都需要判断自己校园的条件，Bergquist（2007）确定了一组包含六种文化的原型，它们在很大程度上反映了大多数的大学校园文化。[1] 如果你觉得讨论价值观、先例、仪式和符号太困难，那么可以用这些原型开始思考校园文化。Bergquist 的假设是，在六种不同的学术文化原型——合议文化、管理文化、发展文化、谈判文化、虚拟文化和有形文化之中，需要采取不同且恰当的策略。合议文化主要源自教师所在的专业。它重视学术参与、共同治理和决策以及理性。它关注共识、平等、尊重、质量和互惠等价值观。这种文化与传统的、历史的高等教育文化联系最为紧密。

管理文化注重目标、角色和规则。这种文化重视效率、有效的监督和财政责任。许多新出现的大学类型，如营利性院校、在线机构和社区学院的管理，都具有这些特点。这与"发展文化"形成鲜明对比，后者基于大学环境中所有成员的个人和职业发展，常常出现在以学生为中心的文理学院和以硕士研究生专业为主的高校。发展文化通常集中体现在学生事务部门，关注学生发展，以及对学生的指导和支持。

谈判文化重视建立公正和平等的政策和程序，同时也重视对抗、利益集团、调解和权力。成立了工会的校园往往是谈判文化的缩影，这种文化在社区大学校园里更为普遍。然而，在任何政治是压倒性焦点的院校里，谈判文化也都存在。随着20多年来技术和社会力量的推动，近期出现了虚拟文化，它在融合了技术、在线教育和全球化的校园中最为普遍。这些校园认同知识生产和传播的意义；他们以开放、共享和响应的方式对待技术。拥有强大虚拟文化的校园不担心全球化和技术网络带来的碎片化；相反，他们将这些视为远远翻越校园围墙外的更广泛的社区资源。

最后，具有有形文化的院校重视其根基、社区和所处的地理位置。有形文化的典型例子是政府赠地的学院和社区学院，它们具有强烈的服务本地的使命。受虚拟文化的影响，与本地和人际交往相关的价值观重新抬头，并体现在有形文化中。有形文化重视在某个地方进行基于价值观的面对面教育。这种文化重视社区，强调参与。学习被视为以社区基础的社会化过程；这些院校侧重从本地的角度重新开展学习。

Bergquist（2007）的这组原型可以作为观察文化的晴雨表，帮助你开展研究，以更好地了解你的校园。Bergquist还描述了每种文化对变革的不同反应。例如，他提出管理文化可能妨碍院校改变结构，合议文化则更适合于改变结构，因为利益相关者之间存在更大的信任。自上而下的变革可能是管理文化的更为典型的特征，而自下而上的变革在合议文化或发展文化中更为普遍。相较于谈判文化，以学生为中心的变革可能在发展文化中更容易实施。

Kezar和Eckel（2002a）给出了一些校园变革推动者如何使其变革策略与Bergquist提出的原型保持一致的例子。[2] 例如，如果变革推动者确定他们所在的校园更具有发展文化的特点，他们通常会更关注涉及专业发展的措施。为了给变革提供依据，他们呼吁校园利益相关者关注怎样才能最好地支持学生；他们还以参与性更强的方式与各利益相关者进行合作。相比之下，在更具政治性的谈判文化的校园中，变革推动者评估和判断权力关系，建立联盟，审视变革议程中的不同观点可能满足的不同利益。

不了解文化，会对某个特定校园里正在进行的变革产生负面影响，削弱变革力量。

组织能力和变革准备

变革环境的最后一个要素是组织能力和变革准备情况。院校的各种结构和资源被认为有助于能力建设，例如灵活的结构、健全的决策机制、培训和专业发展计划、强大的沟通系统、稳定的雇员基础以及与变革一致的系列激励和奖励措施。没有强大能力的校园将难以整合任何变革。

最近出版的文献强调指出，如果校园进行组织能力建设，它们就能更好地为参与变革作好准备（Toma，2010）。即使变革推动者可能把变革作为优先事项，并已确定愿意带头的拥护者，还是可能存在重大的组织问题，使机构无法参与变革计划。研究表明，通过检查其核心业务是否健康运转，各院校可以提高参与变革的能力，为实施变革作好准备。在高等教育环境中，Toma（2010）概括了顺利参与变革的必要条件，包括：

- 明确而有意义的使命；
- 支持完成学院使命和愿景的结构；
- 健全的治理流程；
- 支持完成学院使命和愿景的政策；
- 简化和明确的流程；
- 合理配置的共享信息资源；
- 设施；
- 技术；
- 人力资源；
- 不断维护和更新的资本资产；
- 推广学院使命和愿景等主导价值观的校园文化。

关注校园能力建设的主要原因之一，是变革计划往往开始进展顺利，但在需要利用校园基础设施、结构或政策的实施阶段就失败了。如果不解决这些问题，它们可能会成为变革的障碍。因此，志在维持变革并确保其完全制度化的学者已经开始更多地考虑组织能力及其与变革过程的关系和作用。[3]

除了组织变革能力外，各校园也可能在不同程度上作好变革准备。变革准备程度与上述许多其他因素和条件（如对校园使命的支持、基础设施、政策的存在）相关，并受其影响。但变革准备也要把校园文化、历史和价值观中的元素考虑进去。如果某个特定类型的变革有其历史渊源，那么可能会让校园成员为改变常规作好准备，从而使他们对新的变革举措持更加开放的态度或作好准备。支撑的价值体系也在校园为变革发挥重要作用。

变革推动者需要考虑其变革计划与现有价值体系之间的一致性。组织准备情况可能取决于所发起的变革类型（如第四章所述）。在与校园合作开展许多不同的国家项目时，我观察到校园在变革提案方面具有不同程度的经验。例如，一所校园可能在 STEM 改革方面拥有丰富的经验，而另一所校园可能只是第一次考虑这方面的改革。缺乏经验可能不一定意味着组织还没有作好变革准备，但它可能需要多做一些工作。

为了探讨不同组织背景下、针对不同类型的变革计划的组织准备情况，人们开发了一些工具，并针对特定的校园环境进行定制。我在本书里介绍了一个专门为高等教育设计的工具，可用于研究高校对变革的准备情况（见附录 B）。这些调查问卷询问有关组织能力的问题，还有外部力量和因素以及历史和价值观的问题。虽然高等教育中没有这样的工具，但变革推动者如果有兴趣调查和更好地了解他们所处的环境，可以采用其他的调查问卷和工具。当然，评估过程更有可能发生在更正式的、自上而下的变革过程中，而非自下而上的更有机的变革过程中。但是，即使没有对校园做正式调查，变革推动者也可以进行内部评估，形成对各种条件的判断。在开始变革计划时，承认所有校园的情况各不相同是一个良好的开端。知道综合考虑与许多环境因素（如人力资本、技术、治理）相关的变革准备情况是本章要表达的关键信息。

几乎每个理论都谈到了环境的重要性，但讨论的方式不同。进化论涉及广泛的社会、政治和经济因素以及关键利益相关者；文化理论讲述了价值观、历史和制度文化的影响；制度理论提到院校受制于根深蒂固、使变革变得困难的规范，表明作好变革准备的重要性，还谈到了专业协会或基金会（通常来自外部）等领域影响变革的方式。

思考题
1. 哪些环境特点对你参与的变革过程来说最为突出？
2. 高等教育独特的制度如何影响变革过程？
3. 高等教育领域的变革与商业组织有何不同？
4. 为更好地了解改革环境而进行文化评估的关键要素是什么？
5. 研究中存在哪些文化原型可以指导你对环境进行分析？

小结

现在让我们回到阿尔伯特。他带着一个全新的计划回到了下一次员工会议。首先，他利用文化理论的策略，就早期的动议采访了几位工作人员。他发现他们担心新项目最终会从一项受到长期支持的领导力发展项目中夺走资金，因而持保留意见（文化理论）。他与他的主管会面，尝试制定预算，在下一个提案中包括了有关如何支付该项目的信息。接下来，利用进化理论方面的建议，他回去检查了"标准促进委员会"（CAS）的标准。他真的发现他的提案的许多方面都得到这些标准的支持。他还制定了一份文件，简要概述了他的提案与 CAS 标准之间的相似性。阿尔伯特还展示了他借用的商务元素与 CAS 标准没有太大的不同，而且是一种相互补充。他利用制度理论，强调他的提案在很多方面符合关于共同治理和合议制的历史价值观，同时也展示了它如何与培养学生适应不断变化环境所需的品质（如创业精神）相结合。他提出了利用进化理论关于将利益相关者作为杠杆的意见，还说明了有两个基金会如何支持类似于他所开发的领导力项目。在这次会议上，他的提案获得批准，不留任何疑义。

注释

1　参见 Bergquist（2007）对每种文化原型的详细说明。

2　一些院校将变革方法与校园文化保持一致，详细示例参见 Kezar & Eckel（2002a）和 Eckel & Kezar（2003b）。

3　有关其他详细信息，请参阅 Toma（2010）。

第七章

变革领导力和能动性

第七章 变革领导力和能动性

> 梅丽莎是一所研究型大学多元文化中心的主任，该校有种族主义和性别歧视的坏名声。多年来，她一直致力于帮助和支持有色人种学生。她第一次来到校园时，她是学生的坚定支持者，她想成为变革的推动者。然而，很早她就意识到，她强烈的主张使她失去了信誉，别人认为她总是在抱怨。她对人们经常误解她的行为感到震惊和沮丧。她明白帮助校园里的有色人种学生这一工作很重要，但不确定自己如何才能继续努力做下去。梅丽莎一直在询问她的同事如何才能成为一个更成功的变革推动者。

在我所有关于变革的研究中，领导力也许是最重要的推动因素。没有变革推动者的能量和热情，就不会有变革。我不想说领导力是变革的灵丹妙药，但绝不能低估其在应对计划外变革出现的危机和有目的地创造变革这两方面的作用。

每一个变革理论都提到了谁被视为变革推动者、参与者的能动性以及变革推动者影响或塑造变革过程的程度，还谈到增强能动性的不同方法。本书采取的方法不是依靠任何一种思想流派来解决这个问题，而是利用所有理论来形成一个有关能动性的强大行动理论。论述变革环境的第六章已经帮助变革推动者思考了环境的差异如何塑造变革，本章则重点介绍变革推动者如何在受环境限制的情况下采取行动，仍然能够创造变革。本章中介绍的概念如图 7.1 所示。

本章提出了三个主要思想。首先，变革理论（主要是科学管理理论）过分强调了处于权威地位的个人作用，忽视了机构内其他的变革推动者。这意味着其他人创造变革的策略和方法没有文献较好地记录下来。我将更加强调和关注自下而上、基层的领导者，从而更加明确他们的角色。此外，我还会展示具有不同能动性的领导者如何使用不同的方法来推动变革。本章将借鉴一直以来展现自下而上的领导者作用的政治理论。

其次，领导力通常被描述为个人，而不是一个团体或集体。本章将再次借鉴政治理论，探讨集体或团体的能动性作用。领导团队通常比一个人领导要成功得多（Bensimon & Neumann, 1993; Kezar, 2011）。此外，复杂的领导战略和方法（嵌入各种变革理论中）将难以实施，因为大多数领导者不具备必要的能力。为了获得推进变革工作所需的人力资本，应该汇集其他利益相关者的力量来加强变革，他们在所有方面（政治、文化、规划和建立关系）具有更广泛的变革能力。

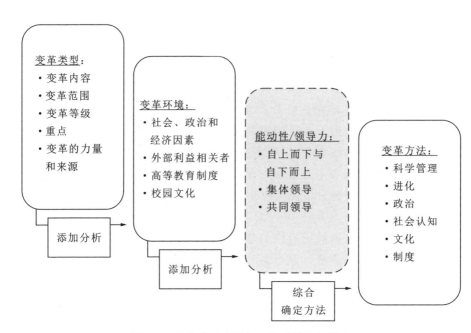

图 7.1 变革的宏观框架：能动性与领导力

在本章开头的小插曲中，梅丽莎身上集中体现了试图创造变革的孤独领导者的内心挣扎。这个小插曲也代表了领导者如果不与他人合作或将变革视为共同或共享过程时会经常面临许多困境。Melissa 从她的同事那里得到的建议之一是将她的工作与整个组织中的其他人联系起来。他们还建议她允许其他人发挥领导作用，不要在解决问题时总是第一个站出来，特别是当她的信誉受到威胁时。这样的话，她发挥领导作用的机会就不会永远失去。

最后，自上而下和自下而上的共同领导可能是最为有力的办法，能够为校园带来长期改变。集体领导和共同领导之间的区别在于，集体领导涉及一群人，这些人可能有权威地位，也有可能没有权威地位。共同领导则有意识地将这两个群体聚集在一起，并让这两个群体都参与变革。本章探讨了共同推动和领导变革的机会和困境。变革的社会认知理论研究了建立共同领导力所需的认知图式和思维。此外，变革的文化理论提出了挖掘共同领导潜力的概念。值得注意的是，越来越多的研究表明共同领导对创造变革的重要性，并且越来越受到重视。虽然在本书中没有足够空间全部列出关于共同领导力的所有研究，但 Kezar 和 Holcombe（2017b）的研究文本中完整记录了有关共同领导力的益处和重组机构以支持共同领导力的方法。

要想成为一名成功的变革推动者，需要从广义上认识领导力，它不仅指有权力、地位的个人，还要考虑到集体、个人组成的网络——应把校园的所有成员都包括进去。成功推动变革还需要了解不同类型的领导者在不同条件下的工作方式。本章提出有必要对自己的变革能动性进行反思，讨论如何依靠集体力量发展强大的核心领导技能，并提出建立共同领导力的策略，以带来更持久的变革。本章将从三个方面展开讨论：自上而下的领导力与基层领导力、集体领导力、共同领导力。[1] 我将使用"基层领导者"和"自下而上的领导者"这两个词来讨论那些没有权力地位的变革推动者，两个词是一样的。我还将使用"自上而下的领导者"和"权威人士"来指代那些有正式领导职位的人。

自上而下的领导者与基层领导者

传统上，领导者一直是掌权者的同义词，如大学校长和首席执行官（Kezar et al.，2006）。当人们思考是谁创造变革时，他们通常会想到那些在机构里拥有更高级别和职位的人。但在过去的20多年里，很多学者都指出，领导力并不是权威的同义词。这些学者研究了组织内部其他人的作用及其对变革的贡献（Astin & Leland，1991；Kanter，1983；Meyerson，2003；Pearce & Conger，2003）。学者们开始质疑领导力的定义，这些定义侧重于界定权威人士的活动和角色，例如负责预算或做规划的人。与之不同的是，他们将领导力定义为创造变革的能力（Astin & Leland，1991；Kezar et al.，2006）。随着该定义被越来越多的人接受，人们发现领导者存在于组织的各个层面。因此，在建立领导力的过程中，变革推动者可以考虑所有能够成为盟友的领导者——学生、包括后勤和秘书人员在内的各级员工以及各种类型的教师，而不仅仅是经常成为重点关注对象的行政管理人员。我把这些在正式权威职位之外的人员称之为基层或自下而上的领导者。

在阐述区别具有不同能动性的领导者使用的策略之前，有必要提请各位注意，他们是可以使用一些类似策略的。大多数理论（如进化理论或文化理论）既可以被那些权威人士运用，也可以被自下而上或基层的领导者使用。进化理论中提到寻求外部力量获得支持或抵抗的重要性，这一点两组领导者也都可以使用。此外，强调帮助人们学习之重要性的社会认知理论对自上而下的领导者克服他人对变革的抵制也很重要，且对于基层领导者来说也可能很重要，因为他们试图让那些拥有权威地位的人注意到他们所倡导的变革。无论一个人在组织阶梯结构中的位置如何，变革文化理论中阐明历史、价值观和变革环境影响因素也很重要。

拥有权力地位的领导者策略

不同级别的领导者在工作方式上存在一些显著差异。我们最熟悉处于权威地位的领导者以及他们经常使用的方法和策略，关于这些方法和策略已有广泛研究，并作为变革科学管理理论的一部分载入文献。例如，这些领导者通常有能力推动强制变革，改变奖励结构，利用战略规划等手段修正大学使命和愿景，还通过其他一些机制来支持变革。他们的角色深植于正式结构中，并利用这些结构来创造变革。他们推动的各种机制对于制度化也很有效，因为这些机制可以影响一些关键杠杆，如奖励，或像大学使命宣言背后的价值观这样的基本理念。由于读者可能更熟悉与组织精英相关的策略和方法，因此我只是简单地加以回顾。相反，我将更多聚焦自下而上的领导者的策略，他们一直以来都不是研究的重点，所以其策略在很大程度上仍然是未知的。

建立核心价值观、愿景或使命

处于权威地位的领导者有能力阐明组织的使命、愿景和价值观。在与变革相关的科学管理文献中，也许最常描述的策略便是一定要阐明变革的愿景，这样人们就能看到并理解他们正在前进的方向（Kotter，1985）。变革往往会带来风险和不确定的未来，因此拥有令人信服的变革理由和明确的方向至关重要。激励人心的愿景或使命可以成为许多员工的蓝图和指南针。这个指南针的隐喻引导人们面向新的和有益的事物，而不仅仅是进入未知领域。只有权威人士才能改变机构的官方使命或正式确立其愿景，但自下而上的领导者仍然可以为他们的变革计划制定愿景。

使用规划机制

科学管理文献中最常见的建议是使用战略和规划作为推进变革的工具。虽然愿景或修订后的使命提供变革方向，但规划则制定变革的实施方案，并将角色和责任分配给组织内的个人。规划不仅确定负责推动各种变革的人选，还用作问责工具。[1] 同样，只有处于权威地位的个人才能制定正式方案,并提供财政和人力资源来支持该方案。当然,基层团体可以制定实施方案,但他们往往无法获得制定、影响和执行方案机构的资源。

利用资源和资金

只有权威人士才能做到为了支持变革而在机构预算范围内重新分配资金——无论是通过建立新的结构或流程、雇佣新人,还是制定激励和奖励措施。资金的分配和重新分配是处于权威地位的人所拥有的基本杠杆之一。

通过奖励措施激励员工

和基层领导人的另一个关键区别是,处于权威地位的领导人有能力制定或修改激励和奖励机制,来刺激变革行为。办法可以包括分配额外的资源,给予教师课程豁免减轻其负担,以及一些惩罚措施,如绩效评估不良则加以惩罚。那些拥有权威职位的人也可以修改终身教职和晋升程序,以获得对变革计划的更大支持。研究表明,奖励措施一直都可以用来鼓励员工从自己现有的工作范围转向新的或额外的工作范围。奖励措施可以包括从升级计算机,到支付夏季工资、增加奖金、报销会议出差费用,再到给予公开认可和颁奖(Eckel et al.,1999;Roberts et al.,1993;Tierney & Rhoads,1993)。虽然激励人心的愿景或使命为人们提供了令人信服的参与变革的理由,激励措施也可以成为维持或实现变革的强大工具。例如,让教职员工参加评估会议,可能是激励他们推动变革的必要措施(McMahon & Caret,1997)。通过参加会议,教职员工培养了推动变革计划的热情、技能和动力。

重组或创建支持性的组织结构

校园组织结构反映了组织成员认可的价值观,以及据此进行资源分配的方式。随着学科专业知识越来越受到重视,专业院系应运而生。随着大学的优先事项出现,学校还成立了一些新的部门,如学生事务、校友事务和多元文化事务部门。创建新的中心或职位,重新调整任务,重新分配资源,这些都是维持和实现变革的核心工作(Curry,1992;Guskin,1996;St. John,1991)。组织结构可以聚焦必要的重点、工作和资源(McMahon & Caret,1997)。处于权威地位的人可以随时决定撤回一些计划或服务领域的资金,合并相关业务,或进行其他形式的重组,以代表不同的优先级和价值观。

招聘和培训人员

权威人士通常会制定人员配置计划和招聘优先级，分配资金，并拥有招聘的最终决定权。当然也有例外，初级工作人员或教师由本部门或单位聘用，无须得到上级的批准。尽管如此，做这些决定的人也越来越多地由教职员工变为院长和副校长。创造变革的校园领导人可以在他们想要变革的领域开展招聘。权威人士也可以强制或建议人们参加培训。虽然这通常是针对职员的，但有些校园要求教师也参加某些类型的教师发展项目。

显然，权威人士在等级体系中拥有权力地位，因而拥有不同的权力杠杆。虽然有许多策略只有那些处于权威地位的人才能使用，但如前所述，其他策略并不是他们专有的，例如了解校园历史的策略。权威人士专有战略的一个例子是界定组织愿景，自下而上的领导者不能定义组织愿景，不过他们可以为具体的变革举措创建愿景和计划（Eckel et al., 1999; Lindquist, 1978）。接下来，我将对自下而上的领导者有效创造变革的具体策略研究展开综述。自下而上的领导者不能雇用员工或颁发奖励，但他们可以获得招聘委员会的任命，例如，他们可以尝试影响雇用人选，或者谈论变革推动者的工作，使他们的努力获得一种非正式的认可。

自下而上的领导者的策略

科学的管理理论可以用来更好地理解对权威地位领导者来说起作用的策略，而政治理论则对自下而上的领导者如何创造变革进行了深入研究。政治理论表明了盟友、结盟、议程制定和利益谈判的重要性。对高等教育基层领导者的研究论述了在校园里适用于自下而上工作的策略和方法，这些策略和方法对政治变革理论中更为笼统的结论进行了补充。校园里自下而上的领导者可以使用学生关系和课程设置作为权力杠杆，这些是其他类型机构所不具备的。对基层领导者的研究还表明，相较权威人士更常遇见的情况（如缺乏支持）而言，基层变革推动者将面对不同的权力条件（如被解雇），并作对比。Kezar 和 Lester（2011）发现，基层领导者可以利用九种策略作为创造变革、推动变革的杠杆：

（1）创造传播知识的机会；
（2）提供专业发展机会；
（3）聘用志同道合的人；

(4) 获取资源；

(5) 与学生合作；

(6) 调整课程设置并使学生积极参与课堂；

(7) 收集数据；

(8) 加入和利用现有网络；

(9) 与有影响力的外部利益相关者合作。

这些策略都与巩固学术价值观、加强学生学习以及践行教育使命有关。有些人试图将变革描绘成与校园无关甚至与校园对立，上述与教育使命相关的共同点对我们消解他们的抵制很重要。自下而上的变革很容易受到压制，所以需要非常仔细地设计和运作。这些策略已经为成功的基层变革推动者所用，并在各种高等教育环境中发挥作用。

创造传播知识的机会

第一种策略是主持或创立知识论坛，在这些论坛上人们可以发挥才智，讨论和辩论感兴趣的问题。例如持续进行的系列讲座，定期举办论坛或成立午餐小组——校园基层领导者都可以将这些办法用于不断加强与变革计划相关的重要问题的对话。这些知识论坛可以达到许多目的：它们为人们提供了一种途径，去了解可以用来增加变革说服力或制定愿景的相关研究动态，同时，它们使人们聚集在一起，形成松散的网络并结识盟友。

提供专业发展机会

创造变革的另一个手段是给教职员工提供专业发展机会。它与创造知识传播的机会一样，都是通过增强意识和创造或制定愿景来发挥作用。教职员工都表现出希望在单位里能有专业发展或有机会走出校园。行政管理部门安排的专业发展措施往往没有反映出基层领导人的意图。教职员工的发展有助于引入新的想法，增强意识，它对于那些在职业生涯的大部分时间里可能都在同一岗位任职的员工来说尤其重要，这种重要性对许多教师来说也一样。专业发展为教职员工创造结识变革成功人士的机会，了解他们成功的方法，从而促进愿景的形成和推动变革的实施。专业发展还可以将变革推动者与兴趣相同的人联络起来，后者可以形成支持变革的力量。

招聘志同道合的人员

招聘是基层变革推动者用来创造变革的一种主要策略，因为教职员工参与各种招聘和社会化过程是相当普遍的。虽然最终的招聘决定可能不由他们作出，但在大多数校园里，基层领导者都参与招聘过程中并能够施加影响。他们还可以通过努力网罗应聘者来影响受聘人选。通过招聘过程，基层领导者有机会组织一个群体，群体中的人对基层领导者希望进行变革的问题富有热情和承担精神。因此，许多教职员工中的基层领导者热心参加招聘委员会或对其成员进行游说。

获取资源

与企业不同，学院和大学几乎没有研发资金用于验证想法，特别对非行政部门的人员而言。基层领导人需要想办法为自己的变革计划找到启动资金，一般来说是通过拨款和其他外部资源。在许多校园里，多元化倡议、校园和社区伙伴关系或服务式学习项目之所以能够启动，是因为它成功地获得了外部资助。拨款可用来激励人们——它提供了一种将人们聚集在一起的方式，为各种会议提供资金，推动集体行动。拨款对于获得影响力也至关重要，因为获得拨款通常会使某个想法合法化。与那些处于权威地位并随时可以获得资源的人不同，基层领导者更要创造性地思考如何利用外部资源以实现他们的想法。

与学生合作

教职员工采用不同的方法来与学生合作，例如和学生建立联盟，指导他们在校园内采取行动，或者和学生俱乐部合作。与学生合作是一种重要的策略，因为教职员工明白学术机构的核心使命是教育和培养学生。对于其他校园利益相关者来说，没有什么比知道学生等群体支持了一项倡议更有说服力的了。与学生合作也是建立联盟的一种形式，在建立联盟的过程中，变革推动者将他们的工作和伙伴与在许多校园里拥有强大权力的群体结合在一起。

调整课程设置并使学生积极参与课堂

与学生合作的另一种方法是调整课程设置或使学生积极参与课堂。教职员工可以更广泛地使用课程和课程设置来提高学生对变革举措的认识。例如，关注校园环保主义的教师可以通过更改课程设置并将逐渐增强的观念转化成校园的可持续发展计划，来提高学生和同事的环保意识。工作人员也可以与教师合作，将他们的动议（如多样性、环保主义、社交媒体等）

纳入课堂。工作人员还可以利用课外活动来突出宿舍和学生生活计划中的问题。课内和课外活动策略也可以进一步强化和把学生作为盟友的合作。

收集数据

大专院校的基层领导者可以收集和使用校园数据，来为某个计划讲故事，提高认识，动员行动，获得支持。和争取拨款一样，收集和呈现数据是为自下而上的变革计划获得额外资助或支持——特别是来自内部资源的资助或支持——的一种方式。重视基于研究的证据这一观念在高等教育机构中根深蒂固，因此在为变革计划争取资源和支持时，数据变得非常重要。例如，如果某位教师获得了创建辅导中心的支持，她应该持续评估该项目，确保其产生积极的结果。这些数据可用来获取额外的支持，甚至可能为该项目得到新的资金。变革推动者需要明白，获取数据本身并不是最终目的，而重要的是用数据讲述一个好故事。

加入和利用现有网络

基层领导者已经形容了如何利用现有的网络，例如基于共同兴趣（如基于问题的学习）的网络、基于某项事业（如环境保护主义）或某个关注（如贫困学生的辍学率）的网络来进一步推动变革。校园里存在各种非官方网络，成功的变革推动者会熟悉并利用它们。一些基层领导者甚至得到了学校的官方支持，如学术委员会或校园委员会的支持。各种委员会和校园团体通常被认为是共同治理的一部分。教职员工（以及学生）参与各种委员会，进行决策、解决问题和促进组织变革，这符合文化规范。越来越多的人与变革计划产生了联系，因此可以利用委员来获得对集体行动的支持。

与有影响力的外部利益相关者合作

最后一个策略是与主要的外部利益相关者合作，它特别适合社区大学和文理学院。与校友、当地商界、政治领袖以及社区团体合作，可以有效获得支持并加强变革计划的合法性。通过与有影响力的团体和个人建立伙伴关系，可以获得有影响力的利益相关者的支持，从而帮助变革推动者克服内部阻力和惰性。由于社区学院的特殊使命，本地的政治家和社区组织能够影响它们的运行。同样，校友能够影响文理学院的事务，因为他们经常为学院提供支持和资源。

如果变革推动者了解可供他们使用的不同工具，懂得这些资源因他们在院校等级结构中的地位不同（例如系主任与初级工作人员）而有所不同（见表7.1），那么他们就可以更成功地创造变革。有些人会处于等级结构的中间层（如教学和学习中心主任），所以他们可能拥有一些与权威人士相同的杠杆，但也可以经常使用自下而上的策略。最重要的一点是，你必须确认自己的能动性水平，并将策略与可用资源相匹配。你的能动性水平将你置于不同的权力条件下，你需要找到方向才能创造变革。[2] 但正如我下文所述，变革推动者不需要孤立地工作。通过与他人合作，变革推动者可以加强自己的变革能动性。

表 7.1 自上而下和自下而上领导方式对比

变革的深层概念	自上而下的变革策略：科学管理理论	自下而上的变革策略：政治理论
推动、协调、鼓励人们采取行动	使用规划机制	收集数据；加入和利用现有网络
创造变革的基础	利用资源和资金	获取资源
激发变革动机；建立网络	激励和奖励措施；重组或创建支持性的组织结构	举办知识论坛；调整课程设置；与学生合作；与外部利益相关方合作
增强意识；激励群众	招聘和培训人员	招聘志同道合的人员；提供专业发展机会

集体领导制

一方面，许多人难以想象超出权威人士之外的能动性和领导力如何在变革过程中发挥作用，另一方面，对人们来说考虑集体领导也具有挑战性，在高等教育中尤其如此，因为高等教育是一个分散和自主性强的行业。校园里的许多教职员工努力靠自己的力量推动变革，而不是与他人合作，本章开篇小插曲中介绍的变革推动者梅丽莎就跟他们一样。独行侠式的领导观在我们的社会中太普遍了，妨碍了人们确定共同或集体领导的价值和必要性。[3]

然而，领导力越来越被认为是一个涉及群体的过程，而不仅仅由个人来执行。随着时间的推移，一些新的领导模式从传统的、等级森严的、基于权威的模式中脱离开来，例如基于团队的、共同的和分工的领导模式（Astin & Leland，1991；Bensimon & Neumann，1993；Komives & Wagner，2009；Pearce & Conger，2003）。20世纪90年代至今的有关变革的政治理论和文化理论更多地关注人们相互联系的方式，以及变革过程本质上怎样成为人类系统的一部分而不是孤立的部分（Pearce & Conger，2003）。在变革过程中采用集体领导制的好处是，它鼓励更多的人成为变革过程的一部分，大多数研究证明这一点可以促进变革（Pearce & Conger，2003）。不过，集体领导与共同领导不是一回事。共同领导涉及校园等级结构顶部和底部的推动者共同努力创造变革，集体领导则可能仅限于一群拥有权威职位的领导者，或者一个完全由自下而上的领导者组成的网络。

集体领导的优势

一些研究支持将领导权从少数领导者扩大到组织内更广泛的利益相关者群体的观点（Bensimon & Neumann，1993；Pearce & Conger，2003）。事实上，Pearce和Conger（2003）证明了过去100年来的研究都指向这个方向，但是对英雄主义、个人主义或等级分明的领导者的压倒性偏好妨碍了学者和从业者把这些研究的结果概念化和从中吸取教训。换句话说，研究中一再证实有关多人、外部权威职位和集体工作的效果，它们对取得解决问题、变革、创新和战略决策等领导成果很重要。集体领导取得的成果包括提高解决问题的能力，提高创造力和组织效率，提高领导小组成员的积极性和敬业精神，提升决策满意度，增强社会交往，构建组织内更积极的关系，作出复杂决策，为变革和决策赢得更多支持，提高集体效率，等等（Bensimon & Neumann，1993；Pearce & Conger，2003）。

对基层网络和团体的研究也确认了集体工作方式的好处（Pearce & Conger，2003）。单独运作的基层领导者受重大权力的影响，他们的努力往往面临很多阻力，小组合作有助于他们在困难时期得到支持和安慰。此外，通过集体工作，个人不那么容易成为批评的火力集中点，因为没有任何一个人可以被视作是始作俑者。集体工作的另一个好处是，当阻力的确出现时，那些首当其冲的变革推动者可以进入幕后，而其他人则暂时在幕前担任领导角色。

集体领导的主要优势之一是，你将拥有一个支持你的人际关系网，在你遇到困难时可以帮你挺住。优势之二是，这种方法可以吸收借鉴校园内许多不同团体或人际关系网的想法和收集信息，从而制定出更复杂和完整的解决方案。此外，人际关系网比工作受到控制的孤立个人有更多的节点（如人与人之间的联系），因此它们可以对校园的整个文化产生更广泛的影响。人际关系网不仅可以影响校园内特定的亚文化或群体，还可以起更广泛的作用，在各个部门和单位中创造变革。

Astin 和 Leland（1991）的研究描述了一个集体领导的例子，说明集体领导（尤其是在基层领导之中）的好处。该研究以校园里参与妇女运动的女性教职员工为对象，她们在校园里发起了各种支持女性和有色人种的变革，包括课程改革、发展和支持服务以及招募和录取更多的女性和有色人种学生。这项研究表明，在面对巨大障碍以及所处文化不对所提议的变革类型持开放态度时，教职员工集体的共同努力可以作出重大改变。自下而上的基层领导者的优势在于，它可以利用与女学生和有色人种学生关系密切的人的专业知识，这些知识通常有助于基层领导者果断解决问题。在集体领导过程中，这种做法可以激发教职员工的兴趣，发挥其敬业精神，为维持变革而产生所需的能量和获得认同。

要有效地发挥集体领导作用并获得更大的能动性，需要团队合作的技能。然而，变革推动者往往不擅长在领导小组中工作。领导者策略通常是为个人设计的，而不是为小组或小组流程设计的。关于团队合作的文献常常用来推断加强集体领导作用的关键过程。以下列出的技能并不完全，但都是变革推动者为了推进或鼓励集体领导应该熟悉的关键技能。[4]

人际关系技能

当团体内部或团体之间的冲突压倒进程时，集体变革的方法就行不通了。为了使进程顺利，变革推动者需要培养人际交往的技能，如解决冲突、同理心、沟通和情感方面的技能。研究表明，沟通和对话的方式往往反映了人们倾向于礼貌而不是对话，而对话才是相互的，才能倾听对方的观点，是真正意义的询问（Komives et al.，1998）。变革推动者通常不知道如何读懂他人的肢体语言，从而了解他人的感受和接收信息的方式。此外，很少有领导者知道如何有效地管理团体内部冲突。这些都是拥有强大的集体变革能动性所需的关键技能。

团队发展过程和发展技能

很多时候，推动变革的团队刚开始形成时是非正式的，但慢慢开始变得有组织性。随着团队变得具有组织性，需要关注团队发展过程，因为随着团队的壮大，其中的个人可能并不都相互认识。随着团队发展，需要考虑的主要方面之一是如何创造共同的价值观和目标来支持和巩固团队。帮助新人感到被接纳也很重要。变革推动者不应该假定每个人都有相同水平的知识和认识，因此对团队进行某种形式的定位变得至关重要。此外，随着团队发展，他们需要厘清每个人扮演的角色和承担的特定责任（Bensimon & Neumann，1993）。团队发展也增加了不同观点出现的可能性，因此变革推动者需要找到一种方法来营造开放的氛围并尊重新的声音（Bensimon & Neumann，1993）。

共同的目的和目标

虽然我明确指出了集体工作所需的各种团队发展技能，但许多学者特别指出的一项非常重要的技能是创造共同的目的、价值观和目标（Komives et al.，1998）。虽然大多数参与变革的群体并非由有着相同的核心价值观或目标的同类人组成，但人们要在功能上协同工作和有效沟通，需要具备多少有些相似的目的或总体方向。大多数情况下，学者们认为变革推动者应该发起有意义的对话，解读、归纳和联系看起来可能不同但隐含相似价值观的观点。

共享认知

在拥有共同理念基础上，学者们也研究了共享认知。共享认知是指团队成员关于其内部工作以及外部环境性质的心理地图的相似程度。共享认知体现团队作用的一个重要方面，已被确定对团队效能很重要（Knight et al.，1999）。如果走到一起的各个利益相关者的思维模式不太相同，那么集体领导的工作将不断遇到问题。Burke 等人（2006）研制了一个模型，识别在集体领导中实现共享认知的关键构成元素——元认知过程、心智模型、形势评估和态度。在第一个元素元认知过程中，团队成员意识到自己的认知过程，并能够理解和操控这一过程。换句话说，他们需要意识到自己的偏见和视角，对他人持开放态度，并且在遇到新信息时能够改变自己的观点。

第二个元素心智模型则描述了围绕两个关键因素（团队和形势）形成共享心智模型的重要性。领导团队成员在各种心智模型中可能存在很大差异。但是，只要成员认为小组具有相同的目标和角色，并且能够就当前形势达成一致（如他们可以就校园社区中存在的问题达成一致），那么其他分歧就有可能得到解决。然而，如果他们不能在上述两个基本问题上达成一致，他们就不太可能转向更复杂的认知思维。关于形势达成的共识，是指第三个元素及形势评估。第四个元素是允许共享认知的态度。学者们还指出，当存在一些普遍共享的态度或信念，如集体效能（即通过共同努力，他们能够解决当前的问题）时，共享认知更有可能发生；同时，领导变更（即团体的不同成员担任领导）以及集体解决问题的方式是可以接受的。如果团体成员缺乏以上态度，那么很难达成共享认知。

承认不同观点并相互合作

共享认知并不意味着集体性思维。成功的集体知道如何支持不同的观点。Bensimon 和 Neumann（1993）阐述了通过长久地建立关系和信任来创造团队文化的重要性。团队不必观点相同才能有效地工作，而是需要感觉到在一种安全和有成效的文化中开展工作，在这种文化中可以分享不同的观点。Bensimon 和 Neumann 的文章提出了团队发展过程的重要性，即通过仔细选择人员参加领导团队，召开培训会议，进行团队发展，花时间发展人际关系，做决策之前慎重思考等过程，集体领导可以取得更大成功。在人们理解自己的和彼此的观点之前快速作出决定，这一压力会使持不同见解的领导团队遭受挫败。因此，团队发展技能也能够保证不同观点的顺利发表。

团队维护技能

正如我们所看到的，团队的形成对于信任、共同愿景和认知的发展至关重要，并且使人们感到他们有一个安全的空间来工作并能表达担忧或反对意见（Komives et al., 1998）。如果团队已成功形成，它的下一步就是考虑如何来维系，办法包括保持沟通，进行各种在小组成员看来显著的互动，开展庆祝关键里程碑的活动来产生实现共同目标的成就感，以及用各种方法使成员保持对工作负责（Bensimon & Neumann, 1993）。保持沟通可能要涉及使用电子邮件、推特、博客和其他形式的虚拟或面对面的互动方式，以及其他定期或不定期的互动。

影响和激励技能

集体领导的变革推动者不能强制别人采取行动，因此他们需要相互影响才能行动（Pearcea & Conger, 2003）。通常影响他人并没有激励、奖励或制度的手段。而变革推动者需要发展激励和鼓励他人采取行动的技能，从持乐观的态度，为他人的成功庆贺，到提供吐槽的地方，再到了解驱动人们的兴趣，吸引他们的兴趣或关注等。

处理地位问题

研究表明，地位和权力上的差异给集体领导带来困难，从而出现更传统的个人领导（Pearce & Conger，2003）。Bensimon 和 Neumann（1993）认为，任何集体领导模式的关键在于解决权力和地位差异的问题。团体发展的部分过程应该是承认以下事实：某些人因其权力、权威、专业知识或隶属某个占主导地位的群体（即种族、性别群体）而拥有特权地位。因此，那些处于占主导地位群体中的人可能理解不了处于弱势地位的成员是怎样被边缘化的，而且常常对自己的特权视而不见，看不到这种特权对自己看待世界方式的影响。如果团队内拥有特权的成员把别人边缘化，那么团队领导需要把这些人拉到一边，指出其中的一些问题，以确保团队保持积极的关系继续共同前进。如果团队领导本人就是占主导地位的参与者，那么团队中其他拥有更大权力的人需要相互沟通地位问题。

共 同 领 导

自上而下和自下而上的领导者都可以从共同领导中受益。它可以提高他们变革措施的效力，但仍然不清楚它如何影响各个群体的能动性。一些证据表明，它实际上可能会使自下而上的领导者不发声（Kezar & Lester，2011）。如前所述，共同领导包括的变革推动者既包括那些处于权威地位的人，也包括那些没有权威职位的人。共同领导对权威人士来说具有明显价值。许多研究报告称，自上而下的变革工作失败率非常高，约为 70%（Burnes，2011）。通常，缺乏组织中的人接受和支持是造成这种高失败率的主要因素。对于权威人士而言，随着更多的人被引入变革过程，采用共同领导的方法可以使变革计划赢得更多人的接受或支持。校园共同治理过程源于这样一种理解，即通过让多个利益相关者参与该过程，可以跨群体获得支持，而且更容易实施变革。学者们研究了单兵作战的领导者（通常是权威人士）在试图发起组织文化方面的变革时所面临的挑战，共同领导的许多好处就此浮出水面。

共同领导对于权威人士的价值在于，他们的变革举措比他们以单方面的、自上而下的方式工作时具有更大的合法性和可信度。共同领导对于基层领导者的价值则在于，他们使重要变革制度化的机会提高了，因为他们可以逐步获得原来只有自上而下的领导者才可以使用的杠杆，如奖励机制和做预算。很多情况下，变革计划完全是从上层或下层领导的，导致更高的失败率和挫折感。因此，我们需要认识到领导力是一个集体过程。如果我们能够让权威人士和基层领导者以共同领导的方式工作，那么在创造持久的变革方面就有更大的机会获得成功。

共同领导既需要和等级制的或自上而下的领导方式完全不同的技能，又需要前文关于集体领导的章节中没有提到的技能。下文将回顾其中一些技能。[5] 大多数研究发现，这些技能都是权威人士选择与没有正式权力的人分享权力的案例。共同领导也可以借鉴对集体领导所需技能的研究，但某些方面是加强共同领导力所特有的。以下三个方面来自对自上而下领导者把权力下放给自下而上的领导者的研究：赋权，促进他人的学习和发展，问责。

赋权

共同领导过程要求拥有权威地位的人把责任委派给其他人，使他们可以在合理的时候发挥领导作用（Spillane，2006）。但是，赋权还意味着要确保人们获得足够的培训、支持、资源（财政、物质和人力资源）和信息，才能恰当地执行额外的责任和权力。当变革推动者考虑在整个过程中需要哪些基础设施来赋予个人权力时，可以选择共同领导模式。例如，那些被赋权的人可能需要确保以前不被分享的信息在每个人之间传达，并邀请他们参加会议。

促进他人的学习与发展

变革的社会认知理论注意到学习作为促进变革关键过程的重要性，这对于共同领导形式也至关重要（Pearce & Conger，2003；Spillane，2006）。如果权威人士将不是唯一一负责创造变革的人，那么其他领导者需要参与学习、成长和适应，积累作出合理决策所需的知识，而且还要保持忠诚。这意味着需要更广泛地发布数据和信息，以及在更大群体之间进行更多的对话和意义建构。有关如何创建学习机会的更多详细信息，请参阅第五章。

问责

如果将实施变革的权力下放给其他人,那么就需要成立某种制度来为所执行的工作建立问责制。例如,如果一位校长决定赋予几位教职员工决策权和预算额来成立一个新中心,那么校长可以建立一个确保工作完成的流程来获得好的结果。校长需要知道一个合理的计划已经制定出来,并不断就取得的进展听取汇报,包括说明完成目标的资金使用情况。

自下而上的共同领导战略

一些研究记录了自上而下的领导者用来为共同领导创造条件的策略,另外一些研究则探讨了自下而上的领导者用来创造共同领导的方法。Kezar 和 Lester(2011)的一项研究探讨并记录了希望和权威人士合作的自下而上的领导者策略。这项研究表明,自下而上的领导者与自上而下的领导者相结合的尝试大约只有三分之一奏效。[6] 通常,一旦他们与自上而下的领导者联合起来,失去原来的目的或方向,他们的努力就会变味。但是,一系列策略也可以帮助自下而上的领导者与自上而下的领导者成功地结合,从而创造共同领导力。下面我们就来讨论这些策略。

评估时机

自下而上的领导者应该评估与自上而下的领导力结合的时机是否合适。设定愿景、建立网络和获得支持对于确保学校准备好从上级获得更大的制度支持似乎很重要。成功地和权威人士结合的基层领导人一般工作年限长,并且已经在基层工作了 5 年,有时甚至是 10~15 年。当几个团队在正式领导的支持下,获得了一部分教师的支持并试图将支持范围拓展至整个校园时,很快就遭到其他教师的强烈抵制。他们意识到需要更多的校园支持者和让人们意识到改革的好处,于是从头开始行动。试图过快地推动一项自下而上的变革可能会危及其成功,因为没有获得足够的支持。成功地将自下而上和自上而下的领导过程结合的学校并不急于求成,而是着手在基层群体中建立关系,尝试和盟友建立联系,和校园各个地方的拥护者建立联系,并且通常对这一过程很有耐心——他们只会在时机合适的时候才向前进。在时机成熟之前过早采取行动可能会导致巨大的反弹。

抓住机遇

与时机密切相关的是抓住和拥抱机遇。例如，一组参与环保计划的教师可能会不时试水，确定是否有机会与高级行政人员合作以扩大影响。如果校长新近聘请了几名对推进环保有同样兴趣的行政人员，变革推动者可以抓住时机扩大他们的影响。错失良机可能会延长他们扩大影响的时间或最终导致变革举措的终结。因此，仔细观察守候机遇非常重要。

解读者

自下而上的领导者的另一个重要策略是依靠解读者（例如，多元文化中心的主任或曾担任行政人员的教师）来帮助他们打造变革计划，找到适合的数据来"包装"他们的想法，并使用恰当的语言来吸引注意力和获取支持。解读者可以在帮助自下而上的领导者了解如何向拥有权威地位的领导者表达想法方面发挥着关键作用。自下而上的领导者往往过于沉浸于某个变革行动（例如校园参与、基于过程的引导式探究，引导式学习）的语言之中，以至于没有意识到局外人不会理解某些术语或哲学论点。解读者也起到间接辅助的作用。他们是使信息从下到上和从上到下交流的联络者，构建了一个通常情况下不存在的沟通渠道。例如，在我的一个校园研究中，自下而上的教师变革推动者不知道如何以行政人员理解或欣赏的方式呈现他们对多元文化主义的兴趣，于是多元文化中心的主任与他们合作，帮助他们重新修改了所使用的种族研究的专业词语，并将他们的目标与学院留住学生和学业成功的目标联系起来。成功的基层领导者懂得解读者的重要性，知道要找到合适的人选来担任这一角色，并和他们保持密切的关系。

引起当权者的注意

一个关键的策略是引起当权者对变革倡议的注意。通过概念性文件、系列演讲、写信行动、张贴标语、举行非正式会议、借助解读者的渠道、使用数据、向行政人员发送信息以及让学生提交信息等一系列行动，基层领导者可以帮助自上而下的领导者了解其变革计划的重要性。基层领导者可以使用多种方法引起自上而下的领导者的兴趣。例如，在一个校园里，一组人员试图建设一个环保专业，他们专门制作了一份概念文件，让人们意识到全球变暖带来的挑战。在得到更为明确的信息后，由教师和学生组成的联合小组向行政部门提交了这份文件。此外，他们还在校园里举行了一系列辩论，邀请关键人物和团体参加，并确保高级行政人员了解这些活动。之后，他们还向对环境保护主义和全球变暖等概念表现出开放态度的行政管理人员发送了有关的研究论文、报纸文章和参考资料。

取得关键委员会的成员资格

许多基层领导者使用的另一种策略是取得关键委员会的成员资格，谋求将他们的措施与自上而下的措施结合起来。校园内的委员会或工作组提供了一个基层领导者和自上而下的领导者可以一起工作的舞台，因为其成员中有来自整个校园不同群体的代表。由于委员会一般涉及行政管理人员、教师、职员和学生，它们为影响权威人士及其规划工作提供了一条途径。如果自下而上的领导者可以在一个委员会中派出几位代表，他们就可以努力确保在校园里产生更大的影响力。

谈判技巧

在与自上而下的领导者合作时，要防止变革失去原有的努力方向并确保基层核心利益，谈判技巧是一个重要工具。谈判技巧有助于从自下而上的领导者的角度表示妥协。我的研究中有一个关于谈判技巧的例子：一所校园里的教职员工制定了一项校园可持续发展计划，他们提出了一个比他们实际预期要高的目标。换句话说，他们所提出的可持续发展举措和目标比他们预期达成的目标要高。行政部门不可能同意解决和实施他们提出的所有问题或举措，因此要把目标制定得更高一些，这样才能更接近预期的结果。他们要求减少80％的碳足迹，行政部门同意减少65％，而实际上他们真正希望的是减少50％。如果他们从50％开始提出要求，就不太可能实现这个目标。通常，基层领导人从一个目标更高的计划开始，所以等到行政部门缩减他们的要求时，他们可以得到接近希望值的结果。此外，灵活性也很重要。在另一项举措中，教师要求招聘10名新教师，但行政部门认为这个数字太高了。教师们不愿意就这个数字进行谈判，因此最终行政部门决定不雇用任何教师。那些不愿意谈判的基层领导者经常发现自己被回避，或者至少他们的倡议没有被自上而下的领导者所接受。

创建联盟

把自己的利益与其他基层团体的倡议或具有相似目标的自上而下的倡议统一起来，往往是奏效的。基层领导者可以利用他们的联盟来形成支持基础，这样一来自上而下的领导者会看到这项倡议得到了很多人的支持。基层领导者如果狭隘地看待自己提出的变革，不和类似的变革行动统一起来，并联合他人确定共同利益，则会失去盟友和支持。拥有权威职位的领导者如果不相信校园里的变革倡议能被广泛接受，他们通常会犹豫是否支持变革倡议。多样性和环保主义的倡导者经常将许多平行或目标相同的团体整合成为一个范围更大的集团，建立更广泛的联盟来推动他们的工作。把自己的倡议与其他团体联系起来的基层领导者可以获得更多的支持。

保持怀疑的态度

拥有权力职位的人往往与基层领导者的利益并不相同。因此，对自上而下的领导者的利益是否与自己的利益真正一致持怀疑态度的基层领导者更倾向于实现他们最初的目标。举个例子说明这一点。在一所校园里，自上而下的领导者对校园多样性的看法与教职员工不同。对于行政管理人员来说，多样性意味着满足社区需求并提高学生保留率。它更多地与处理好公共关系有关，而不是校园本身的改进。对于自下而上的教职员工领导者来说，实现多样性的目标意味着试图让人们对校园里的社会正义和公平有更广泛的理解，更清楚地看到白人和某些阶级的特权。教职员工身份的领导者的兴趣在于，通过整合更符合他们对多样性的理解的材料和课程，从根本上改变课程设置和学习体验。一定要确定自上而下的领导者的承诺是真实的，不要被空洞的言辞所愚弄。现在许多拥有权力职位的人之所以接受全球化、跨学科、多样性、可持续性或环境保护主义等概念，是因为他们看到了这些概念可以商业化和市场化。因此，一般来说应当对发生的事情保持怀疑态度。

思考题

1. 什么是与变革相关的能动性？
2. 什么是自下而上的或基层的领导者？
3. 权威人士可以使用哪些领导策略？他们与自下而上的或基层的领导者有何不同？
4. 集体或共享领导的优势和陷阱是什么？
5. 集体领导和共享领导有何不同？

小结

本章指出，当变革推动者考虑他们将要采取的策略时，最好与他人合作分析情况并制定行动方案。本章还指出了在众多不同的利益相关者群体和各级别的组织之中寻找可能的盟友的重要性。基层领导者的一个常见错误是，他们往往不把那些权威人士作为他们领导过程的一部分。他们不信任后者的动机或承诺，从而破坏了将变革制度化或持久化的机会。同样，权威人士在仓促推动变革的过程中，往往没有让校园里其他可以为变革举措提供支持和合理性说明的领导者加入。在校园里，共同领导推动变革的方式并不常见。如何以团队和集体的方式领导变革，本章提供了相关建议。最后，本章探讨了领导者如何考虑其能动性水平和所拥有的正式权力来制定策略，以及如何使其策略与条件相匹配。

让我们直接回到梅丽莎的例子，她与同事召开了一次很好的会议，同事们就怎样继续推进变革提出了一些意见。梅丽莎运用政治理论中的相关建议，意识到她已经成为批评的火力集中点，无法再有效地领导她所关心的变革。因此，她决定与从事民族研究的教师和学生事务工作人员合作来实现她的目标。事实上，她的一些想法，包括一项新的奖学金计划，正在被校园里的其他变革推动者所采纳，他们正在帮助实施她的想法，但他们被视为更合理的领导者，受到的阻力更小。这些教职员工还是17个校园委员会的成员，已经同意把她的想法推介给这些团体。

梅丽莎致力于在这些不同的团体和委员会之间建立一个强大的联盟。但她意识到，她还可以使用其他威胁性更小的策略，所以她举办了一系列简短午餐会，邀请演讲者来谈一谈有色人种大学生的毕业情况。她的举措与校长对保证大学毕业率的利益是一致的。通过这种方法，她使当权者和其他人注意到她的变革想法，并统一各种利益。梅丽莎还决定制定更小的目标。她早期提出的宏大目标给她带来了困难和挫败感，最终可能会妨碍她的工作，因为作出大胆计划的时机未到。同时，她与校园里可能采取更激进做法的学生团体合作，让他们推广一些理念，这些理念对于她从事民族研究的同事来说因过于有争议而很难提出，例如"集群招聘"计划。通过这种新的领导方法并重新思考她作为变革推动者的角色，梅丽莎正在取得惊人的进展。

注释

1 总的来说，本书与领导权变理论的观点非常一致，这些理论认为领导者需要根据具体情况改变他们的策略，特别是要了解组织环境或他们自己的能动性。本书也与领导认知理论相一致；根据领导认知理论，领导者需要关注他们的心智模型，形成关于取得组织成功的复杂的思考方式。关注六种不同的变革理论与领导认知理论倡导的创建复杂的心智模型相一致。一些读者可能熟悉 Bolman & Deal（1991）的多元架构领导方法，它提出了四个领导框架，本书提出了类似的多元理论变革方法。因此，本书提出的框架与最近提出的领导力概念化之间有着巨大的协同效果。

2 有关自下而上的领导者所面临的权力状况的详细论述可以在 Kezar & Lester（2011）中找到。

3 有关独行侠式的领导观的更多信息，详见 Kezar et al.（2006）。

4 有关变革推动者应该熟悉的技能的更多信息，详见 Bensimon & Neumann, 1993；Kezar et al., 2006；Komives et al., 1998；Pearce & Conger, 2003。

5 有关共享领导技能的更多信息，详见 Pearce & Conger, 2003；Spillane, 2006。

6 Kezar & Lester（2011）提供了自下而上的领导者采取每种策略的详细示例，以及其他帮助基层领导者与自上而下的领导者达成一致的建议。

第八章 多元理论变革方法

案例 1a：建立国际分校

肯是一名副院长，目前的工作是在沙特阿拉伯为他所在的大学商学院建立分校。他认识到，这是该大学国际教育前期工作达到的顶峰。从变革推动者工作的重要程度看，分校的建成是校园的一级变革。然而，变革工作仍然需要在多个层面（个人、团体和全校）和重点工作上展开，需要重新审视结构、程序和态度（在本例中调整幅度较小）。变革倡议的内容在这所学校几乎没有引起政治危险信号，并且与战略计划非常一致。

虽然这种变革完全符合校园的优先事项，但肯仍然需要关注各种变革环境问题。州政策制定者已经表达了对花费公共税收来给其他国家的人提供教育的担忧，特别是在当前这个时期，州预算受到限制，国内没有能力招收每个想要进入公立院校的州内学生。虽然商学院主要招收研究生，但需要考虑一些棘手的政治问题，因为学校关注本科生培养，而且商学院的专业课程常常意味着需要付出额外费用。总的来说，商学院的校友也没有对商学院的发展方向感兴趣。虽然国际商业视野被认为是优先事项，但建立分校的提案仅来自校友的一些煽动性的信件。认证机构一直在研究确定分校的实践标准，但这些标准尚未最终确定，并且不断变化。肯认识到，他应该继续监控初步拟定的指导方针。校园里也有一些团体，特别是人文学院，认为该提案在伦理上有问题，呼吁成立一个委员会来调查这个问题。

校园节奏相当快，决策在很大程度上是以自上而下的方式作出的。肯一直在商学院内部和整个校园寻找盟友来支持他的工作，这些人也可以通过在变革计划的各个方面发挥领导作用帮助他。他成立了一个咨询小组，其中包括对全球问题表现出兴趣的教职员工、学生和校友。此外，他还创建了一个非正式的人际关系网，定期与其中的人沟通和分享计划。他认识到，他的正式权力允许他能够采用自己所掌握的一些策略。肯一直在把握校园的脉搏，以监控可能影响其变革计划进展的环境因素。他一直在分析各种条件，确定变革的类型及其契合度，并组织了一个领导团队来支持他的倡议。接下来该怎么办？

肯作出的努力将得到好的结果。他拥有支持变革的领导能力，了解他可以用来创造变革的工具，并不断分析变革的类型和环境。现在，他需要与他的领导团队一起决定前进的策略。在本章中，我将回顾像肯这样的变革推动者如何通过有意识的反思和运用第三章中阐述的理论，找到合适的变革方法，进行下一步行动。有关变革的研究中，一个重要的发现是，制定一个复杂的策略并使之与变革的环境和变革的类型相一致，获得成功的概率更高，我们通常称之为多元理论方法（Bolman & Deal，2007）。为了在这里更清楚地描述多元理论方法，我将综述五个案例，示范说明如何将前几章框架中回顾的理论和概念应用于变革过程。全章案例里面我用加粗字体来标明其中包含的理论和相关概念。在接下来的案例中，我将按照前几章中概述的原则，重点介绍几种不同的变革类型、变革环境、变革推动者。

人们可以运用理论来分析变革类型、变革环境特征、变革推动者的能动性和领导力，但这些理论也可以用来制定变革技巧和策略（或变革方法）——走向行动。变革推动者需要运用理论，分析变革的类型、环境和能动性，了解哪些理论可能是有用的，以及如何执行与每种理论相关的各种策略。然而，只有在对变革类型、变革环境和现有领导力进行仔细分析之后，才能制定变革策略。

表 8.1 详细列出了我们每个变革推动者将采用的分析方法。叙述的部分则描述了运用它们进行变革的方法。在下面每个案例研究中，我还将列出一个图表，呈现具体方法和手段。为了帮助读者回忆第三章中提到的策略，图 8.1 总结了与每种变革理论相关的一些关键策略。虽然某些理论——科学管理理论和政治理论——提供了许多具体的变革策略，但其他一些理论——制度理论和进化理论——提供了更多的分析方法，而在行动指南方面较少涉及。

表 8.1　各理论提出的主要变革策略

科学管理理论	战略规划，重组，奖励激励措施，设定愿景，检查组织基础架构，教师培训，聘任顾问，标杆管理
进化理论	建立基础架构或多种能力，成立强有力的指导委员会，具备灵活的结构，主动而非被动的方法，融入广泛的团队，制定优先级的创业精神

续表

政治理论	成立联盟，确认盟友，制定日程表，设定集体愿景，谈判，了解权力，说服和影响，建立关系，动员人员和资源，增强意识
社会认知理论	成立数据团队，建立数据库，通过培训加强系统思维，促进互动以鼓励意义建构，用对话鼓励意义建构
文化理论	诉诸价值观，审视历史和环境以更好地理解根本价值观，创造新的仪式，讲故事以重构价值观和思想
制度和新制度理论	了解外部力量并保护所在机构，分析现有图式和规范，把外部利益和某个方向相统一

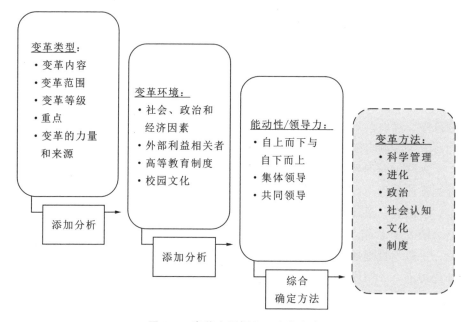

图 8.1 变革宏观框架：变革方法

案例 1b：创建国际分校

肯的国际分校提供了一个可供研究的有趣案例。在本节中，我将使用以下框架来分析肯的情况，并提出一个实现变革的方法（见图 8.2）。

变革类型

- 变革内容：政治驱动的学术变革；不和谐的价值观
- 变革程度：一级
- 变革层次：校级，社区，州
- 变革重点：结构和流程
- 变革来源：内部变革

添加分析

变革环境

- 经济因素：使用税款
- 外部利益相关者：州立法机构，校友
- 校园状态：挑战一些传统的预设，地理位置
- 校园文化：自上而下的领导体制，快速决策，教师反对，有国际化先驱的声誉
- 能力和准备：充足

添加分析

能动性/领导力

- 自上而下与自下而上：正式权力和能动性
- 集体领导：咨询委员会，但权力有限
- 共同领导：没有共同领导，很多内部团体（如教师）和外部团体都不支持该倡议

综合确定方法

变革方法：仅总结主要理论

- 科学管理理论：使用数据，标杆管理，咨询专家，规划
- 政治理论：建立联盟，谈判，映射不同的利益
- 进化理论：借助支持国际化的外部组织的资源和声誉

图 8.2　肯的变革方法

变革类型

至于变革类型，基于肯的情况不需要进行深度或二级变革。大多数校园成员已经熟悉全球或国际教育的价值及其好处。因此，意义建构和学习不是主要策略。相反，要从科学管理理论、进化理论和政治理论等变革理论中借鉴一级变革策略。就变革的内容而言，存在许多利益相关者，而且新兴的政治学表明，政治理论和进化理论将非常重要。由于涉及许多州级、校级和社区的利益相关者，所涉及的变革层次范围广泛。肯需要跨越团体（政治理论）、组织（科学管理理论）和州的层面（进化理论）开展工作。关于变革重点，组织结构和程序将更多地针对变革而不是态度，这里又一次用到科学管理理论。虽然变革的来源在校园内部但存在外部阻力——这意味着需要考虑进化理论。

变革环境

通过运用进化理论，肯可以评估是否存在社会、政治和经济因素以及影响变革计划进程的外部利益相关者。由于州立法机构的成员担心税收的使用情况，肯需要考虑反对他倡导的变革计划的政治和经济力量。制度理论和文化理论对肯来说不那么重要，因为这次变革并没有从根本上挑战这所院校的使命或结构。肯所在的校园环境（通过运用文化理论来了解）是，使变革通常能够得以迅速实施。同时，组织自上而下的特点使得本次变革难以得到促进。本次变革涉及许多政治上的问题，为了成功实施变革，每个利益相关者关心的问题都要得到解决，这意味着变革会放慢。对于肯来说，务必要认识到校园文化（例如快节奏的变革）与有效实施他倡导的变革所需的方法（例如展开政治活动，赢得支持，从而放慢速度的方法）之间的冲突。对于肯来说，正确处理这两个相矛盾的过程将面临一定的挑战。此外，学校在很大程度上已经为这种类型的变革做好了准备，并具备合适的价值体系和新兴的基础架构（例如课程、资源、咨询机构）来支持本次变革。因此，肯并不需要使用让校园为变革做好准备的策略，他和他的盟友倒是需要专把注意力放在解决外部政治因素和阻力来源上。

领导力和能动性

如上所述，肯在组织内拥有身为副院长的正式权力，因此他可以利用科学管理理论提供的许多策略。他意识到，围绕他倡议的政治事务和许多外部利益相关者的担忧都表明需要有一个共同领导的过程,在这个过程中,他可以从权力等级位于他之上和之下的其他人那里获得支持。为了推进这项工作,肯已经建立了一个包括教职员工、学生和校友在内的咨询小组,以及遍及校园的非正式人际关系网。虽然肯作为副院长的能动性很强,但其能动性受到限制,因为对这个问题感兴趣的外部和内部利益相关者范围很广,而且出现了一些相关政治事务。因此,在审视自己具备的领导力和能动性时,肯明确了其中的一些限制因素,他需要在从整体上寻找方法来解决这些问题。这表明需要和使用到政治理论的策略,也许在他过去参与的变革中并没有用到过这些策略。

变革方法

根据上述关于变革类型、变革环境和对肯的变革能动性的评估,我们预计他将在很大程度上借鉴变革的科学管理理论和政治理论。事实上,许多科学管理方法,例如使用数据、标杆管理、聘任顾问和规划,都是减轻本案例中出现的政治因素影响的方法。然而,我们也期待肯能够借鉴进化理论中有关如何处理外部力量以及有关制度缓冲方法的建议。此外,虽然科学管理理论的策略可以帮助抵消一些政治方面的压力,进化理论为减轻外部力量的影响以及利用外部力量支持变革提供了更多策略。例如,进化理论认为,肯可以从倡导国际教育的重要外部组织那里获得支持,并为他的倡议提供底层逻辑、合理性和背书。潜在的政治活动不太可能完全消失,因此肯需要不断利用政治理论来建立联盟,谈判和映射不同的利益。下面我来概述一种可能的方法,运用这些理论来推动肯的变革计划。

进化理论认为,肯不能忽视他所在州的政治问题。他应该积极主动,让更高级别的校园管理者了解立法者、校友和其他人已经表现出来的担忧。然而,鉴于校园行动迅速、自上而下的文化特点,肯需要在去找这些管理者之前就制定好计划,这样就不会使他们叫停他的倡议。一个有效的举措是咨询这个州正在考虑建立分校的其他商学院或其他任何一所院校,看看是否可以形成同盟或联盟(政治理论)。然而,由于肯的学校在这个问题上是先驱者,占领前沿,因此有可能在州内建立不了这种联盟。这可能需要肯向其他州的院校或其他领跑者学习,明确他们应对类似担忧而形成的任何逻辑(政治理论)。

肯在向这些校园学习的同时,还可以找到证明其他分校的成功或优点的数据来支持他建立分校的观点。例如,肯可以使用来自美国国际商学院联合会(AACSB)的数据进行研究,表明有将商学院课程国际化的需要以及建立分校的趋势（进化理论）。事实上，AACSB最近出版的一本书《管理教育的全球化》提供了有关美国及国际趋势的模型、例子和数据（AACSB International Globalization of Management Education Task Force 2011）。有许多国家组织，不只是征收税款的司法部门，都支持分校的发展，宣传全球学生教育的好处（进化理论和科学管理理论）。在某个方面成为先驱通常意味着研究较少，可用于倡导变革的模型也较少。尽管如此，肯还是准备了数据，在与行政人员一起召开的会议上分享。行政人员还指出，校园创新使命的各个方面也可能用于支持他的提议。他还收集了《高等教育纪事报》（*the Chronicle of Higher Education*）最近的文章和专栏，记录了其他建立分校的院校所面临的问题，在这些院校中，有不同的价值观和因素在起作用。他将这些文章分发给教师和行政人员，并建议举行校园论坛来加以讨论（政治理论）。

正如关于领导能动性的第七章中指出的，肯认识到他需要利用政治方法来推动他的倡议。他确定了三个关键的政治战略。首先，他承认有必要写一份公开报告，阐述分校的优点和其他院校的成功模式，他的上级可以用这份报告来消除各种团体，特别是校友和政策制定者的担忧。其次，肯决定建立一个由相关教育工作者组成的联盟，该联盟将非正式地游说州官员，并试图与主要立法机构人士会面，说服他们了解本提案的价值。再次，肯和他的合作伙伴可以和州政府谈判，把分校作为试点，并提议，如果该举措在一段时间后、一定条件下被证明不成功，则可以将其关闭。

同时，肯对变革重点的分析表明，要支持新的分校，可能需要修改许多校园流程和结构（科学管理）。这将要求肯和其他人确定每一个需要考虑的校园流程（如做预算和设施规划）和结构（如招生标准和政策），并在特殊的分校背景下对它们重新思考。需要决定哪些结构和流程将从主校区独立出来，完全移至分校。他可以运用科学管理理论的重组原则来帮助自己作出选择。例如，McNulty 和 Enjeti（2010）建议分校主持招生工作，提供奖学金计划和学生支持服务。他们还建议，分校提供的教育质量应与主校区相当。为了保持教育质量的统一标准，学术事务应该由主校区管理，但预算和规划事务应该分开。AACSB最近的报告还提供了各种模型，有助于考量分校所需的结构和流程。

鉴于肯的校园文化是自上而下的，本质上是快节奏的，肯认识到，他努力收集那些成功校园的数据和模型以说服外部团体相信设立分校的价值，这一点必须和分校制定规划的进度之间取得平衡（文化理论）。虽然他更愿意专心实施成立分校的计划，但意识到他在继续规划校园的同时需要做些政治工作，这样校园行政人员就不太可能因感到缺乏进展而沮丧了。然而，如果表达担忧的校友或人文学科教师认为肯及其盟友向前推进却不考虑他们提出的问题，那么整个过程可能会事与愿违。因此，肯一方面承认存在需要解决的问题，一方面邀请一些主要的反对者——主要是人文学院教师和校友的代表——加入规划团队。虽然校园文化可能支持肯单方面开展工作，不用那些反对变革倡议的个人和团体加入，但他意识到，如果他们在这一过程中不被纳入，可能会在以后成为巨大的绊脚石。因此，他遵循进化理论的建议，积极主动地查找和解决外部和内部的影响和压力来源，即使这些调整的方向脱离变革，趋向内环境稳定。肯继续专注于解决该倡议存在的政治问题，纳入不同利益相关者的观点，努力使规划取得进展，并期望获得行政部门的支持。因此，他的策略融合了一些政治理论的思想，同时通过文化理论理解制度背景。

因此，肯最终将运用不同的变革理论——政治理论、进化理论、文化理论和科学管理理论——来推进他的变革倡议。如果他只关注政治，那么校园结构和流程可能不会因为支持了他的举措而被改变。如果他只在校园文化内部展开工作而忽视主流政治，他的工作可能会停滞不前。这四种截然不同的变革动力——政治、校园文化、校园流程和结构的改变，以及外部支持杠杆的参与——都是成功管理变革过程所必需的。让我们再来看看另一个非常不同的场景，探讨如何使用多元理论方法来处理它。

案例2：提高毕业率的外部命令

菲利斯是一所社区学院的教务长，州政府官员施加了巨大的压力，要求他们提高学业完成率。学院院长刚刚与地方和州政府官员进行了一系列讨论，后者明确表示，他们正在考虑采取措施，将划拨的经费与实施完成率的措施挂钩。州政府官员指出，人们关注辍学现象，认为需要采取步骤实施问责制。如果该学院不提出自己的标准和计划，州政府将被迫提出标准和计划。虽然州和地方政府官员承认毕业率不是衡量社区大学成功的好办法，但他们告诉校园领导，他们需要做更多的事情让官员确信纳税人的钱花得值得。院长委托菲利斯制定应对措施和方法来解决这个问题。如果不能消除官员的担忧，可能会导致强制性的变革，因此菲利斯的任务对于帮助学院规避强加的变革至关重要。

菲利斯认识到，完成率实际上是一个更大的问责制问题的表征。她意识到，政策制定者对问责制的看法与校园成员的观点之间存在巨大差距。政策制定者从结果的角度考虑问责制，而菲利斯知道校园里的大多数人考虑的是过程。这里存在着深刻的文化分歧。州政府提出的变革不会真正解决它所关心的问题——州政府拨付的用于资助学生成功的经费是否花得值得。如果官员们最终将公共拨款与完成率挂钩，这可能会重创校园，使其陷入一场可能永远无法完全恢复的财务危机。校园里设有工会组织，但教师和行政人员一般有着牢固的关系，最近的集体谈判协议非常成功。本案例的分析摘要见图8.3。

变革类型

菲利斯负责管理的变革类型非常明确，它要使学院不受有可能发生的威胁到其运行经费和可持续性变革的危害。这一变革的要求来自学院外部。院长给了菲利斯两个月的时间制定周密的回应措施，然后反馈给本系统的行政办公室，所以她几乎没有时间采取行动。菲利斯遇到的变革类型在关于变革的进化理论的文献中非常典型。第四章中描述的应对计划外变革的策略尤其适用本案例。本次变革的内容在性质上非常政治化。菲利斯认识到，政策制定者和校园成员对问责制、大学完成率以及学生未完成学位的潜在原因持有非常不同的信念和理解。变革的程度尚不清楚；它可能是一级或二级变革，具体取决于她的回应。变革的层次更多地发生在学院或州一级，这表明要使用进化理论的策略和手段进行分析。在这个关头，变革的重点还不是很清楚，因此在整个变革过程中需要进一步分析。

变革环境

运用进化理论，菲利斯已经认识到政治和其他外部因素正在严重影响本案例中的变革。公众要求加强问责制，官员们正试图让院校对提高毕业率负责。与本案例最直接的利益相关者是政策制定者，但还须考虑公众（涉及社区学院时还有当地社区）及其关注的问题。运用文化理论，担任过教务长的菲利斯了解教师对提高学业完成率的信念和价值观，知道他们的观念与政策制定者不同。菲利斯将不得不利用教师和行政部门之间的牢固关系，以促进快速变革。她认识到，如果教师和职员之间的关系紧张，就会增加额外的复杂性和难度。因此，正如进化理论所预测的那样，他们在

变革类型
- 变革内容：外部威胁，不和谐的价值观
- 变革程度：不明——一级或二级变革都有可能
- 变革层次：校级，州
- 变革重点：不明
- 变革来源：外部变革

添加分析

变革环境
- 经济和政治因素：公众和立法机构问责
- 外部利益相关者：州立法机构，公众
- 校园状态：不挑战校园的传统预设
- 校园文化：校园价值观不同于外部价值和工作优先级，教师与行政人员之间关系密切，资源有限
- 能力和准备：充足的能力和一定程度的准备

添加分析

能动性/领导力
- 自上而下与自下而上：正式权力和能动性
- 集体领导：州内所有社区大学领导者参与
- 共同领导：教师与行政人员共同关心

综合确定方法

变革方法：仅总结主要理论
- 政治理论：建立联盟，谈判，映射不同的利益
- 进化理论：积极的工作组，数据收集，各校区一起解决问题，以内部信任和现有能力为基础面对外部威胁

图 8.3　菲利斯的变革方法

校园内的各个团体之间建立坚实的基础架构和功能关系，成立了一个具有变革能力的组织，这些早期工作提高了他们应对变革的能力。

领导力和能动性

菲利斯是幸运的，她作为教务长具有很强的能动性，掌控很多策略和技巧。然而，由于这场危机的紧迫性，她的能动性在某些方面也受到限制。她需要利用已经建立的关系。鉴于行动时间紧迫和危机情势，菲利斯需要依靠变革的进化理论及其策略。她所掌控的科学管理理论的策略（如做规划、请顾问）在本倡议中可能不太起作用。她还认识到，她需要与全州社区大学的领导人合作，因为州政府官员提议的变革类型不仅会影响她自己的学院，还会影响州内其他社区大学。从政治理论的角度看，她还认识到，通过与其他学院合作，他们都能够拥有更强的声音和更大的能动性。

变革方法

与本章开头肯的变革过程需要运用多种变革理论不同，本案例的变革类型和变革环境表明需要一种更集中的方法，主要借鉴进化理论和政治理论的变革策略。虽然下文中你将看到菲利斯运用文化理论来评估州政府官员和校园成员在观点和价值观上的分歧，但她也使用政治理论的策略来克服这些分歧。

幸运的是，菲利斯熟悉变革的进化理论，认识到当存在外部威胁时，有必要采取战略性的、谨慎的应对措施。但进化理论认为，她需要迅速作出反应，不过要深思熟虑。为了快速反应，菲利斯知道她需要采取的一些步骤，包括从学院科研办公室获取有关辍学率的数据，以更好地了解自然减员的原因，以及寻求学院应对这些问题的方法。了解根本原因之后，菲利斯也许能够向本州政策制定者提交一个更有针对性的计划，该计划将测量学业完成率并解决问责制问题。她还获得了有关攻读学位与非攻读学位的学生人数。此外，菲利斯还建立了一个特别工作组，帮助她收集和分析向院长和州政府通报所需的数据——拥有一个强大的、新成立的治理机构或指导核心有助于变革推动者迅速应对外部挑战（进化理论和科学管理理论）。

当然，这个问题并不是菲利斯的社区学院所独有的。幸运的是，她意识到人际关系网和变革的集体领导在政治过程中的重要性。因此，五年来她一直在和其他大学的领导层会面，彼此已经有了合作的信任感。菲利斯联系了曾与她合作的几所社区大学的教务长，讨论如何在审查了解自己独特的校园环境之后来作出统一的应对。她明白，通过结盟，这些院校将有更好的机会取得成功（政治理论）。于是，每个校园都致力于和他们的教职员工沟通，教务长的团队将在一个月后召开会议，审查他们可能向本系统行政办公室提交的各种提案。如果教职员工因被排除在外而心怀不满诉诸媒体，就可能会破坏他们的计划。

同时，她敏锐地看到校园成员和州政策制定者对问责制的看法截然不同，作出任何应对措施之前需要每个团体都能更好地了解彼此的观点。变革的文化理论帮助领导者关注变革过程中不同团体的价值体系和信仰。为了弥合政策制定者和校园成员观念上的鸿沟，她不仅需要提供数据，还需要与这两个群体进行战略沟通。于是，她和教师、职员召开了一次员工会议，讨论州政府可能颁布的强制要求，呼吁提供创新思维和应对措施。进化理论指出，需要将校园成员召集在一起解决问题，为未来解决外部威胁的变革计划形成支持。她告诫教职员工在考虑问责制时，不仅仅要确保专业课程到位以达到学生保留率，还要认识到政策制定者是从结果的角度考虑问责制。虽然她在较短时间内无法改变价值体系，但可以尝试营造紧迫的、支持的气氛，并思考如何利用校园里专业人士的力量，制定一个谨慎周密的回应措施。员工会议提出了几个比菲利斯原初的想法要切实有效得多的建议。她在全系统的教务长和校长会议上分享了这些新想法。

在同一次会议上，每个校园都分享了数据和想法，每个校园的领导团队同意制定联合方案。校长们一起前往州高等教育委员会，提出一些被证明有效的方法来提高学生学业完成率，提供与学生保留率相关的更准确的数据，并把学生的动机考虑在内。他们提交了一个计划，其中包含可量化的目标和指标，准备实施的想法以及衡量完成率是否提高的建议和流程。州高等教育委员会的工作人员同意这个新方法，但要求制定更积极的目标。校长们有些犹豫，同意协商谈判（政治理论）。政治理论表明，校园领导人不应该采取强硬态度（这样可能会让立法人员产生反感），而应该妥协，特别是考虑到他们原来的计划已经取得了进展。校长们感到新计划比州政府最初提出的计划要好得多，但也对各自校园里提出的计划提出了更高的要求。因此，他们一旦回到学校，仍有工作要做。但是，由于他们进行了谈判，他们所处的位置比州政府最初提议将财政拨款与毕业率挂钩时要有利得多。

案例3：推行家庭友好政策

前面两例中我们关注的是两个处于权力地位的人，现在，我们把视线转向校园里三个自下而上的领导者，他们具有不同程度的能动性。我还将介绍一系列新的有趣的变革举措，说明为什么需要运用多元理论方法，以及如何使用这种方法来解决每个案例的核心问题。

杰夫是一所技术学院的教师，他对制定家庭友好政策感兴趣。多年来，杰夫目睹了许多教师，特别是科学界的女性，她们不得不在家庭和事业之间作出选择。该学院没有给予任何方式的扶持。他看到许多女同事因此沮丧地离开了教学岗位。他还目睹了许多有才华的女性工作人员因为生完孩子后不能够得到兼职工作的机会而离开。杰夫工作的技术学院有招收男性学生的传统，教师也以男性为主。虽然更多的女性学生在学院就读，一些女性教师被学院聘用并留了下来，但学院在很大程度上仍然是一个男性的领域。杰夫在校园任职多年，他有机会感受和理解许多阻碍女教师和女学生获得成功的规范和惯例。较早时期为支持女教师群体并使其多样化所做的一些努力遭遇人们的抵制和冷漠态度。但近年来，新的教师被聘用，他们来自新一代人，价值观略有不同。杰夫这次也许能够利用这些价值观来作出以前不可能或更难实现的改变。虽然杰夫作为一名教师没有正式的权力或权威，但他在校园工作多年，他能够发展出一个相当庞大的同事网络（见图8.4）。

变革类型

因为杰夫认识到这是一个转型或二级变革，他需要制定策略，帮助校园里的人们重新思考他们现有的尚未认识到的父权制价值体系。鉴于本例中的变革属于二级变革，要开展变革需要大量借鉴社会认知理论和文化理论。本次变革的内容很可能受到抵制，不仅因为当前的价值体系，而且因为该学院的历史以及当下缺乏支持性的结构和程序。已知的阻力表明，政治理论在变革过程中是很重要的。变革的层次集中在个人和组织层面，因此需要利用社会认知和科学管理理论。变革的重点是程序、结构和态度，

变革类型
- 变革内容：政治驱动，不大为人理解——需要意义建构
- 变革程度：二级
- 变革层次：学校，团体（教师）
- 变革重点：流程、结构和态度
- 变革来源：内部

添加分析

变革环境
- 经济和政治因素：业界要求教师多样化的压力
- 外部利益相关者：美国国家科学基金会（NSF）
- 校园状态：挑战组织价值观
- 校园文化：对待家庭友好政策的氛围从不支持转向较为重视，长期的性别歧视
- 能力和准备：一定程度的能力和准备

添加分析

能动性/领导力
- 自上而下与自下而上：不具备正式权威；在校园工作多年的经历和已经搭建的人际关系网络构成了能动性
- 集体领导：在行政管理人员、教师、职工之中建立集体领导
- 共同领导：教师和行政管理人员之间具有共同利益

综合确定方法

变革方法：仅总结主要理论
- 社会认知理论：系列演讲，公共发言，材料和文章，向女性成员学习
- 政治理论：工作组设联合组长，逐步改变，映射不同的利益
- 进化理论：借助 NSF 的支持和外部演讲者的力量

图 8.4　杰夫的变革方法

而且鉴于变革的重点范围比较广，将借鉴多种变革理论。本次变革的来源是该学院的一名教师，因此它起源于内部，但由于存在阻力，且阻力主要来自内部，政治理论将处于最前端，而不是进化理论。

变革环境

杰夫从他之前的努力中知道，本次变革将会非常困难，校园里有一些强大的阻力来源。这再次表明政治理论特别重要。但他已经花时间认识了校园里新入职的教师和工作人员，认为他们是他倡议的潜在支持者。虽然对变革倡议的组织层面的支持很少，但通过从进化理论的角度分析变革的环境，杰夫知道他可以利用更大的外部力量，例如美国国家科学基金会（National Science Foundation），来获得额外的支持。他还知道，要求STEM领域教师多样化的社会和政治压力越来越大，商业领袖也希望拥有更加多样化的员工队伍。但是，改变组织价值观，支持更有利于家庭的政策，这与高等教育的结构和程序背道而驰。制度理论认为，这种变革将因此而特别困难，需要推行深刻而彻底的变革战略。杰夫看到早前试图制定家庭友好政策的倡议都失败了，但他感到近来在招聘和领导层方面发生的变化可能会使学院在这个特定时间点为变革作好准备。基于这一评估结果，他有信心采取复杂的、承认这种类型的二级变革和解决多方面问题的战略，来推动变革。

领导力和能动性

虽然杰夫的能动性有限，没有正式的领导职位，但他建立了一个由同事组成的人际关系网，可以利用它创建集体领导过程。他同时意识到共同和集体领导对本次变革的必要性和潜力。幸运的是，杰夫与他的院长关系不错，和院长见面并讨论了他关于这项变革计划的一些想法。通过试探院长和其他有领导职位的人，加上得到了一些新进教师的支持，杰夫努力创造一个共同领导的环境，这对于创造深刻的变革尤为重要。

变革方法

与肯的案例一样，杰夫的变革举措需要一种多元变革理论方法，要借助本书提到的大多数理论提到的策略来分析。通过分析变革内容、环境、领导力及能动性，我阐述了杰夫如何借鉴多种理论来推进他的变革倡议。然而，鉴于本次变革是二级变革，杰夫想获得成功，须突出使用变革的认知理论和文化理论，它们是推动二级变革的最佳理论。需要注意的是，由于这种类型的变革的难度较大，除非杰夫已经构建了一个复杂的战略来解决政治、价值观和基础的制度假设等方面的问题，否则本次倡议可能会难以向前推进。

根据政治理论，杰夫在与院长会面之前和几位同事共进午餐，他认为这些同事会支持制定有利于家庭的政策。他问这些同事，如果他能够推动成立一个全校性的特别工作组，他们是否愿意加入。他还请求他们支持他启动一系列演讲来开始工作。与院长的会面进行得非常顺利，院长支持他与教务长一起建立一个特别工作组的想法。然而，通过运用意义建构理论和文化理论的知识，杰夫提醒院长，在建立更高级别的工作组之前，需要额外做好基础准备工作。所以他要求申请一小笔资金来启动系列演讲。校园成员首先要做好思想交锋的准备。杰夫对院长打趣道："我们开始要慢慢来，后面才能快步走。"

通过共进午餐，杰夫认识了几位学者和演讲者，他们是家庭友好政策方面的专家。他决定在下一学年赞助几位演讲者来到校园，讨论家庭友好政策的必要性以及创建家庭友好型校园的方法或模式。他邀请了有校园影响力的高水平科学家。杰夫认识到可能很少有人会参加这些活动，所以他利用教师会议和其他活动来宣传他组织的系列演讲，并请求行政人员在他们的会议中提到这些演讲活动（意义建构）。

在应用变革的文化理论时，杰夫认识到他需要改变校园的沟通、语言、价值观和思维等模式。他准备好一些信息，请领导者在他们的讲话中包含进去，从而引介并不断传播新的价值观。因此，即使教职员工不参加杰夫规划的活动，相同的观念也可以得到传播和利用，旧有的规范开始被改变。杰夫还认识到，如果本次变革被视为全国性变革的一部分，则更有可能获得支持，因此他和他的团队申请并获得国家科学基金会 ADVANCE 项目资助。ADVANCE 是美国国家科学基金会的一项计划，旨在让更多的女性和未被充分代表的少数民族进入科学、技术、工程和数学领域。通过利用来自国家组织的有影响力的外部杠杆，杰夫运用进化理论的原则来说服其他人支持变革。在变革的文化理论和进化理论指导下，他认识到，像他所在的这样铁板一块的校园，需要外部力量施压来产生动力。

在成功启动系列演讲并通过 ADVANCE 资助获得新的关注后，杰夫决定与教务长会面，讨论创建全校性的工作组。他感到现在的阻力小了一些，因为人们对变革的必要性有了更好的了解。教务长指派一名级别较高的教师担任杰夫工作组的联合组长，他以前对实施家庭友好政策相当抵触，但最近改变了想法。教务长确保将支持者安排到工作组，但也包括几名持反对意见或提出关键性疑问的人士。教务长和杰夫都认识到，他们需要承认不同的利益群体，并在整个过程中尊重他们，这样人们就不会觉得自己被排斥或被击败了。这种回应方式表明了对校园政治的关注，借鉴了政治理论。

然而，杰夫意识到，一个由存在利益分歧的成员组成的特别工作组可能会陷入冲突。因此，他在召开工作组全体会议之前与每个成员见面，要求他们保持开放的心态并支持这一进程（政治理论）。此外，他为小组安排了一次静修活动，这样他们就可以在第一次会议时把大量时间用在讨论问题上，而不是开一次表面会议，却没有建立共识或共同的目标。正如前面关于意义建构和组织学习的章节（第五章）所述，共享认知对于推进变革至关重要（社会认知理论）。杰夫还提供了许多关于家庭友好政策的材料，努力使每个人尽量达成共识。所有这些意义建构的努力都是杰夫改变校园规范和价值观战略的有意为之的一部分。在接下来的一年里，杰夫继续关注意义建构、沟通和如何影响思维方式的转变，直到他觉得校园行政人员、教职员工已经对这个问题有了认识，有途径制定家庭友好型政策来满足这所校园里的需求（社会认知理论）。半年后的一次重要会议上，杰夫决定是时候开始讨论该计划的实施了，他以前曾努力放慢节奏，现在他可以判断特别工作组的建议得到了足够多的支持。

校园里关于ADVANCE项目资助的谈论为整个校园更广泛地讨论支持女性和少数民族问题提供了一个很好的途径。认知理论证明了在变革过程中持续学习的重要性。通过工作组的会议和商议，甚至连杰夫和其他几位工作组成员的观点也被提出的见解和想法所改变。杰夫开始意识到，他实际上过于强调了家庭友好政策的潜在影响力。例如，通过和特别工作组中的妇女交谈使他意识到，这些政策只会部分地改善问题，还需要解决许多其他做法和政策，例如招生和招聘过程偏向白人男性候选人，校园社交和辅导的机会往往将女性排除在外，以及过度依赖女性在委员会和学生咨询中提供的服务。工作组中的女同事带来了关于这些问题的研究和数据，扩大了讨论范围，帮助正确诊断当前问题的真正性质。虽然家庭友好政策肯定有助于解决一些阻碍妇女取得成功的问题，但杰夫之前并未意识到存在许多其他问题，这些问题在工作组制定实施计划时需要考虑到。这里描述的工作组的工作程序证明了个人和组织学习的重要性，这也是另一个重要的变革理论。

杰夫现在可以进一步与工作组一起分析支持家庭友好型政策的校园结

构、流程、人力资源和符号，制定变革计划（文化理论和科学管理理论）。按照 ADVANCE 项目和工作组女性成员提出的最佳原则，变革实施计划包括为系主任举办关于招生、招聘和产假等问题的培训课程，因为这些问题通常在系一级进行。这些流程和结构反映了变革科学管理理论中指出的变革关键。计划还包括一项由教务长办公室资助的辅导项目。在许多学校，人们发现女性并不响应家庭友好型政策，因为担心这会影响她们获得终身教职和晋升。因此，建议校园领导者公开支持新政策，以使系主任和教职员工了解并利用这些政策。虽然变革计划包括其他一些手段，但实施方法是多方面的，不仅要借鉴诸如重组、培训和提供支持等思想，还需关注符号和语言（科学管理和文化理论）。接下来我举一个学生事务的例子，它展示了学校工作人员是如何创造变革的。

案例 4：利用社交媒体覆盖多元化学生群体

赫克托是新入职的学生事务专职人员。有些被孤立的学生可能难以找到认同自己的人际关系网，社交媒体也许可以帮助他们联络起来——赫克托硕士研究生在读期间，对上述研究非常感兴趣。虽然他最初的兴趣主要集中在跨性别学生身上，但现在他开始考虑其他群体，比如退伍军人学生群体，这个群体在校园里的人数越来越多，但其成员有时会发现校园的服务和支持功能并不是为了更好地为他们服务而设计的。为了更好地支持那些可能与校园脱节的学生，使用社交媒体来创建基层组织，只需数量不大的投资，并且通常比其他类型的计划或服务见效快。此外，一些学生被污名化，赫克托的研究表明，通过社交媒体让这些学生与他人建立联系将使他们更舒适地与他人交往，并增加他们使用已有服务的可能性。

就读硕士研究生期间，赫克托与一位学生事务方面的杰出学者合作，努力建立一个可以通过社交媒体来加强服务和各种项目的模型。他甚至制定了一个组织计划，利用志愿者来担任社交媒体项目的工作人员。他的创新理念和工作荣获了一个由学生事务组织颁发的奖项。一般来说，学生事务组织广泛使用社交媒体来吸引和联系学生。赫克托的导师鼓励他，认为这是一项重要的创新，并希望他进入职场之后继续这项工作。赫克托目前在城区一家大型的授予硕士学位的公立综合性院校工作。他的主管们通常支持外展任务，支持满足日益多样化和不断变化的学生群体的需求。然而，赫克托经常听到行政管理人员说，他们担心预算削减，因此现在无法关心其他事情。许多长期任职的工作人员都在谈论这些领导者过去曾在工作中颇具创新精神，在校园里创造各种变革，例如建立学生通勤中心，多元文化中心和社区外展服务项目。然而，此时此刻这些回忆似乎只是怀旧而已；很少有工作人员认为在当下财政日益困难时期，可以完成同样类型的变革。赫克托解释说他的想法几乎不怎么花学校的钱，但工作人员总是告诉他，要引起任何人的注意会有多么困难，即使是那些几乎不花钱的想法。同事们感到丧失了信心，他们向他描述要让行政部门的管理人员允许技术人员与赫克托合作更新学校现有的一些社交媒体网站和技术，实施他的想法，将是多么困难。此外，工作人员指出，校园在社交媒体方面的技术实力有限，基础设施都不能到位。创新和质量改进的环境似乎是一潭死水。然而，赫克托的主管们在国家学生事务组织中非常活跃，所以他想知道是否有可能影响他们。

起初，赫克托认为他的重点只需要放在社交媒体项目上，但当他与其他工作人员交谈时，他开始提出一个更大的议程，包括在因预算削减而瘫痪的校园中重振创新精神。但是，一个刚刚开始职业生涯的新人能实现如此崇高的目标吗？请参见图 8.5。

变革类型

本次变革的内容与大学的使命相一致，可能很少会出现政治方面的问题。赫克托所在的大学已经表达过要努力满足日益多样化的学生群体的需求。既然人们已经了解支持来自不同背景的学生的重要性，并且变革并不在现有价值体系之外发生，本次变革是机构内部的一级变革。因为是一级变革，变革过程可能会借鉴科学管理理论的方法。校园已经在使用一些社交媒体，尽管只是浅尝辄止。赫克托提出的变革涉及与他所在单位（例如小组层面）的人员合作，但也涉及与为校园技术基础设施提供资金和监督的更广泛的行政部门合作。鉴于预算限制和难以引起领导者的注意，赫克托必须在整个更广泛的组织层面上工作，这使得本次变革比社交媒体在各

变革类型
- 变革内容：非政治驱动，没有价值观或认知不协调
- 变革程度：一级
- 变革层次：学校，团体（教师）
- 变革重点：流程，结构
- 变革来源：内部

添加分析

变革环境
- 经济和政治因素：经济衰退引起预算紧张和变革缺乏动力
- 外部利益相关者：州立法机构，全国性的学生事务组织
- 校园状态：不挑战组织价值观
- 校园文化：长期以来是学生事务方面的创新者和领导者；目前由于预算限制，环境不利于变革
- 能力和准备：有限的能力和准备

添加分析

能动性/领导力
- 自上而下或自下而上：作为新入职人员能动性有限；无正式权威，因此是自下而上；研究生导师有一定地位
- 集体领导：和技术人员和行政管理人员建立关系；目前无集体领导
- 共同领导：目前，技术人员、学生事务工作人员和行政管理人员没有共同利益

综合确定方法

变革方法：仅总结主要理论
- 政治理论：和具有权威的导师建立关系，和行政管理人员一起形成影响力，和技术人员发展共同的兴趣
- 科学管理理论：检查校园的技术基础设施，联合技术人员、学生事务工作人员一起做规划

图 8.5 赫克托的变革方法

个部门之间被分散可能更有挑战性。根据进化理论，赫克托将很难为他的议程项目建立优先级；进化理论还表明，预算将会把学校领导人压垮，这似乎已经是发生的事实。变革涉及多个层次，使其进程有点复杂化。变革重点主要放在流程和结构而不是态度上，这一点再次表明变革的科学管理理论方法是适当的。

如果赫克托决定在僵化的校园文化中进行更广泛的变革而非创新，那么他进行的更有可能是二级变革，因为他将试图改变人们的基础价值观。但出于本案例的目的，我们主要把赫克托的社交媒体计划作为一级变革来处理。

变革环境

对于赫克托来说，变革类型的问题比变革环境的问题要小一些。以经费减少为特点的更广泛的政治环境打破了校园里的平衡，提供高质量的课程和支持比过去更加困难。进化理论表明，除非这个校园的领导层能够为学校阻挡外部挑战的冲击，否则一种日趋消沉的文化将在校园里扎下根。然而，这所学校的历史及其更悠久的校园文化，向来都标榜创新和领导者对变革的支持，这表明可以挖掘和利用价值体系（文化理论）。此外，学生事务负责人一直积极参与的国家层面的学生事务组织，不仅影响了学生事务的发展趋势，而且往往处于实践的最前沿。赫克托还可以向外部利益相关者，例如某个国家学生事务组织，寻求对整合社交媒体的支持（进化理论）。这种环境意味着情况十分复杂；如果赫克托能够有效地继承学校传统并努力创新，使教职员工重新加入更广泛的全国性讨论，他也许能够将他们从进化的阻力方面——特别是预算削减——的恶性循环中拉出来。

领导力和能动性

不要忘了赫克托是一位新入职的专业人员，因此他在机构内部的能动性非常有限。然而，他就读硕士研究生期间与一位学生事务方面的杰出学者建立的联系，以及他具有的创新思维使他在某个国家学生事务组织获得的颇有分量的奖项，都给他提供了一些优势和能动性。但是赫克托是新人，而且他的同事们似乎对他的计划不感兴趣，他可能很难建立更多的集体领导力。最好的机会是他尝试与校园里其他一些了解并尊重他的研究生导师的负责学生事务的领导者合作。鉴于他自下而上的定位，他应该使用政治理论的策略来推进他的想法。

变革方法

赫克托的变革方法主要依靠政治理论和科学管理理论的方法。不过，变革环境中的许多重大限制和变化将使文化理论在整个变革过程中尤为重要。鉴于他在校园里的有限能动性，赫克托决定联系他以前的研究生导师，咨询如何影响负责学生事务的副校长和院长（政治理论）。他的导师同意与他们联系，跟他们谈谈他在研究生院时做的创新工作，让他们了解他曾获得的奖项。虽然这些事情有一些已经在聘用过程中谈到过，但不清楚是否有人真正考虑过赫克托所做的关于社交媒体工作的潜力，以及它如何改善校园状况。他的导师建议请负责学生事务的领导参加一个全国学生事务会议，走进议题为"社交媒体问题及其在城区院校中满足不同学生需求的潜力"的分会场。他的导师指出，她还会诉诸他们学校富于创新的历史，以及他们帮助被边缘化的学生的使命和承诺（文化理论）。所有这些可能要做的事情都让赫克托感到振奋。

在等待导师回复的同时，赫克托认识到他还必须探索并着手解决社交媒体的专业技术和基础设施有限的问题（科学管理理论）。他决定利用他的政治活动技能，带几位技术办公室的工作人员出去吃午饭，名义上是与他们分享他关于社交媒体的一些意见，但更多的只是与他们建立联系，沟通相似的兴趣和想法（政治理论）。他还通过介绍他的新社交媒体思想来帮助拓展他们的思维（社会认知理论）。他没有提到他想在学校里推进这些想法，但设法判断他们是否有兴趣建设社交媒体的基础设施。他还想进一步与他们发展关系，所以如果以后学生事务管理人员决定接受他的想法，他可能会去拜访他们。

他收到了导师的回复，导师告诉他，负责学生事务的领导已同意参会。她还提到，她把赫克托的名字推荐给他们，他们准备会议发言时可以找赫克托，她还向他们暗示她会让赫克托继续跟他们联系。赫克托联系了那两位领导，但没有收到他们的回复。他开始感到沮丧。他再次给他的研究生导师发了电子邮件；此时离他最初发电子邮件已经过去了将近一个月，他不知道他还要联系他们多少次。导师建议他联系他们的行政助理，通过行政助理安排一次会议。行政助理立即回复了赫克托，告诉他一些可能的会面日期和时间。赫克托之前不知道高级行政人员有多忙，他们通常不亲自管理日程安排或回复电子邮件，尤其是在规模这么大的学校（文化理论）。到目前为止，赫克托唯一的工作经验发生在规模较小的人文学院里，该学院的人甚至是高级行政人员都会非常迅速地反馈。即使是校园文化中相当小的细节——比如如何安排见面——也可能影响变革过程的进展。赫克托在没有得到领导回复时几乎要放弃变革了（文化理论）。

与领导会面的几天前，赫克托和他的导师谈了谈，问她是否应该向领导呈交有关新社交媒体计划的提案。赫克托指出，他不确定自己是否还会有机会与领导们见面。她建议他不要老想着呈交提案，而应专心帮助他们准备会议发言。她说，如果出于某种原因，气氛还不错，提交一份提案并准备讨论是可以的，但她警告他这可能不是一个好主意。她指出，"你需要先认识他们，让他们认为你能够做贡献。"她建议，就他们曾受到全国关注的一些早期项目咨询问题可能是一个好主意，让他们重新意识到这些创新行动。赫克托与导师不断地讨论，是证明政治领导对变革作用的很好例证。通过和导师互动，他搞清楚了权力结构，获得了影响力，深入了解利益相关者的利益，并获得了更多的权力。

他与学生事务副校长和院长会面的这一天到了。赫克托为他们的发言提供了一些思路，大家一起头脑风暴。他发现领导们参与讨论时非常投入和兴奋，事实上，他们比他预期的要兴奋得多。借此机会，他询问他们以前的举措，例如他们的社区服务工作和学生通勤中心，在指出跨性别和退伍军人等学生群体面临的挑战之后询问他们是否打算在未来进行变革的想法。两位领导刚开始看起来都有些沮丧，显然他们想起了预算方面存在的困难。赫克托把他们正在准备的发言和校园其他变革的可能性联系起来，这些变革几乎不会花费多少费用。

领导们脑海里灵光一现，他们建议另外再安排一次会议，来更加深入地讨论这个特殊问题。在第二次会议上，赫克托呈交了他的提案。领导们表示对赫克托的想法予以认可，赫克托问他们是否可以通过技术办公室支持并实施他的想法。他们热情地答应并联系业务部门，帮助支持他的计划。他提出了一些需要解决的基本基础设施和专业技术方面的问题，这里他用到了他早期检查校园基础设施的结果（科学管理理论）。他们要求他把一些需要或建议的变革写下来，提交给学生事务工作人员和在业务部门的联席会议上讨论，并为技术中心办公室的规划提供信息（科学管理理论）。这些办公室联席会议召开的结果是发动一次范围更广的会议，在全校范围讨论对社交媒体的支持。赫克托还受邀参加一系列会议，为即将出台的社交媒体战略计划提供意见和思路。所有这些都发生在下一学年。变化不是在一夜之间发生的；一年过去了，他仍然还处于获得批准和解决基础设施来执行计划的阶段。然而，一年前，他根本无法想象会发生任何变化。赫克托还学到了多元理论变革方法的价值。如果他只关注技术基础设施，这是他一开始的主要关注点，他就会错过使用政治策略来改变校园优先级和兴趣的机会，而这些对于他的变革至关重要。

案例 5：推广以过程为导向的引导式探究学习

我们下面来看本章的最后一个例子。在这个例子当中，西尔维娅是一名教师，正在和一个院校联盟合作进行课程改革。

作为化学专业助理教授，西尔维娅目前的兴趣是与同属文理学院联盟的几所院校合作，将以过程为导向的引导式探究学习引入到理科专业的课程设置中。她参加了几次全国性的以过程为导向的引导式探究学习的教师培训项目，并且加入了一个名为以过程为导向的引导式探究学习的全国性网络（Process-oriented Guided Inquiry Learning，POGIL）。通过 POGIL，她结识了来自和她的学校同属文理学院联盟的其他几所学校的教师。在她自己的学校里，很少有教师使用以过程为导向的引导式探究学习，但西尔维娅注意到，它在化学教学中越来越受欢迎，是她最近参加的几次专业会议的主题。目前学校里有一位新校长，他正在促进服务式学习和公民参与，而西尔维娅对此知之甚少。但她确实清楚，许多的课程改革教师们并没有接受，而且对新校长有一些抱怨。人们流传着服务式学习只不过是流行一时的笑话。多年来，领导层发生了巨大的更迭，这使得在过去的 20 年里，校园里很难进行创新。此外，教师们多年来一直非常抵制由行政管理人员实施的自上而下的变革。西尔维娅想知道，如果她尝试提出基于过程的引导式探究学习，是否会遇到与推行服务式学习同样的反应。她有一位同事，来自文理学院联盟另一所学校，离她的学校很近。这位同事也对基于过程的引导式探究学习感兴趣，并且也是 POGIL 网络的成员，他们见面并一起讨论了这个问题。在她与这位同事及其他人讨论时，她发现在其他校园里，基于过程的引导式学习被当作一种基本教学方法。虽然它不同于讲课，但并不被认为是一种更激进的教学法，因为它还有服务式学习的特点。参见图 8.6。

变革类型
- 变革内容：表面上非政治驱动，存在一些不和谐的价值观
- 变革程度：一级
- 变革层次：主要是个人和团体，也包括学校
- 变革重点：流程，结构，态度
- 变革来源：内部，外部（学院联盟和国家级组织，如NSF）

添加分析

变革环境
- 经济和政治因素：国家级组织（如NSF）的支持，私营企业希望招收能力强的理工科毕业生
- 外部利益相关者：学院联盟，NSF，专业协会，基金会
- 校园状态：不挑战组织价值观
- 校园文化：新校长，领导层更迭，缺乏创新的稳定环境，对课程改革的批评
- 能力和准备：有限的能力和准备

添加分析

能动性/领导力
- 自上而下或自下而上：作为助理教授能动性有限，无正式权威
- 集体领导：学院联盟
- 共同领导：目前，管理人员和教师之间有共同利益

变革方法：仅总结主要理论
- 社会认知理论：研讨会，持续的专业发展，不断通过小组会议实现意义建构
- 政治理论：工程师和系主任提供支持，利用来自学院联盟的支持
- 进化理论：援引NSF、学院联盟和专业协会的外部支持
- 科学管理理论：设立激励措施

图 8.6　西尔维娅的变革方法

变革类型

对于西尔维娅来说,引入以过程为导向的引导式探究学习可能不会像服务式学习那样在理学院中引起那么多的政治恐慌。美国国家科学基金会已经资助了许多基于问题的学习项目,POGIL 是一个在全国范围内受到良好支持的大型网络。从这个全国性网络中可以发掘很多变革的合法性(进化理论)。和服务式学习不一样的是,探究式学习中不包含道德方面的要素(前者往往触发理学院教师的关注)。变革的范围更多是一级变革,要求人们重新思考教学策略,使其更加具有探究性和主动性。虽然在一些校园里,这可能是二级变革,但在一所小型文理学院,许多教师都使用主动学习策略,探究式学习不是一种全新的教学理念,而只是类型不同而已。然而,本次变革的重点范围比较广泛,因为它要求人们重新考虑校园里的教室和资源,以支持这种类型的学习和教师培训。因此,重点范围比较广泛,涉及更改各种流程和校园系统。本次变革来自内部和外部,学院联盟提供了外部支持。变革的层次更直接地集中在个人身上,但也需要组织层面上的一些变革,以支持个人的教学改革。因此,既需要科学管理策略(针对组织层面),还需要旨在带来个人层面思维变革的社会认知策略。

变革环境

西尔维娅运用与校园文化相关的文化理论来评估校园的情况,她要考虑的一个重要的环境特征是学校的新校长以及领导层的持续更替,这使得变革和创新难以得到支持。校园环境的历史特点不是很鲜明,而且没有创新精神;校园相当保守。由于这些年来几乎没有什么变革,西尔维娅甚至很难确定与变革有关的校园文化。还有一点也很重要,她要考虑到自己并不清楚校园里的教职人员对这种新型教学的看法以及他们是否会支持。鉴于他们不怎么支持新校长所倡导的服务式学习,有理由相信教师们可能会抵制。然而,同样要认识到,之所以出现阻力往往是因为变革是自上而下实施的。在规模小的学校里,自下而上的变革更容易被接受。西尔维娅的变革倡议是自下而上的,所以她意识到她的倡议可能不会遇到同样的阻力。然而,她明白,缺乏稳定的领导层可能会使这种新教学形式的实施和维持变得困难。她想知道,在领导层不稳定的条件下,她将如何获得学院对课堂变革或资源上的支持。

组织层面上似乎没有为变革作好准备,因此西尔维娅需要努力争取支持变革的态度、结构和流程。然而，所提倡的变革与传统的高等教育价值观相一致，因此不太可能遭遇巨大的阻力。需要注意的是，大环境支持她的变革计划（通过文理学院联盟），重要的外部利益相关者，如国家科学基金会、专业协会和其他区域联盟，都支持并正在推进这一变革。进化理论和制度理论表明，得到这些外部利益相关者对这种类型变革的支持，将使西尔维娅实施她倡导的变革成为可能。

领导力和能动性

作为一名助理教授，西尔维娅需要小心，注意变革的幅度不要太大或被认为太远离主流。她在校园里的人脉也非常有限，因为她入职时间不长。她还不清楚可以依靠谁，或者谁有影响力。她想在整个学院联盟开展工作的目标有些大，但该计划也减轻了一些政治压力，因为她是在和一些具有很大能动性和影响力的人共事。学院联盟不仅提供了集体领导，还给她的工作提供了能动性。她不是孤立或单干的，学院联盟给了她合法性。此外，如前所述，各种不同的外部组织为她提供了支持（进化理论）。她用政治理论来评估自己的能动性，并注意到几位非常资深的全职教授是学院联盟规划小组的成员。这给了她一些特别的支持，意味着她应当考虑推动本次变革。

变革方法

西尔维娅的变革要求她在某种程度上要使用到大部分的理论，但她的策略主要借鉴了社会认知理论，因为她正努力在教学实践中创造个人层面的变革，她还借鉴了进化理论、政治理论和科学管理理论来说服人们，为变革提供根本依据。

虽然一开始西尔维娅不确定该如何取得进展，但她参加过由POGIL网络主办的关于领导力和变革理论的会议，这为她提供了如何取得进展的思路。上面的分析表明，进化理论可以为她的变革提供支持。虽然她的校园比较保守，但她正在推动的变革得到了许多强大的外部组织的支持。她还认识到，由于这是教学实践的根本性改变，因此需要借助社会认知理论的方法来进行变革，这将是本次变革的主要重点。她还需要获得基础设施和激励措施，来支持采取新教学方法的教师，因此科学管理理论将非常重要。虽然西尔维娅使用了政治理论和文化理论中的一些思路，但它们并不是重点。当然，她还是意识到了它们，即使它们不是最重要的。

运用进化理论，西尔维娅利用她联系的外部团体来支持她的变革，包括 NSF、专业协会、POGIL 和学院联盟。她需要利用这些网络加强能动性和集体领导力。同时，她与学院联盟里资深同事的谈话让她意识到，尽管校园里很少有人对她推行的变革感兴趣，但是由于得到较多的外部支持，她所推行的改革在校园里受到的争议可能比预期要小，不会像校长推动的服务式学习那样只是流行一时。她试着和校园里的几位教师交谈，告知她最近与学院联盟以及 POGIL 的合作。她还描述了她所在的专业协会发生的变革，为她的同事们提供了一个更有力的证明，说明为什么他们要关注这种教学法（进化理论和制度理论）。西尔维娅发现她的同事们很感兴趣。事实上，他们欣赏她这种以研究为基础改进教学的抱负。西尔维娅给她的同事们提供了 POGIL 的链接和介绍一些国家科学基金会赞助的以过程为导向的引导式探究学习项目的资源，其中一些人随后访问了 POGIL 网站。通过利用这些外部团体取得的合法性，她立即获得了支持。

西尔维娅注意到学院联盟将要提供教师培训的机会，她问教师们是否感兴趣参加。有几个人表示他们愿意参加，希望学习到更多的东西（社会认知理论）。西尔维娅受到了鼓舞。通过文化理论的视角，西尔维娅关注到校园文化，明白教师们对行政管理人员推行的变革的担忧，她提醒她的同事，学院联盟是由教师领导的。学院联盟的声誉及其项目主要由教师而不是行政管理人员推动这一事实，使得西尔维娅所在学校的教师更愿意支持本次变革。

西尔维娅加入了学院联盟的规划团队，帮助建立教师培训项目。但是，从她过去参加的以过程为导向的引导式探究学习全国性教师培训项目的经验来看，一直有个问题困扰着她。以过程为导向的引导式探究学习仅凭听说是不够的，还需要看到它的模型，而且通常是不同的专业的模型。社会认知理论提醒变革推动者，学习对于更深刻地理解变革是必要的，特别是在进行根本性教学实践改革时。她建议学院联盟应该创建课程模块，并录制下来，这样一来教师们可以通过教师培训来学习教学技巧，并方便再各个校园之间共享。教师培训项目即将开始之际，她给之前见面的教师们发送了一封电子邮件，询问他们是否愿意参加并鼓励他们的同事也参加。通过这一举措，西尔维娅邀请来自许多不同专业的 18 名教师参加了第一次教师培训研讨会。到目前为止，这比参加联盟中其他院校的任何研讨会的教师人数都多，因此她看到她先前的辛苦工作正在见到成效。

会议结束后，她会见了几位系主任，报告了教师培训项目的情况，询问他们是否会鼓励其他教师采用新的教学法。她之前没有专门与系主任见过面，因为她不希望教师们觉得他们是被迫支持变革（政治理论），但是系主任也许能够提供可以继续有效支持变革的课程减免或激励措施（科学管理理论）。颁布激励措施是鼓励创新实践的有力的科学管理办法。系主任们为教师开出了暑期工资，鼓励他们在某个课程中尝试这种教学法。有 10 位教师决定引入这种教学法并获得暑期津贴。

西尔维娅为采用新教学法的教师成立了一个校园支持小组，该小组每学期举行两次会议，讨论新出现的问题并集中小组的力量解决问题。根据她所熟知的社会认知理论，她认识到一次培训不足以让人们真正改变他们的做法，他们需要不间断的支持。那 10 位在暑期引入新教学法的教师参加了小组，但其他感兴趣的教师也开始加入。到第一年年底，支持小组中有 19 名成员。第二年，当学院联盟开办另一期培训课程时，又有 12 名教师参加培训并加入校园支持小组。按照这个速度，在四年内，大多数理科专业教师将使用新教学法。她为此感到振奋，因为人数比她开始时所希望的要多。

通过学院联盟，西尔维娅继续与规划小组合作，规划小组在一些校园看到了成果，但不是全部校园。规划小组开始讨论变革过程如何在不同的校园中兴起，以试图确定帮助其他校园推进变革的方法。例如，在一所学校里，资源受到严重限制，因此不可能提供任何激励措施，甚至无法提供资金参加学院联盟的培训。因此，他们正在考虑提供在线培训项目，用来支持这所学校和其他学校。西尔维娅认识到思考变革的类型、外部支持力量，仔细了解校园的制度文化，是朝着正确方向迈出的一步。

伦理规范和我们的变革举措

在本章结束时，有必要思考第二章所阐述的伦理规范如何适用于以上案例。让我们以在沙特阿拉伯成立分校的肯和想引入家庭友好政策的杰夫为例。在这些案例中，我们可以来探讨第二章中阐述的几项原则，包括变革代表谁的利益，他们遵循了怎样的伦理规范，面对阻力如何处理，以及对伦理问题的开放程度。

当肯提议在沙特阿拉伯建立分校时，满足了谁的利益？我们知道，他认为为了保持创新性国际商科课程的竞争力，采取这一行动很重要。我们还知道，他的项目顺应让他的学校立于国际教育最前沿这一呼声。然而，我们不知道沙特阿拉伯是否有学生对此类课程有强烈需求，这种课程是否有助于实现这个国家教育系统的目标，我们也不知道聘请教师的成本是多少，或者学校可能会错过的其他机会。可能需要更全面地核查是谁的利益得到了满足，特别是当肯的倡议遇到了很大的阻力时。人文学科的教师一直担心沙特阿拉伯的人权问题，立法机构担心钱花在了国际学生身上，校友们的支持不足。处理这些不同形式的阻力没有从伦理角度出发，只是从方便和如何减轻阻力的角度出发。

尽管存在巨大阻力，但肯并没有考虑他的计划是否存在问题。虽然他邀请人文学科教师加入工作组，但尚不清楚他是否会合理地倾听他们所关心的事情。同时，他准备与州政府协商，但似乎不考虑他们对州政府拨款被用来资助国际学生的担忧。他根本没有关心校友的担忧，因为他觉得学校管理部门不会被他们说服，所以他不觉得有必要试着理解他们的抵制。此外，肯没有进行二级变革，因此如此强度的阻力应该是一个危险信号，意味着他应当花更多的时间关注阻力问题，思考是否有伦理基础。肯几乎没有关心潜在的伦理困境。

就过程而言，肯与表示抵制的利益相关者有广泛接触，学校管理部门对利益相关者的抵制感到担忧，但也没有采取任何行动与他们接触。肯提供了美国国际商学院联合会（AACSB）的数据和研究结果并发起信息共享，但他只是提供支持这一决定和方向的信息。他没有对潜在的消极因素进行自我分析，也没有与他人就该变革倡议的利弊进行对话。[1] 从来没有用数据或通过讨论直面教师们提出的道德要求或立法机构提出的成本问题。同时，下一步行动针对的是单向的而不是双向的沟通。没有意识到教师或立法者所担忧的问题的利益相关者不会从肯那里获得有关这些问题的信息。换句话说，肯并没有认识到不同群体的利益及其与本次变革相关性。

他的行动没有体现出变革型领导力，这种领导力的特点是能够双向沟通，创造有利于大众利益的共同愿景，关心和支持校园利益相关者。肯的变革倡议似乎违反了分配公平的原则，因为他的提案不能满足大多数利益相关者的利益（尽管目前很难作出明确决定）。他不是公然违反程序公平的人，因为他没有以不诚实或不公平的方式行事。他单方面地试图推动自己的议程，使他无法以更符合伦理规范的方式行事。我们无法了解他是如何与校园里的人交流的，因此很难知晓他在互动公平方面的水准，但缺乏双向沟通和只关注他自己的愿景表明互动公平是缺乏的。肯的行动表明他的变革计划没有意识到伦理的维度，也没有表明他有兴趣使变革过程符合伦理规范。事实上，所有这些努力都表明，肯可能正在进入一个伦理上越来越危险的境地。

现在让我们来看看杰夫的家庭友好政策倡议（第八章）。首先，杰夫对这个话题的兴趣不是出自任何个人或自私的利益。它与他的职业发展无关，反而是出于观察到社区中的其他人面临的不平等现象。因此，他的变革计划本身是基于更广泛的关切。然而，杰夫并没有在问题出现时找女性成员讨论他的想法。正如他在变革后期发现的那样，她们有重要且有价值的意见，可以帮助他将变革计划从关注家庭友好型政策转变为关注其他问题，如招聘过程、接受辅导、委员会工作等。如果从利益相关者那里得到更多意见，他本可以从一开始就能制定更广泛的变革计划。虽然这并不一定代表违反了伦理规范，但他的变革所代表的利益比理想中的要狭隘，这表明了从自己的观察出发的局限性。但他选择的变革计划本身是符合伦理规范的。

杰夫是一个高明的变革推动者，他预计会遇到阻力，特别是由于这是二级变革，会触及人们的身份认同感和机构运行的基本假设。在本例中，这所学院一般不支持家庭和平衡的工作环境。杰夫考虑到了谁有可能对变革倡议带抵触情绪，亲身目睹了以前的家庭友好倡议遭到的抵制。他能够理解这种抵制出自性别歧视和那些拥有长期权力的人的恐惧，即害怕变革将重塑规范，并威胁到他们的现状。然而，杰夫可以借鉴 Rawls 的研究来捍卫支持边缘化群体的变革，即使是以牺牲拥有权力的群体为代价。杰夫还做了评估，认识到如果实施这一变革，校园里的男性教师不会真正遭受痛苦或失败。但是，他没有往前推进变革，而是决定有必要为校园的长期成员提供一个机会来熟悉这个新的价值体系。因此，他花了一年时间引进演讲者，试图教育他的男性同事，让他们更能接受这个想法。虽然他承认其中许多人可能永远不会被说服，但他认为，更广泛的信息共享和全面公开的变革对其最终被接受非常重要。许多来到校园的演讲者不仅描述了家庭友好政策的好处，还描述了他们在制定这些政策时遇到的一些问题。例如，一位演讲者谈到他所在的学校虽然制定了这些政策，但没有人去使用它们，因为担心会影响他们成功获得终身教职和得到晋升。

组建的工作小组中包括几位抵制或一直质疑家庭友好倡议的人士。但是，杰夫和教务长都认识到需要承认学校的利益相关者，尊重他们作为变革过程的一部分。因此，这说明了杰夫利用广泛的利益相关者的方法，即在工作组中加入抵制变革的人士，并通过系列演讲，使人们在变革计划实施之前进行对话和讨论。许多人都感到他们有机会在变革计划完全实施之前考虑和影响到它。杰夫还为持续对话提供了机会，以确保伦理方面的问题被提出来。他不仅发起了系列演讲，和工作组的个别及全体人员进行谈话，还放缓了工作组的组建速度和实施变革的过程。持续对话进行了三年，扩大了变革计划的范围，确保问题和关切得到解决。同时，多年来通过与女性教师建立关系和对她们的支持，杰夫建立了信任。他与行政部门以及他的教师同事建立了良好关系，因此他们有可能出于信任开始与他互动。在整个变革过程中，他不断地以开放的沟通方式建立信任。

杰夫还展示了变革领导力，因为他的沟通是双向的，他听取了工作组中女性成员关于需要作出更多重要变革而不仅仅是家庭友好型政策的建议，扩大了变革的范围。他帮助激发和创造了一个共同愿景，它是由全校人士献策建言而不是孤立创造的。他通过系列演讲、专业发展以及全程听取各方包括工作组的观点，帮助促进校园其他人发展。在整个过程中，他巩固加强了合作和个人自我发展。

杰夫的计划带来了分配公平，因为校园的大多数人的利益没有受到任何形式的损失，而且一个曾经被边缘化的团体能够以更公正公平的方式被对待。他从事的许多活动反映了程序正义，因为他的行为正直，诚实，精准。例如，杰夫没有过度推销家庭友好政策，他邀请的演讲者谈到了这些政策的利弊。他还通过双向沟通表达了互动公平：他花时间与不同人士见面和谈话，对批评持开放态度，而且通过为期一年的预先规划向人们提供有关变革倡议的全部依据和信息。最后，杰夫的变革计划和过程代表了一种基于伦理规范的方法。

小结

通过上述一些示例，我说明了当变革推动者借鉴经过验证的策略以及理论研究得出的建议，并掌握变革的宏观框架时，变革——即使是棘手的变革——是怎样发生的过程。我展示了变革推动者如何仔细识别变革的类型、变革发生的环境，分析他们自己的能动性，从而制定一种基于第三章所介绍理论的变革方法。

本章的目的在于展示如何运用前面几章综述的变革理论和框架来分析和制定一种多元的变革方法，包括如何在变革中考虑伦理规范方面的问题。然而，最终目标不是让变革推动者综述理论和把框架应用于各种情况的过程表述出来，而是变革推动者在对这些理论和框架的使用过程中，慢慢地把它们内化到自己的知识库里，最后能够毫不费力地使用。

第三部分
当前变革推动者面临的挑战

本书的这一部分将讨论我们这个时代面临的两个重要挑战——变革的障碍和在整个行业中扩展变革。读到这里你也许会有疑问，为什么还没有章节像其他关于变革的文本里常见的那样，讨论变革的障碍或阻力。变革推动者发现，阻力和障碍反映的是对变革类型、环境或策略的错误诊断。如果更细致地了解这些问题，阻力或障碍出现的可能性就会减少。换句话说，障碍和阻力通常是错误方法的副产品。然而，即使采用良好的设计方法，也需要不断分析和评估变革，以发现可能出现的新问题。第九章将综述变革过程展开时遇到典型的阻力和障碍时的指导原则，并根据第三章中的相关理论提供建议。本章还将综述变革展开的常见阶段——动员、实施和制度化。

虽然传统上大多数变革推动者都在组织层面工作，但有研究表明，跨组织或组织间工作是实现可持续和更大规模变革的有效方法。第十章阐述的概念将说明变革推动者可以跨越组织边界创造变革的方式。

第九章

变革实施中的阻力和障碍

第八章结尾谈到的西尔维娅在一年后发现自己处于一个非常不同的境地。她自己的系主任离开了，新上任的系主任不支持她关于教学的创新想法。相反，新系主任希望教师更多地专注于科研，认为教学改革正在占用完成其他重要任务的时间，例如申请拨款。系主任真正感兴趣的是提高本系在各种排名中的位置，并不认为基于问题的引导式探究学习可以促进这一目标。面对来自系主任的压力，西尔维娅发现她没有时间参加学院联盟的工作，而且没有她的积极领导和参与，她倡导的变革在学院联盟中得到的支持开始减少。虽然其他教师仍然继续在他们的课程中使用基于问题学习的教学方法，校园里的变革进展肯定放缓了。

肯、菲利斯、杰夫、赫克托和西尔维娅等人（都在第八章中讨论过）在变革过程中都有一个良好的开端，但在领导复杂且长期的变革过程中，常常会出现一些问题。上面关于西尔维娅的小段落描述了变革推动者可能面临的一些类型的挑战、障碍和阻力，在实施变革的过程中变革推动者必须经常与之角力。这些障碍和阻力构成了变革过程中持续和永恒的一部分，本章将对如何解决这些障碍和阻力展开讨论和提供思路。正如第二部分开头所指出的那样，仔细分析变革的类型、变革的背景和领导资源，有助于减轻许多常见的变革障碍和阻力。但随着变革进程的展开，总会出现需要克服的障碍。第三章综述的变革理论为如何坚持长期斗争提供了一些思路。

第三章综述的每一种理论都提出了可能出现和可以预期的某些类型的障碍和阻力，以及一旦出现这些问题如何解决的方法。我还把这些问题设定在实施变革的框架中。虽然并非所有变革都会经历特定的阶段，但大多数变革计划都会经历这些阶段，这有助于变革推动者预测特定的问题以及他们可能需要作出的调整。当变革推动者认识到变革通常会经过一系列阶段时，他们就会作好更充分的准备。

变革理论与应对障碍和阻力的思路

在本节中，我将回顾第三章中阐述的每一种变革理论，特别关注这些理论对我们理解变革阻力来源带来的启示。我首先回顾那些提供更详细建议的理论，然后回顾那些建议不那么具体的理论。在表 9.1 中，我总结了不同的变革理论如何定义和解决变革障碍。

变革的社会认知理论和变革障碍

社会认知理论表明，由于人们往往没有从根本上理解变革倡议，阻力和障碍将会出现。由于组织和变革推动者并不总是投入时间和精力来帮助人们理解变革提案，因此个人不确定如何将其纳入他们的工作和角色中。同时，变革的提案从本质上来讲是对现状的一种否定。大多数人的身份认同是把自己放在当前的组织工作中，因此变革的建议可能暗示他们在某种程度上没有正确地完成工作，或者至少他们的工作欠佳。事实上，社会认知理论出自对变革阻力和障碍的研究，这些研究力图更好地理解什么原因阻止了人们参与变革计划，以及需要发生什么样的意义建构才能使变革更加成功。

从这个角度进行的研究确定了人们持有的思维模式，这一点很关键。如果不对思维模式进行揭示和研究，它们可能会阻止人们参与变革，因为人们无法将新的理念与旧的思维模式相调和。社会认知理论表明，为产生意义建构提供深入而有意义的机会有助于克服阻力和障碍。第五章专门讨论促进意义建构和组织学习的过程——这是克服这一特定障碍的两个关键策略。研究表明，在变革倡议所涉及的人们之间精心创造互动机会有助于激发意义建构和组织学习，使人们能够对变革持开放的思想（Kezar，2001）。通常，人们在变革的早期阶段关注与变革有关的意义建构，但忘记了新员工不断加入组织，领导层更替交接。因此，帮助人们理解正在实施的变革并克服阻力是一个持续的过程。

可以用在大学校园中融入在线学习的例子反映社会认知理论的重要性，因为教师们传统的教学思维模式与实体教室、面对面互动、对话以及与他人面对面互动所带来的直觉和感受有关。将教学和学习完全转移到网上反映了教师思维模式的重大转变，因为没有面对面的接触，缺乏实体的课堂环境，向这种新方法的转变相当于范式的转变。社会认知理论有助于解释和理解转向在线学习如此困难的原因。它们还有助于理解可能出现的障碍，即使人们开始使用相关技术，这并不一定意味着他们的思维模式已经完全改变，或阻力不会在以后出现。

表 9.1 解决阻力和障碍的策略

变革理论	变革障碍	解决障碍
社会认知理论	人们不理解变革倡议；内隐的理念，并未在既定假设和目标中有所反映	意义建构和组织学习；检查思维模式——对变革的免疫力
文化理论	和变革倡议有关的价值观和基本信仰违犯或超出了现有的文化规范，使人们更难理解变革	早期谨慎处理信息的传递方式；价值观体系需要慢慢调整；慢慢调整使命和愿景，使之和新的价值观相统一，创造新的神话和仪式，不断沟通新的价值观，修正或修改价值观和信仰的相关表述
科学管理理论	未能关注到重要的运行和结构要素，造成变革实施的困难	仔细评价实施的进程，确保识别和添加所缺失的基础设施方面的要素
政治理论	随着持有不同利益的人认为变革和他们的计划安排相悖，阻力和障碍不断出现	阻力是变革自然而然的组成部分。谨慎制定进度安排，加强联盟和同盟，建立更强大的权力基础，更积极的建立人际关系网，采用更大胆的谈判策略；建立关系
进化理论	主要的障碍和阻力来源在于许多变革倡议源自组织外部，可能违反了现有的规范和习惯	校园可以成立学习小组或工作组，随时准备持续应对来自外部的变革；成立领导核心（如由主要管理人员和教师组成的以共同领导方式工作的小组）
制度理论	在制度规范强大的组织内部，个人的规范图式几乎总是受到抵制	摆脱困境的途径是把机构作为一个抵制变革的系统和生态来了解其本身的特性，制定一个复杂的方法，兼顾在流程制定过程中确定的所有领域

变革的隐藏理念

Kezar 等人（2015）在一项以 12 所参与 STEM 学习环境改革的校园为对象的研究中发现，团队不满变革计划的最重要原因是团队成员（教师、职员和行政管理人员）就怎样产生变革所持有的隐藏的理念。我们这里所说的理念不是由研究证明了的想法，而是每个人都有一套关于变革产生方式的工作理念——一组既定假设，但不一定基于事实或证据。例如，STEM 教师的一个常见假设是，有意义的变革只能在系里发生。如果教师持有这种信念，他们将抵制检查系以外的可能很重要的潜在杠杆，例如数学学习、校园激励制度、成功完成在另一个系的先修课程、帮助学生获得学习技能或社会支持的干预措施等。因此，这项研究表明，实施变革的团队应当在他们组织的第一次会议上讨论他们关于变革怎样产生的假设，使内隐理念得以明确表达。这一过程的困难在于，人们的内隐理念往往存在于潜意识当中。许多人可能无法阐明变革理论。这只需在你的团队成员之间坦率地讨论这一问题就会有所助益："你认为在这里开展一个本科生研究项目需要什么？"

如果某些东西是隐藏的，你该如何着手改变它？首先，Kezar 等人（2015）发现，团队的初步讨论应该集中在围绕变革怎样产生的问题上。这将使这些隐含的既定假设得以出现，人们可以进行争辩。其次，我们发现，当人们回顾变革的案例研究时，他们的既定假设会受到挑战，他们开始改变自己的观点（附录 A 中的案例研究也可用于此目的）。关于变革的案例研究也包含在本研究的指南中，名为《提高学生在 STEM 方面的成功率》（Elrod & Kezar, 2015）。最后，通过回顾一两篇关于变革理论或方法的文章，可能有助于讨论变革是怎样产生的这一问题。Kotter 和 Cohen（2002）的著作《变革心态》（*The Heart of Change*）以及本书中的示例都可以用来和团队一起讨论。

变革的文化理论与变革障碍

与变革的社会认知理论一样，文化理论也出自关于创造变革之困难的研究，提供了关于障碍和阻力的特别见解。文化理论认为，当与变革倡议相关的价值观和基本信仰违反或超出既有文化规范时，变革的重大障碍就会出现，人们更难以理解变革。克服这些阻力和障碍的方法是帮助人们欣赏和理解正在引入的新价值观和信仰，使它们与相冲突的既有价值观和信仰相调和。然而，变革的文化理论也强调了转变或改变价值观非常困难，因为它们是人们持有的基本信仰。简单地与某个人谈一谈不同方式的价值观，或者提供研究结果来支持你的论点，都不太可能动摇那些持有深刻而持久的价值观的人。此外，人们没有真正意识到他们隐藏的基本价值观和信仰，因此让它们浮出表面，创造变革，将是一个费力、耗时的过程。

不少学者认为，来自人们根深蒂固的基本信仰和价值观的阻力是相当难以克服的（Dawson，1994；Kezar，2001）。这些研究表明，在早期要特别注意信息的传递，尤其是传递的方式及其赖以支撑的那些价值观，这对出现多少阻力和变革计划是否会成功将产生重大影响。为了克服阻力，需要缓慢调整价值体系。下一节中描述的每种机制都有助于改变人们的想法或促使他们重新思考。克服这种阻力的策略包括修改使命和愿景，使其与新价值观保持一致；创造新的神话和仪式；领导者执行象征性行动；使用隐喻和语言来指导新思维；不断沟通新的价值观；修正或修改价值观和信仰的相关表述（Chaffee，1983）。变革推动者可以加强和重申对新价值观的需求，并试图将它们与当前的文化或组织的新愿景联系起来。

我们来看一所长期以来一直专注于传统博雅教育课程的学院，它决定拓展使命，额外提供专业硕士学位课程。这种新的定位可能会在教师中造成文化冲突，因为他们坚定地投身于博雅教育，并不认为专业学位课程与学院的基本价值观一致。在这种情况下，领导者可能需要做很多工作来重新调整学院的教育使命，以让教师们接受开展专业学位教育。变革推动者需要小心，他们谈及新课程的方式不会让人听起来迥异于提供博雅教育的最初目标，并且需要将本次课程拓展与该校的长期使命联系起来。领导者需要不断鼓励把新的专业学位作为补充后的校园认同的一部分。在此过程中，许多教师可能会发现很难说服自己支持这种新做法，因为他们的基本价值观已经和博雅教育挂钩很久了。变革的文化理论更多地指向持续的阻力和障碍，在跨越理解价值观、基本假设和历史的障碍，以及长期缓慢地改变价值观等方面提供的具体指导较少。

科学管理理论与变革障碍

科学管理理论认为，变革常常受到阻碍是因为重要的运行或结构要素没有得到重视，而给变革实施带来了问题。大多数变革推动者应熟悉科学管理理论关于障碍和阻力的概念。科学管理理论解决的一种经典的阻力类型是缺乏支持变革的激励或奖励措施。由于缺少这些激励措施，人们不会接受变革倡议，然而如果激励措施到位，阻力将被克服。其他常见的由于缺乏要素导致障碍和阻力的例子包括缺乏专业发展、培训、政策、程序、财政支持、人力资源支持、行政支持、主动规划过程、良好的工作关系、信息或数据以及组织基础架构中对实施变革至关重要的其他方面。科学管理理论还表明，当领导力减弱时，变革举措可能会面临新的障碍和阻力。

在科学管理理论中从根本上解决阻力和障碍主要策略是对变革实施过程进行仔细评估，识别和添加所缺少的各种基础架构要素，以确保更顺利地实施变革和将其制度化。此外，这些理论表明需要保证合适的领导，甚至建议继任人选，使变革推动者和拥护者始终能够推动变革计划向前发展。在科学管理理论中，领导力真空或者缺乏往往是变革的严重障碍。同时，强有力的领导和管理实践，如员工参与、适当的沟通、鼓励参与、已被确定为减少阻力、克服障碍和在利益相关者中获得更多支持的方法。

关于科学管理理论如何帮助我们克服障碍的一个例子是，一个组织推行了一个新的会计系统，却没有将它纳入全部单位系统中。变革推动者意识到他们遇到了麻烦：许多人无法使用新的会计系统，因为当他们与其他单位对接时，发现旧的会计系统与新的会计系统不兼容，于是只好退回使用旧的会计系统。只有通过慢慢和人们交谈，变革推动者才发现他们不成功的原因，并意识到在整个校园中纳入这个会计软件系统的必要性。

政治理论与变革障碍

政治理论表明，当不断有持不同利益的人认为变革与其计划安排有冲突时，阻力和障碍会不断出现。只要这种阻力出现，对立的观点就会持续存在。政治理论研究的相关文献指出，变革障碍通常和用来阻止变革倡议的政治策略有关，如发展盟友，提出不同的计划安排，建立相互竞争的权力基础，通过建立人际关系网加大阻力。也许政治理论中最常见的变革障碍是反对变革倡议的同盟或联盟出现并发展壮大。解决政治阻力和障碍当然可以通过采用相同的政治策略，如精心制定计划，建立更强大的同盟和联盟，发展更强大的权力基础，更积极地发展人际关系网，以及使用大胆的谈判策略。

其他人则认为，政治阻力可以通过建立关系，尝试打破政治动态来克服，而不是硬碰硬地解决（Kotter，1985，1996）。不过，另一种观点认为，通过帮助个人理解变革并不触犯他们的利益，使用社会认知或文化策略将变革与他们的价值观和身份认同联系起来，能够解决政治问题（Kezar，2001）。然而，部分政治理论的研究者发现，障碍、阻力和对立的存在是变革过程中固有的一部分。这些学者主张不用花太多时间去试着减轻这些对立因素，而应该更多地关注保持前进的动力。对立势力是自然存在的，应当加以监控，但不应认为它有太大的影响或给予它太多的关注。

一个可能引起校园政治阻力的问题是可持续发展或环境保护主义。有很多人强烈认为校园应该关注其碳足迹，制定措施帮助学生培养促进环境可持续发展的实践和行为模式。然而，有人则坚信，可持续发展是一个炒作的自由主义神话，可能会损害组织的业务和经济利益。由于人们在这个问题上持不同的立场，因此可能会出现互相竞争的同盟或利益集团。可持续发展的反对者可能会在地下建立起人际关系网，而支持者则试图启动变革计划，当反对者建立起权力基础后，就会在某个时间出现阻力。

进化理论与变革障碍

进化理论认为，主要的障碍和阻力根源出现的原因在于，许多变革倡议起源于组织外部，可能违背了现有的规范和习惯。由于进化理论中出现的许多变革来自外部利益相关者，并反映了外部利益相关者的关切和利益，内部利益相关者的担忧可能是一种自然的反应。进化理论预测，障碍和阻力的大小取决于内部规范与外部规范之间不和谐的程度。进化理论认为阻力和障碍是变革过程中的自然组成部分，涉及不同的利益相关者。然而，由于变革往往是为了一个组织的生存而进行的，进化理论认为阻力往往会消散，特别是当领导者能够证明特定变革的必要性或不可避免时。

学生学习成果评估是强制性变革的一个很好的例子，许多外部利益相关者支持这一理念，它已被纳入认证过程。教师们继续抵制与评估相关的理念，但评估被充分证明其必要性，所以校园如果还没做好准备，似乎不可避免地将在某个时候被强制执行。虽然进化理论有助于解释变革障碍，但它们几乎没有提供绕过阻力的机制。一些理论认为，领导者的角色是起缓冲作用，减轻看来有问题的变革对组织的冲击，想办法做些表面上的变革以满足强制执行的要求，但这些变革几乎没有改变内部的核心流程。第四章中提出的关于适应强制性变革的概念为解决阻力和障碍提供了其他思路。例如，校园可以采取学习小组或工作组的方法，随时准备应对外部变革；或者形成一个领导核心（如由主要管理人员和教师组成的以共同领导方式工作的小组），来帮助解决问题和引进变革。

制度理论与变革障碍

制度理论表明，新的思想会遇到阻力和障碍。制度理论预测，在具有强大制度规范的组织内，个人规范图式的变革几乎总会受到抵制。然而，制度规范不断受到强大的外部领域的影响，这些领域是动态环境的一部分，增加了变革（和阻力）出现的可能性。当高等教育的不同领域在某个变革倡议上采取相互矛盾的立场时，变革就会出现阻力。再以学生学习成绩评估问题为例，认证机构、政府机构和其他强大的团体一直在推动学生学习效果的评价，迫切需要一个特定标准来衡量院校的教学质量。影响高等教育的另一个组织领域，专业协会则常常对学生学习成果评估提出相反的观点，这表明外部团体提出的变革需求过于简单化。一些专业协会表示对学生学习成果评估感到担忧。教师可能会感到困惑或不确定要听从哪个渠道的消息；这种矛盾在个人考虑变革时可能会导致阻力。在此之后，如果教师决定与其他担心学生学习成果评估的人站在一起，个人层面的阻力可能会变成组织层面的阻力。和变革的文化、政治和进化理论一样，制度理论表明阻力和障碍是大多数变革举措的重要组成部分。然而，制度理论也有助于解释为什么某些几乎得不到内部支持的变革往往被制度化，以及为什么几乎没有变革障碍出现（如因为许多外部强大领域的汇合力量）。

制度理论没有提出克服障碍的具体做法，这是因为人们坚持认为变革障碍是普遍的，是改变制度的必要部分。变革障碍是人们不想改变的部分；它们是为了保护机构而设定的壁垒。因此，要走出困境，需要把机构当作一个抵制变革的系统和生态来了解其本身的特性。然后，领导者制定一个复杂的方法，兼顾在流程制定过程中确定的领域。这样一个过程可能包括判断嵌入结构中的组织基本价值观和例行程序，它们可能会阻止变革，也可以用作变革的杠杆。

制度理论对如何克服阻力和障碍几乎没有提供任何建议。最新的一些新制度理论更多地关注变革推动者（包括机构内部和外部的变革者）可能对强大的外部力量产生的阻力，不过这主要发生在利益相关者意识到外部力量正在对组织产生不利影响的极少数情况下。在这些情况下，事态失去控制，逻辑问题非常突出，以致出现阻力。然而，这些理论强调指出矛盾必须高度激化之后，抵制力量才能异常成功地阻止变革。接下来，我将介绍一个三阶段的变革实施模型,然后阐述本节中提到的各种障碍和阻力来源如何随着变革计划的展开而产生。

对变革的免疫力：社会认知理论的另一种观点

近年来探讨变革障碍的最重要的理论之一,是个人层面上的理论,这是 Kegan 和 Lahey（2009）发表在《对变革的免疫力》(Immunity to Change）一书中的研究。他们发现了一个矛盾的地方,即人们设定目标并投入变革,却不能坚持。他们确定了阻碍变革的潜在机制。他们确定的主要问题是,人们一方面投入变革,另一方面人们又信奉另外一个与变革相冲突的根深蒂固的价值观或既定假设。变革于是变得困难,因为既定假设通常是我们并未真正意识到的价值观。除非把它识别出来,否则,要改变它颇具挑战性。我们信奉的基本假设是隐藏不见的,它们阻碍了变革。因此,变革的关键是帮助人们反思和识别有悖于变革的基本假设。因此,我可能对基于问题的学习方式真的感兴趣,但同时也坚信课堂上要教授一定量的内容。如果我没有认识到自己持这个信念,我可能会继续拖延在课堂上纳入基于问题的学习方式。然后,我们可以试一下另一个假设——如果我尝试在一门课程中放弃教学量的要求,那么完成所有基于问题的学习是否有效果呢？如果课程进展顺利,我也许能够放弃相反的信念和基本假设。虽然帮助他人发现这些假设和与变革相悖的信念比较困难,但 Kegan 和 Lahey 的书提供了一些工作表,可用于专业发展、团队实施和其他变革发生的场景。

变革制度化框架

大多数变革的目标是制度化,换句话说,使之成为日常运行的一部分。制度化的定义是在人类系统内建立标准的惯例或规范（Curry,1992；Kramer,2000）。制度化的惯例通常有以下特点：日常例行的,广泛的,合法的,符合预期的,得到支持的,永久的,有恢复能力的（Kramer,2000）。

某种惯例在被制度化之前,会经历一系列阶段,这些阶段似乎具有一些可预测的元素（Goodman,1982；Kramer,2000）。关于变革过程如何演变的研究通常提出变革的三阶段模型：

(1) 动员阶段："系统已为变革做好准备"。
(2) 实施阶段："引入变革"。
(3) 制度化阶段："系统稳定在变革之后的状态下"。

(Curry，1991，引自 Curry，1992：5)

在许多关于制度化的变革文献中，这三个阶段被赋予了不同的标签或名称[1]。然而，尽管使用了不同的术语，但所有注明三个进展阶段的标签都是遵循类似的、线性的模式。

动员阶段是模型的第一阶段。在这个阶段，组织开始为变革做准备。准备工作包括培养对问题的初步认识，动员相关人员，提高认识，以及为实施变革倡议奠定基础（Curry，1992）。在这个阶段，人们开始团结在一项共同事业或改革的周围。正是在这个阶段，变革推动者开始质疑和挑战现状——当前制度文化中根深蒂固的惯例和政策。这个阶段由两个部分组成，即激励成员和促成组织的初始结构变革。通过提高认识或传播信息，可以激励成员采取行动。当"创新在整个组织中以具体的方式反映出来"时，就会发生结构上的变革（Datnow，2005：124）。最初的结构变革包括在会议上制定议程和优先事项，以及修改对机构使命的表述。一些制度化过程的研究者通过重点讨论组织结构代表的具体创新方式，阐述了制度化过程开始的途径。

实施阶段是第二阶段，重点是建立基础架构和支持改革。在这个阶段，变革举措开始在组织中具体实现，人们形成对结构的支持，以保持改革动力（Curry，1992；Kezar，2007d）。这些举措可以采取对不同行为的奖励、激励或制裁的形式（Curry，1992；Fullan，1989）。在实施过程中，各种团体和个人开始合作，新成员可以加入，提供新的支持（Fullan，1989）。同时，为排除故障或解决后勤保障问题提供技术援助。在这个阶段，相关的政策和行为正在成为组织标准操作程序的一部分（Curry，1992）。成员们开展新的工作，但尚未完全接受这一程序。人们开始倾向于这种行为或惯例。相关的政策和行为开始变得更加普遍，并成为标准操作程序的一部分（Curry，1992）。此阶段通常侧重于程序或行为层面。在这个阶段，他们还没有形成对本次创新的评价，也没有将其视为持续规划的一部分，它仍然是一种创新。

制度化阶段是这一进程的最后阶段。这时，变革不仅仅是标准操作程序的一部分，而且进一步嵌入组织的实际价值体系中。成员们达成共识，接受创新的价值，并将其视为机构的规范行为。在这个阶段，作者将制度化与文化的变革以及对文化的核心理解联系起来（Curry，1992；Kanter，1990；Kezar，2007d）。本次创新在组织内部已经保持稳定，且和制度的其他部分几乎密不可分。有意思的是，创新达到制度化阶段就成功了，这时它不再被视为创新，而只是组织框架的一部分。这通常被称为文化层面。

由于组织进化是一个随着时间的推移而发生的过程，这三个阶段的演变是连续的，而不是界限分明的不同阶段（Curry，1992）。这种三阶段模型提供了一个有用的框架，因为它可以帮助我们理解领导者如何在他们的机构中达成永久性的创新。这三个阶段还预测了不同类型的障碍和阻力。

制度化还为理解领导者在创造变革中的作用提供了一个重要的理论框架（Kezar，2001）。关注变革制度化的学者认为，当一项变革倡议对一个组织来说是新的，或者开始被纳入组织，或已经制度化时，领导者需要采用不同的策略。Curry（1992）提出的假设是：在变革早期，领导者需要帮助校园里的人认识到变革的必要性，动员和激励个人进行变革；之后，领导者继续实施和制定计划和倡议；最后，他们努力把变革稳定下来，使其成为组织平时运行的一部分，例如将其纳入与评价和预算有关的程序中。

反思制度化的这三个不同阶段，我们明显发现为什么每个阶段可能需要不同的领导方法。例如，研究者已经描述了在第一阶段即动员阶段，领导者需要引起关注或设定优先级（Kotter，1988）。在这个阶段，领导者的工作重点在于形成和制定一个愿景或者努力方向。同样重要的是通过意义管理，领导者传达他们的愿景，帮助他人看到其价值和重要性。因此，领导者可能会利用社会认知理论和文化理论来克服阻力，在动员阶段推动变革。

在第二阶段即实施阶段，领导工作侧重于创造动力。领导者需要为人们激发和创造参与的动力和机会（Curry，1992；Kanter，1990）。他们还需要扮演鼓舞人心的领导者角色，说服人们主动参与。因此，在实施阶段，科学管理理论和政治理论对于克服障碍至关重要。

最后，在第三阶段即制度化阶段，领导者需要成为文化的推动者，更多地关注创新的价值和意义（Schein，1985）。领导者需要为创新建立文化共识。这时，领导者要帮助人们理清他们可能持有的相冲突的价值观。例如，校园里可能有一些教师坚信社会正义和公平原则，但对招聘标准的看法与他们对公平的信念相冲突。在第三阶段，领导者要帮助这些冲突浮出水面，否则它们可能会阻止制度化并造成障碍和阻力。领导者将利用文化理论和社会认知理论来克服制度化的障碍。

变革推动者将变革制度化的示例：以三阶段模型为视角

当今许多校园面临的一个共同挑战是如何为新出现的非终身教职教师群体提供更大的支持，该群体人数已发展到占教师总数的三分之二以上。非终身教职教师的工作条件通常很差，工资低，没有福利，临时招聘，没有岗前培训、职业培训和指导，几乎没有得到基本的支持，如材料、办公室或行政支持。与此问题相关的大多数变革推动者本身就是非终身制教师，他们自下而上地创造了变革。在以正在动员变革的非终身教职身份领导者为对象的研究中，你可以看到在变革推动者努力引入新的政策以帮助不断变化的教师群体的过程中，制度化的这三个阶段是怎样推进的。

在非终身教职教师中进行动员特别困难，因为他们经常处于和校园脱节的状态。他们教一门课，然后转向另一个职业生涯或在另一个校园任教。由于非终身教职教师往往是孤立的，脱节的，甚至可能对校园漠不关心，因此动员他们可能比进行其他类型的变革要做更多的工作。因此，提高非终身教职人员对所面临问题的认识是动员的第一步。对一些院校来说，对非终身教职教师具有的恶劣工作条件不重视的情况会因某个让众人震惊的事件而改变，例如，某人被不公平地解雇，发生了一个重大投诉事件，或者某位非终身教职员工被排除或赶出治理机构之外。在校园里提高人们意识的第二种方式是通过数据收集，调查非终身教职教师与其他院校的教师或终身教职教师相比，其工作条件的恶劣程度。一旦变革推动者提高了人们的意识，他们就有机会利用他们所获得的关注，建立传播信息的沟通渠道，进一步团结个人。最普遍的沟通和联络机制是基于校园的邮件列表、网站以及电子或纸质的新闻简讯。与其他校园群体（如终身教职教师、职员，甚至学生）不同，这些人与校园很少有接触，有时甚至可能不在校园，很难以更传统的方式与他们建立联系。

在这个例子中，人们还可以看到，在第一阶段，变革推动者的领导方法重点在于收集数据或利用事件激发人们的注意力，来创造一种优先级。在这个阶段，阻力和障碍通常源于终身制教师和行政管理人员不了解非终身教职教师所经历的事情，因此可以采取的策略包括帮助他们改变对教师构成的看法，让他们能够看到这一部分的专业教师。有了优先级和为采取行动而建立的联系网，变革推动者就开始准备实施变革了。

在第二阶段即变革的实施阶段，要制定必要的政策和惯例，并找到实施这些政策和惯例的渠道。变革推动者要做的第一步是定期安排会议或创建一个工作组，任务是为非终身教职教师创造更好的工作条件。这些人将研究数据、标杆和模范院校，以此为参照，为自己所在的院校制定政策和惯例。他们还需要制定类似行动计划的文件，说明如何把团队的想法在各院系付诸实现。行动可以朝许多不同的方向展开，但许多变革推动者选择依靠系里的盟友，有时是终身教职教师或系主任，来帮助实施已经制定的政策。他们还可以与校园治理部门合作，尝试是否能够在教师手册中制定或添加更多指导性的政策来促进变革的实施。

如上所述，这一阶段的领导工作重点是帮助其他人参与，并在组织结构和文化内部实现变革。通过上述各种流程，如成立工作组、在系里寻找盟友、制定行动计划，变革推动者已经能够吸引其他利益相关者，并开始将他们的政策变革整合到校园的运营中。在这一阶段经常面临的一些障碍包括难以获得机构数据，支持新政策的基础设施或资源薄弱。校园政治也可能扼杀变革的力量，这就是为什么变革推动者有时要依靠系里的盟友以及他们更广泛的人际关系网来继续推动变革。

最后的第三阶段是制度化，这时，变革成为日常运行以及规范和价值观的一部分。在制度化阶段，非终身教职教师在学校内部受到重视。不再需要特殊的政策和惯例，因为这部分教师与其他教师一样被同等对待，成为校园的日常运行的一部分。每当出现任何新政策时，人们都会提出一个问题：这项特定政策对非终身教职教师有怎样的影响？学校不再为非终身教职教师制定特殊的政策，因为谁是教师的一员的既定假设不再包括他们，他们受到与其他教师相同政策的约束，有机会获得奖励，在举行庆祝活动或仪式时被包括在内，能够有机会参与专业发展和指导并从中受益。实际上，此时领导者主要是检查整体环境，确保它在工作的各个方面支持非终身教职教师。校园成员现在认为终身教职教师和非终身教职教师是校园中性质不同但同等重要的成员，并积极吸纳非终身教职教师参与校园的领导工作。这个例子展示了制度化阶段以基本价值观和心理图式为中心。在下一节中，我将更详细地描述这三个阶段中的每一个阶段，举例说明每个阶段通常发生的障碍和阻力类型，以及上述理论如何帮助领导者克服这些障碍和阻力。

动员、实施和制度化阶段中出现的障碍和阻力

在本章的这一小节中，我将回顾这三个阶段，重点聚焦变革障碍可能

出现和确实出现的方式。我将借鉴一些已经回顾过的案例研究,虚拟变革推动者如何应对变革过程中可能出现的阻力。我还把各个阶段(动员、实施和制度化)和在帮助解决普遍障碍方面最常见的各种理论联系起来。

动员阶段

本书中描述的大多数例子,特别是第八章的例子,都处于变革的动员或早期实施阶段。社会认知理论、文化理论和政治理论对于理解动员阶段的阻力和障碍作用尤为突出。杰夫的案例中,他正在推进家庭友好政策,这个例子说明二级变革的动员阶段可能会遇到的一些挑战。杰夫意识到,他的许多同事对家庭友好政策的必要性缺乏了解,如果不了解和意识到变革的必要性,就很难动员他们。社会认知和文化理论特别论及要获得人们的支持和进行动员。因此,杰夫没有马上向前推进,而是在第一年通过借鉴国家级的研究成果,引入演讲者,并举办活动,提供新信息以促进学习,以及提供意义建构的机会,向其他人宣传教育家庭友好政策的必要性。

关于阿尔伯特及其领导力发展提案的案例,展示了如何利用文化理论来克服源于基本价值观的阻力。阿尔伯特之前没有意识到,他为领导力发展计划制定的初步提案基于商业原则,由此才会导致如此大的阻力。阿尔伯特利用文化理论中的原则来克服这种阻力,办法是将一些商业原则重新打造成非营利性的创业精神,在两套价值观之间建立更多的联系和一致性,并除去一些不和谐因素。他修改了提案,更多使用符合学术传统的语言,而不是商业语言,采用学术专业协会的标准。他还对与这些概念相关的学校历史有了更多了解,从而能够更好地了解人们的情绪、关切点和校园优先事项。通过语言、沟通方式和基本价值观等方面的转变,他能够动员人们支持他的提案。

肯创建分校的经历,证明了政治理论对于理解阻力和制定前进战略的重要性。部分人文学科的教师、外部立法机构的领导人和有影响力的校友都试图阻止在沙特阿拉伯建立分校。各种强大的利益集团制造了强大的阻力,肯必须解决这个问题。他认识到,如果有这么多团体向行政部门施压,要求扼杀该计划,他将无法有效地向前推进。肯运用科学管理理论,向州立法机构提供数据,组合多种策略来克服阻力。他还运用社会认知理论,向教师们推介研究成果和专栏文章,邀请人文学科教师进入规划小组,这样他们就可以理解这一变革,同时他们所关切的问题也可以表达出来并得到关注。如果没有在早期解决这么多团体带来的问题,肯将无法实施他的想法。

关于外部强加的变革，例如菲利斯所经历的变革，进化理论提供了一些关于如何动员的指导原则。州政府强加的与毕业率挂钩的变革显然会给校园带来危机。菲利斯可以利用她对进化理论的理解，知道人们更喜欢内环境稳定而不是混乱，利用危机感来动员人们立即采取行动。如果她没有利用危机感来动员他人，她召集的全体会议就永远不会有如此高的出席率。此外，进化理论认为，保持以使命为中心对于在动荡的环境中取得成功至关重要。菲利斯知道社区大学有特殊的使命，州政府提倡的变革不会很好地为本校及其学生服务。她需要维护和保护学院最初的使命，同时仍然要解除立法机构的担忧，不过解除担忧的方式要尊重社区大学向大众开放的独特使命。菲利斯需要注意的是，不能允许立法者借用适用于四年制院校的价值观来决定社区大学的改革。她也明白她需要积极主动地为解决问题创造更好的解决方案，而不是等待外部力量的加强。

实施阶段

本书中回顾的几个变革推动者已经进入了实施阶段，包括肯、西尔维娅和杰夫。通常，科学管理理论在实施阶段作用明显，此时对基础架构的需求至关重要。例如，随着肯推动实施建立沙特阿拉伯分校，他经历了科学管理理论预测的几个挑战。首先，他发现他缺少将海外校区与美国校区联系起来的关键治理和决策结构。由于沟通不畅，导致主校区的教师起草了反对分校课程的提案，因为他们觉得他们没有机会提供建议，其实这只是因为分校的课程设置没有经由正式的治理程序通过，直到这时肯才意识到治理和决策结构的缺失。之前肯从教师那里获知了他们的想法，但不是通过正式的参与性程序将课程提交正式投票。出现的另外一个主要阻力是分校的学生，他们认为教师没有采用符合当地文化的教学模式，从而使学生感到隔阂。因此，肯意识到他需要为教师安排专业培训，来支持他们，让他们更好地了解他们教学所处的文化背景。

西尔维娅的例子，也说明了科学管理理论在克服变革实施障碍方面的重要性。由于她的校园领导层发生更替——上任了一位新的系主任——她失去了对以过程为导向的引导式探究学习项目的支持。科学管理理论具体讨论了领导力对推进变革的重要性。西尔维娅自己的领导作用被她的系主任扼制了。系主任不仅没有起到领导作用，反而通过在系里强加一套不同的价值观和奖励措施来阻止西尔维娅的工作。支持她的前任系主任的离开导致一种领导真空，因为新系主任开始将西尔维娅拉向不同的方向。西尔维娅运用科学管理和政治理论，克服了这些障碍。

首先，她建立了一个联盟来影响系主任，这样她就可以重新挽回她在学院联盟和校园里的领导地位。她也可以利用这个联盟来重塑新系主任的价值观和信仰。西尔维娅和其他正在践行以过程为导向的引导式探究学习的教师们碰头，解释她的困境和缺乏新系主任的支持。这些教师来自各个专业，每一位都和他们自己的系主任碰面，这些系主任决定他们可以加入以争取院长的支持。院长认为，新的教学法和需要做更多科研，这两者都很重要。但是，他承认西尔维娅的系主任只注重科研是有问题的，这与学院的使命背道而驰。他决定与系主任谈谈，请他允许西尔维娅参与并领导整个学院的改革，并再给她一次课程减免的机会。西尔维娅在她早期建立的政治关系的基础上，克服了新任系主任设置的障碍，并再次开始与学院联盟合作。

其次，通过她熟悉的文化理论，她意识到她需要与系主任合作，帮助他欣赏和理解新教学法的价值。因此，她开始向他发送来自学院联盟的材料，邀请他参加教师专业发展研讨会，并转发 POGIL 国家网络的研究成果。虽然令她沮丧的是，她觉得自己又回到了动员阶段，但她认识到，随着新人进入一个组织，变革推动者有时必须回到动员阶段的早期步骤，带上新人并继续朝着实施的方向前进。在变革完全制度化之前，可能还会出现其他一些问题，但她知道，无论有什么障碍，她都不能放弃。

只要变革计划处于实施阶段，就有可能出现障碍，例如，当新人入职校园，他们不了解变革；或者在其他情况下，奖励措施可能与变革相冲突。随着变革的展开，新的实施阶段的问题会不断出现。

制度化阶段

如果幸运的话，肯、杰夫、菲利斯、梅丽莎、赫克托、阿尔伯特和西尔维娅都将使他们的变革工作制度化。文化理论对于理解制度化阶段的障碍和阻力来说，作用尤为突出。就西尔维娅而言，威胁制度化的主要价值观来自那些墨守成规，采取以讲授为主的教学方法的教师。他们仍然占大多数，认为新的教学法违反了他们固有的信念，即课程需要覆盖一定内容的材料，并且应在已有知识基础上按循序渐进的方式呈现。西尔维娅认识到，要克服这些基本价值观的影响并走向制度化，她需要让更多的教师体会到，基于过程的引导式探究学习虽然基于不同的价值观，但仍然能使学生成功地学习。为了走向制度化,并使基于问题的学习得到更广泛的文化认同,她采取的策略是进行一项实验,实验中使用两种方法同时教授一门课程,对学生课程学习的结果进行检查和比较。通过这个实验,西尔维娅证明不仅学生取得了相似的学习成果,而且以过程为导向的引导式探究课程更具吸引力,使更多的学生开始有兴趣继续学习科学课程。利用文化变革理论,西尔维娅意识到,如果要将变革制度化,她必须解决这些基本价值观和信念的问题,让大多数教师使用新的教学方法进行教学。

思考题

1. 哪些理论主要研究思维模式、价值观或个人利益造成的变革障碍?
2. 哪些理论主要研究结构上的或来自外部的障碍?
3. 变革的内隐理念是什么?
4. 对变革的免疫力是什么?
5. 各理论如何用来克服变革障碍?
6. 什么是制度化?变革的不同阶段是什么?每个阶段往往会出现哪些障碍?

小结

本章帮助变革推动者认识到变革的进程需要用很长时间,通常经过动员、实施和制度化三个阶段。每个阶段都可能出现不同类型的障碍和阻力。大多数变革推动者的目标是持续的变革过程,使之成为校园正常工作的一部分。因此,一定要记住,如果变革进程只经历了动员或实施阶段,那么它就不可能持续。不幸的是,许多变革推动者不承认或忘记了,如果他们不将变革举措推向制度化,他们的努力将是徒劳的。变革举措不必得到整个机构的接受才能制度化。它只需要成为部门、单位或集团的基本价值观的一部分,并被融入一般工作程序中。通过再次运用六种理论,变革推动者可以了解这些理论中关于解决共同的困难和障碍的建议,把握变革举措的推进方向,使其具有持续性。

注释

1　示例详见 Kezar(2007d)。

第十章　超越院校层面将变革扩大化

伊莱恩想为校园内的女同性恋、男同性恋、双性恋和变性人（LGBT）学生提供服务支持，但几乎没有资源帮助她如何着手这项工作。她参加了全美学生事务管理者协会（NASPA）举办的一次会议，发现他们有一个 LGBT 问题的实践社群，并参加了这次会议中的一些分场会议，这些会议帮助她与拥有创造变革所需要的各种资源和策略的同事建立联系。这个团体全年都举行在线会议，因此伊莱恩能够不断发送问题并获得反馈和建议。六个月前看似不可能完成的任务现在似乎完全在伊莱恩能力范围内，这要归功于她能够通过与这个实践社群建立联系并获得资源。

伊莱恩和西尔维娅（见第八章）都通过外部网络找到了支持。越来越多的人可以跨越组织环境建立联系，在变革中相互支持，特别是通过现代技术彼此支持。此外，许多变革推动者有兴趣创造扩大到整个高等教育中的变革，而不仅仅限于他们工作的院校。但是，个人并不是唯一的变革创造者和推动者。基金会、政府机构、全国性协会、认证机构以及其他利益相关者和团体都努力推广最佳的实践方法，影响有时甚至超出了学术界。虽然本书的大部分内容旨在理解组织层面的变革，但本章将探讨高等教育研究中有关把变革扩大到整个高等教育系统的内容。这里我将回顾创造变革所需的一些重要思想和经验教训。学者们把这种类型的广泛变革称为变革扩大化（scaling up），其中某个特定的项目或干预措施被大量的院校采用（Kezar，2011）。变革扩大化在高等教育研究中还没有受到关注，因为学术界的运行方式倾向于分散，没有教育部或类似的中央管理机构来推广创新。

变革扩大化的概念对于美国的高等教育来说是相当陌生的。高等教育作为一个分散的系统运行，因此变革往往更多地发生在院校和州的层面（如通过多校区或州系统）。关于变革的主要假设是，一个大学校园的变革举措使用到另一个大学校园时需要进行调整，而不是全部照搬。在其他国家，中央决策往往可以产生重大影响，但从历史上看，在美国，变革并没有在联邦层面执行，而是在州一级以有限的方式执行。变革的历史是单个院校采取特定的似乎能够解决某个问题的政策或计划，按照自己的背景量身定制的历史。这与其他国家完全不同——在其他国家，变革通常是通过教育部授权的。这意味着不能通过政策鼓励变革；最近的许多政策报告和建议是由州高等教育执行官联合会、国家教育委员会和西部州际高等教育委员会等团体发布的。尽管如此，通常还是由院校领导者在当地作出决策，在各自的校园中采用、实施和创造变革。因此，所有这些州和国家的举措都需要各个校园的领导者回应。即使是在基础架构更为自上而下的国家，如果没有各种校园利益相关者的支持，变革举措也往往会被推翻（Trowler，2009）。然而，随着高等教育利益相关者越来越关心问责制，美国是否会有更多自上而下的变革呢？这仍然是一个悬而未决的问题。

假设大环境没有改变，美国的高等教育部门仍然相对分散，那么如何在系统内部使变革扩大升级呢？会有哪些可能性呢？本章将阐述相对有限的变革扩大化研究，以及这些研究对我们如何成功地将重要创新成果扩大化的启示。我批评了从政策圈借用的传统扩大化模型，它们反映了K-12教育中经常使用的变革进化模型，但收效甚微。K-12教育领域中提出的批评也与高等教育相关，因为两者在制度方面有许多相似之处。我提出了更适合高等教育部门的几种模型，例如学习社群、网络和实践社群，它们都被证明是将变革扩大化的成功方法。这些方法借鉴了变革的政治理论和社会认知理论。它们虽然尚未被广泛采用，但已显示出超越院校层面创造更深入和更有意义变革的希望。尽管本章中重点强调网络、实践社群和社会运动是扩大变革的途径，但需要指出的是，这些方法也可以适用于各个院校内部变革。因此，读者可以根据自己在变革中的定位和目标来考虑如何使用本章。

自撰写本书的第一版以来，基金会、政府机构和高等教育领导者对变革扩大化的关注显著增加。专业人士和院校对单个变革有较少的耐心。人们不仅迫切需要扩大化的变革，而且迫切需要更系统的方法，将政策、激励措施、基础建设等方面的变革扩大到任何规模。通过网络和专业学习社群传播的思想最终与当下的结构和文化相冲突，除非系统改变，否则变革不太可能持续下去。社交媒体发展也推动了社会运动、网络和实践社群的发展，使变革扩大化的速度更快，更容易进行。推特使得消息传播和活动组织的过程更快，脸书则为人们提供了一个快速聚集的空间，促进了具有类似兴趣的人彼此联系和识别对方。

变革理论和变革扩大化

进化理论认为，变革可以通过外部压力启动，特别是当它们与资金来源挂钩时。这种办法反映了许多基金会或政府机构鼓励变革的方式：通过发放拨款，改变宏观的激励结构或制定政策来推动自上而下的变革。人们希望更多的院校采用这种方法，随着各院校明确变革倡议的价值，整个高教部门将发生更广泛的变革。这是最常见的一种方法，但其成效有限，并受到强烈批评（Coburn，2003；Elmore，1996）。

变革扩大化常常涉及对在某个环境中取得成功的创新进行调整，使它更有效地应用于更广泛的环境（Healy & DeStefano，1997）。[1] 如这个定义所述，变革扩大化的既定假设是一个成功的创新独立于它的实施环境。还有一个普遍假设是，这个创新无须修正或改变就可以应用于各种环境。例如，美国国家科学基金会（NSF）会发动创新，对创新进行测试，然后将结果和建议分发到各个地点（Elmore，1996）。变革扩大化假定改革始于局部环境的小型试点。对于在新地点的实施变革几乎没有投资（即没有资金来支持实施）。因为这是变革扩大化的主要模式，所以我对这种模式做了评论，并在本章中提出了替代方法。

K-12系统已经采取了许多措施来扩大变革，一直是一个自上而下的环境，学者们指出目前从政策圈借用的扩大化的概念被证明是无效的。Elmore（1996）在评估近20年来NSF的学校改革及其扩大化举措时得出结论，学校的激励结构不利于核心任务的任何变革，而且只要这种模式不改变基本的组织结构——即变革实施的环境——改革举措就永远不能扩大化。他指出，我们需要思考将变革扩大化看作是一个文化规范和激励结构的问题，"它不是通过简单的政策转变或给钱诱导就能解决的问题"，就像传统的扩大化模式通常假设的那样。

在Elmore的研究基础上，Coburn（2003）在其对K-12系统变革扩大化的传统方法的评论文章中指出，扩大化的定义过于简单化，需要把它扩展到其他概念，包括深度、可持续性、传播和变革所有权转移等。就深度而言，她指出，创新必须深入，足以影响课堂和学校的惯例发生相应改变。她指出，需要深入到影响教师的信念及其对教学本质的基本假设；因此，深度是指塑造教师的价值观。Coburn还认为，可持续性需要成为将创新扩大化的关键要素。有太多准备扩大化的变革计划随着时间的推移最后会失败。即使是成功实施变革的学校，也很难在面对相互竞争的优先事项、不断变化的需求以及教师和行政人员更替的情况下维持变革。传播性指影响的不仅仅是活动结构；创新必须改变基本信念、规范和原则。很多时候，做法会暂时改变，但指导它们的基本信念却保持不变。因此，一旦要求采取新做法的压力减轻或消失，人们很有可能回归他们的旧习惯。Coburn指出，研究者在考察传播性时需要探索的不仅仅是如何在更多学校实现变革。

也就是说，人们需要根据每所学校改变根本信念方面的有效程度来考察变革在这所学校的实际传播性。研究人员应该为学校的政策和实践所固有的社会互动作用制定变革原则和规范。传播性的概念更多地关注创新在系统内部传播的程度，更深入地研究教师意识和群体互动，而不仅仅横向研究在整个系统传播的广度。最后，Coburn 还研究了变革自主权的转向，即变革自主权从外部群体转向持续和深化变革的地区、学校和老师。她引用的研究表明，如果这些内部社群不拥有变革的自主权，就无法实现变革的扩大化。[2]

由于依赖外部压力和激励或奖励而忽视了本地背景、调整的需要、本地支持和动力等因素，进化理论受到严厉批评。虽然这些因素对变革很重要，它们本身是不太可能带来变革扩大化的。那么，其他的理论就典型的自上而下的扩大化方法提出了什么可行的替代方案呢？变革的政治理论表明，变革计划可以通过发展社交网络，成立联盟，最终形成可以影响整个社会或跨国的社会运动来实现扩大化。领导者可以通过统一变革与兼顾不同群体（和个人）的利益来创造变革的动力。长期以来，政治理论一直在研究正式组织环境之外的变革。此外，其目标是从较小的关系网转向更广泛的联盟，然后转向社会运动，进一步推进变革计划。在本章中，我将重点介绍高等教育中用于变革扩大化的两个领域的相关文献——社会运动和社交网络。

最近，社会认知理论已经溢出个人层面，开始考虑改变集体思维图式或思维模式的方法。由这种思路中发展出校园意义建构和组织学习的概念，在第五章中有所介绍。然而，另一个已经出现的领域受组织或校园的限制较少，即实践/学习社群。[3] 实践社群由从事共同职业的人组成，例如教师或学生事务工作者。如果一个实践社群在整个部门的许多不同机构中发挥作用，就可以通过对其施加影响来实现变革。本章开头关于伊莱恩的小片段就是一个例子。与其在学校层面努力以更好地支持 LGBT 学生，不如组成团队与学生事务工作者合作，通过他们的全国性组织来影响整个行业中专业人士的观点和例行做法。

制度理论也阐述了如何通过制度同构机制在高等教育中扩大变革，在这种机制下各院校机构模仿彼此的做法。大多数有文献记录的变革对高教行业来说都不是积极的，例如院校为了寻求更大的声望而偏离其历史使命。然而，可持续发展的支持者已经成功地让院校之间竞争谁"更加环保"，留下更少的碳足迹。因此，一些变革推动者利用制度理论背后的声望追求和竞争精神来促进积极的变革。本章将重点介绍近期一项运用制度理论来激励变革的计划——美国大学协会本科 STEM 教育计划（AAU STEM）。文化理论和科学管理理论在组织层面上的运用更为有效，因此它们没有为变革扩大化提供很多思路。社会运动、社交网络和实践社群解决了人们对传统变革扩大化模式所批评的问题，因此下文将重点加以介绍。不过，首先重点介绍这三种扩大化机制之间的一些共同点。

人们日益认识到，变革扩大化的方法需要范围更加长远——考虑制定一个慢慢扩大规模，预测障碍和有利因素并维持变革计划。在相关文献中，这通常被称为系统变革（人力、技术、资源和政治上的变革），它是实施和持续变革所必需的。然而，这并不是说扩大化模式倾向于解决或强调这些系统变革。一般来说，许多扩大化方法——社交网络、社会运动、学习社群——都未能明确地解决系统和变革可持续性的问题。学习社群和社交网络通常是有机构成的，与需要改变以扩大和持续变革的系统结构没有关系。引入系统思维的新的模式正在出现，例如网络化改进共同体、"黑人的命也是命"运动（Black Lives Matter）以及拥有以系统变革为宗旨的中心组织的联盟网络。过去还有一些举措纳入了系统元素，例如本章中讨论的校园联盟组织（Campus Compact）。关于新的模式的研究包含在本书的最新版本中。

一个引起争议的扩大化方法是采用商业模式，因为各种研究表明，社会环境——无论是教育、非营利组织还是医疗保健——都不按照相同的原则运作，这些模式也不起作用。正如 Waitzer 和 Paul（2011）所指出的：

> 社会性组织往往发现越来越难以为每个新的分支机构谋取资金，它们的经济规模比其商业同行小得多。此外，社会创业领域日益认识到，更好的管理实践只能产生渐进式的而不是突破性的社会变革。即使是最好的企业也无法告诉我们如何改变社会领域（以及重大的社会机构），因为那不是他们的主要目的。

(p. 143)

他们推荐生态系统模式而不是企业式的扩大化模式。生态系统模式侧重了解与变革相关的关键环境因素，因此对于高等教育来说是与教学相关的部分，这些因素包括专业协会、认证机构、高等教育协会和学校各院系。生态系统模式认为，为了将变革扩大化，不同层面的参与者——宏观系统、中间系统和微观系统——应该进行沟通、调整、制定战略和协同。总而言之，关于扩大化的研究正在不断发展，对它的理解更加成熟。这项更复杂的研究正在把扩大化作为更广泛生态的一部分来考察。研究结果记录了适应独特环境的必要性，而且当变革扩大化和当前形势相联系起来时，它更有可能持续下去。此外，该研究采用的是与教育和高校社会环境相一致并适用的扩大化模型。

三种常见的扩大化机制

政治理论和社会认知变革理论中阐述了社会运动、社交网络和实践社群社区所反映的三种重要机制。它们是评议和讨论、社交网络以及外部支持和激励措施（Kezar，2011）。

对于扩大化研究的批评最重要的发现之一是，变革扩大化需要人们有机会参与理解变革必要性的过程——意义建构。正如前几章所指出的，各种研究表明，变革没有发生的主要原因之一是人们从根本上不理解变革提案的缘由及其实质内容。因此，他们需要经历一个学习过程才能接受和实施（Elmore，1996；Senge，1990）。没有发生变革的另一个原因是没有动力或兴趣。在对 K-12 体系的研究中，专业人士之间的评议和讨论通常是带来真正变革的重要环节。通过对话，规范和价值观被改变，人们接受新的做事方式。在评议的过程中，人们可以理解和学习（Senge，1990）。由于人们亲身体验学习的过程，他们对此有更深入地理解，拥有自主权，所以评议过程解决了变革扩大化的许多困难。评议触及基本规范；它产生了内在动力，因为人们依靠自己形成思路，还因为对话是连续的。评议是灵活的，因为它允许变革实施过程中发生一些变化，认识到组织不是静态的，并且具有不同的文化。社会运动、社交网络和实践社群的一个共同特征是它们允许专业人员进行评议。

这三种变革扩大化方法的另一个重要特征是，它们都涉及由共同兴趣的人组成的关系网，这可以增强变革的动力。关系网将具有类似想法的人彼此联系起来，并为变革推动者提供推动变革进程所需的信息。他们提供道义上的支持，帮助人们长时间保持状态，持续变革。当创新没有得到内部激励或支持时，关系网也会从外部给人们以激励。许多扩大化的困难在于孤立的个人或组织在面对现状时无法维持变革，关系网则将个人联系起来，克服了这些困难。此外，通过与关系网中其他人的讨论，变革推动者能够修正他们的策略，以适应具体环境中出现的问题。

为了帮助变革推动者在面对无序状态甚至负面状态时持续变革，外部支持和激励措施提供了必要的资金、奖励和认可。因此，进化理论所阐述的外部压力若能支持评议和建立关系网的其他核心机制，它也是构成变革扩大化的重要组成部分。过分依赖外部支持和奖励措施并不能成功地促进变革扩大化。外部支持和激励措施为变革提供了动力，并增强了变革推动者的可持续性。但要实现扩大化，需要其他因素帮助促进变革，例如获得政府、基金会和当前影响系统的中间组织（如认证机构、专业协会和社群组织）的背书或支持。背书或支持可以使不光是真正相信变革的人，还有其他教职员工都能够接受变革，他们可能需要通过压力或奖励从外部获得更多的动力。创新还可以通过背书和支持获得更大的合法性。外部杠杆可以使创新成为更大的认证系统的一部分，并由专业团体要求系统负责维护某些规范，从而增强变革的可持续性。传统的扩大化模式没有强调进行深入和持续变革所需的更系统和全面的方法。社会运动、社交网络和实践/学习社群都为各个大学校园采纳的变革思想提供了外部验证。

总而言之，最近研究 K-12 系统的学者以及 Dede（2006）和 Healy 与 DeStefano（1997）等政策研究者的评论文章表明，变革扩大化的方法，包括社会运动、社交网络或实践/学习社群方法，可能有更好的效果。这些方法更加注重本地环境、个人动力和激励措施以及个人和机构的兴趣与动力。接下来将探讨这三种方法。这三种方法有许多重叠和相似之处（如强调关系网、共同工作和对话），且方法独特，具有明显差异。

在每一小节中，我将分别综述每种方法的特征，提供示例，就相关研究展开讨论，说明变革推动者如何利用这种方法来有效实现变革扩大化，以及它如何解决人们指出的传统扩大化模式存在的问题，最后提供一些示例的链接。

社会运动方法

社会运动示例及其特征

Palmer（1992）提出从社会运动的角度研究变革。他指出，当不同地方的人决定接受变革时，他们会形成关系网，评议和讨论创新，共同对抗反对者，最终创造奖励和制度结构，使其成为系统的一部分。[4] 社会运动的特征主要有四个要素。首先，它们是由非正式互动的关系网构成的。这些网络使人们能够进行沟通和协调其工作，并且通过集体行动获得变革的动力。与社交网络或实践社群相比，社会运动具有更强的共同信念感和归属感。这意味着他们形成了更强的目标感，推动他们一起工作。第二个特征是评议。社会运动为对话提供了途径，这样就可以产生共同的愿景和目标并且制定策略。第三个特征是感受到对立方或对立事物的存在。这种感受有助于通过集体行动凝聚人们的信念和努力，使他们有更大的目标感。有些人可能会认为不得不确定一个对立方或对立力量，会让人们难以预见在高等教育中可能扩大化的各种变革。然而，那些努力使学习参与度更高的领导者可以把灌输讲解式的教学方法作为对立面。因此，感受到对立面并不一定是真正意义上的对抗。第四，颁发奖励、拨付资金和创建结构的目的通常是为了帮助维持运动。这些资源有助于加强社会运动，通常被称为资源动员。社会运动反映了变革的政治理论中有关盟友、权力和同盟的原则和概念。

公民参与计划是学术界社会运动的一个很好的例子。在过去的20年里，服务性学习——公民参与计划的一项重大举措——从开始融入不到100个校园到现在融入3000多个校园。这种扩大化的程度被指出是社会运动方法的结果。Hollander和Hartley（2000）描述了公民参与计划如何像一个社会运动一样进行，涉及各种支持性的网络，如校园联盟（Campus Compact），美国社区学院协会（American Association of Community Colleges），美国高等教育协会（American Association of Higher Education），美国学院和大学协会（Association of American Colleges and Universities）以及美国国家实验教育协会（National Society for Experiential Education）。以校园联盟为例，它建立了各州的组织，把州内的院校联合起来，然后又联合州外的院校。他们的社会运动具有一套明确的共同信念，可以概括为："第一，坚持把下一代培养成为民主制度的积极参与者这一古老传统；第二，鼓励校园在自己的社区内发扬良好的公民精神"（Hollander & Hartley，2000：353）。虽然Hollander和Hartley指出，共同的信念并不容易达成，并且人们对公民精神复兴的概念肯定有不同的理解，但一系列总体上共同的信念有助于推动校园公民精神复兴的社会运动。作者还概括了公民精神复兴运动所反对的观点，即主张学术圈是一座远离现实世界问题的象牙塔。公民参与的观点也反对教育的消费者模式，认为高等教育具有公益性。公民精神复兴运动被视为是对市场经济过度主导美国社会这一现象的制衡。最后，Hollander和Hartley阐述了校园联盟等组织怎样向校园提供国家级奖励或种子资金等奖励，推行公民参与计划。此外，州一级和国家一级的网络的成立还为各个校园提供了信息和战略资源，帮助它们推行公民参与计划。

除公民参与计划外，高等教育中的其他社会运动还涉及人权运动、平权行动、族裔和妇女研究发展的传播、多元文化主义和多样性、同性恋权利、反种族隔离、反血汗工厂行动、可持续发展和环境保护主义、入学率以及为越来越大的临时雇佣教师群体解决工作条件问题（Rhoads，2005；Rojas，2012）。Rhoads（2005）的研究对如何通过社会运动角度看待高等教育中的各种变革举措最为重要，特别是学生群体中的社会运动，还有教师中的社会运动。许多校园正在经历教师和学生兴起的一系列社会运动，如主题关于支持符合"童年抵达者暂缓驱逐办法"（Deferred Action for Childhood Arrivals）条件的学生、有争议的校园演讲者和校园种族环境等。未来几年，社会运动可能会给校园带来变革的压力。

社会运动导致变革及其扩大化的相关研究

学术界关于社会运动的研究表明，这些举措已经成功地创造了重大的、扩大化的变革（Rojas，2012）。由于社会运动往往是以基层为导向，有组织地进行的，因此可以提供的正式研究主要限于专业人士网络、实践社群和学习社群，它们都因具有组织性，而成为研究的对象。因此，虽然我们有社会运动及其对学术界的影响的信息记录，但我们对相关变革过程的研究较少，尽管这样的研究可以为希望从社会运动角度扩大变革的领导者提供一些思路。

关于社会运动的文献表明，有必要把人们聚集起来建立网络，提供评议和讨论的途径，培养共同目标感，确保在运动扩大时调动资源对它给予支持（Hollander & Hartley，2000）。Kezar 和 Lester（2011）最近的一项研究记录了 170 名自下而上或基层的领导者的工作，他们是来自五个不同校园的教职员工。这些变革推动者全都使用社会运动方法发起并参与了一系列变革举措，从可持续发展到校园多样性，再到教学法创新。该研究发现，社会运动方法变革的关键杠杆是创建和传播共同的愿景，发展同盟和网络，以及利用社区团体和媒体等强大的合作伙伴（有关基层变革策略的更多详细信息，请参阅第七章）。对于希望支持社会运动的校园领导者，包括持支持态度的个人，该研究提供了具体的建议和示例。例如，有的系主任为教职员工消除参与社会工作方面的障碍，给予教职员工在工作量和职责方面的灵活性和自主权，将社会工作作为服务的一部分；有的系主任派教职员工参加校外会议和专业培训活动，并在校内加强社交网络的建设；有的制定政策，将非终身教职教师纳入治理，解决缺乏共同体意识或部门功能紊乱的问题；有的营造一个将对校园的质疑视为健康行为而非威胁的环境，并塑造榜样和提供指导。校园可以做很多事情来支持社会运动和社会工作，挑战现状，导致重大变革。领导职责的一部分就是承担风险，支持可能挑战制度规范的事物。

社会运动如何解决对变革扩大化模式的传统批评

社会运动如何解决扩大化中存在的有关自主权、可持续性、深度和传播性的问题？在该方法中，变革推动者自下而上地参与影响创新。社会运动方法也提高了自主权，因为变革是由本地的变革推动者创造的。通过社会运动方法广泛实施创新是基于环境的，因为创新出现在不同校园内，并根据特定环境形成。因此，它也符合本地的文化和结构。这种方法还为本地的领导者及其需求提供了某种灵活性，因为它不是由自上而下的理念或价值观驱动的。此外，它还加强了人们评议的过程，因为人们通过关系网在非正式的团体中找到与自己志同道合的人共同，交流看法和讨论感兴趣的话题。社会运动方法基于以下假设：动力最好在内部取得，创新最好在特定环境中形成或者起码做调整。自主权、广度和传播性通常会给变革带来更大的可持续性。当学术界内部有一批积极的倡导者并且改革主要是内部改革时，社会运动就会很好地发挥作用。社会运动可以或多或少具有组织性，校园联盟（下文讨论）是一个更成体系的社会运动。社会运动在多大程度上成体系或组织化才能成功，以及如何适用不同类型的变革，目前尚未得到研究，这是未来的一个重要调查领域。

当前社会运动举例

校园联盟

校园联盟是一个通过社会运动角度创造变革的组织方面的例子。通过查看其网站，了解其策略、成员、共同兴趣和愿景，社会运动方法的实际运用一目了然，还可以发现它是如何用在高等教育领域中影响变革的。[5] 校园联盟发布了有关高等教育愿景的重要文件，其中包括更加关注社区参与和公民教育。例如，《关于高等教育公民责任的校长宣言》(*the President's Declaration on the Civic Responsibility of Higher Education*) 就是该运动的一份重要文件。校园联盟在各州有分支机构，每个州的人都可以在区域性和全国性的会议上碰面。它为教师、学生、校长以及服务性学习和社区参与的专业人员提供资源，帮助他们建立自己的子小组。校园联盟采取各种举措联络具有相似兴趣的人，兴趣话题从全球公民到社区/经济发展，再到服务性学习。它还发表特约文章，帮助成员达成更多的共同理解，定期举办许多不同的活动，将运动领导人聚在一起。在社会运动策略方面，校园联盟更成体系，更组织化。它是为数不多的影响了院校的激励结构、课程和政策的社会运动方法之一，创造了大多数变革扩大化方法很难做到的文化变革。

黑人的命也是命

在过去的几年里，"黑人的命也是命"（Black Lives Matter）已经成为一个社会运动，出现在许多大学校园（以及更广泛的社会）并成为其中的一部分。该运动始于社交媒体，并通过社交媒体扩大，但也是一个基于分会成员领导的组织。通过互联网，他们相互联系，规模不断增长。他们做计划，提供资源和装备，组织活动，采取政治行动。运动的目标是建立地方权力，干预国家机构和私自执法对黑人社区施加的暴力。他们这么描述自己：

> 我们是一群相信包容和广泛运动的解放者。我们还相信，为了赢得胜利并让尽可能多的人与我们一起前进，我们必须超越在黑人社区中普遍存在的狭隘民族主义。我们必须保证我们正在发起一场运动，将我们所有人带到前线。我们正在为一个黑人生命不再被系统灭亡的世界而努力。

（Black Lives Matter n. d.）

在大学校园里，他们发起了各种各样的活动，从建立分会到提供课程，再到培训和研讨会。他们正在使用社交媒体和互联网进行沟通，不断调整，展示了社会运动、社交网络和实践社群的未来方向，这些都利用社交媒体得到迅速扩展。

专业和社交网络

网络的特征和示例

专业网络是松散连接的由个人组成的团体，专注于共同的专业价值观，目标和理念。虽然社会运动中包括社交网络，但社交网络的发展并不总是围绕着一个共同的目标或针对特定的反对方。同时，专业网络可能没有社会运动中形成的团体正式。

最近，政策制定者和基金会开始资助和建立社交网络，以推进教育改革（Lumina Foundation，2010）。试图解决复杂问题的领导者意识到，需要让多个利益相关者参与解决多方面的问题，还需要具有不同专业背景的人和团体的介入（Spillane et al.，2010）。例如，Lumina 基金会已经投资了各种州一级和国家级的网络，以帮助提高高等教育入学率。该基金会认识到，除非各种团体联结起来共同努力，否则到 2025 年它将高等教育入学率提高到 60%的目标将无法实现（Lumina Foundation，2010）。社交网络也被用来在科学学科领域扩大变革。美国国家科学基金会已经投资建立网络，将 STEM 教师联结起来，从而解决复杂问题，提高本科教学和学习水平，以及帮助 K-12 教师更新知识储备，帮助更多学生立志从事科学事业（Fairweather，2009）。

许多研究将社交网络的存在与变革计划的成功进行挂钩（Daly，2010a，2010b；Hartley，2009a，2009b）。正如 Alan Daly（2010a）所指出的，社交网络证明了"系统内部的关系对实施变革至关重要"。他接着指出，所有的改革都可能始于想法或愿景，但最终需要由处于社会结构和人际关系中的有关人员参与。因此，社交关系网络通常是变革举措如何扎根、扩散和持续的主要决定因素（Daly，2010c）。非正式的关系网络对个人是否决定参与变革或改革有重大影响。社交网络还挑战了只有总体规范（即社会、组织、机构的规范）才会影响行为的概念，而且注意到亲密的同龄人甚至远距离接触的人对选择和态度的影响（Kilduff & Tsai，2003）。社交网络文献描述了跨越组织边界且流动性更强的人际关系，例如，学者们关注的是合作者、在线社群或非正式的团体。

社交网络如何导致变革及其扩大化的相关研究

研究人员确定了社交网络导致变革的几种主要方式。首先，社交网络提供了一套实现变革的机制，包括沟通体系、知识迁移、改变认知图式或思维模式、影响态度、增加解决问题的能力和问责制（Ahuja，2000；Borgatti & Foster，2003；Kraatz，1998；McGrath & Krackhardt，2003；Szulanski，1996；Wasserman & Faust，1994）。变革推动者应该意识到，结构良好的社交网络创造了成功变革的条件。

其次，社交网络的两个结果与变革有关——学习和社会资本（Borgatti &

Foster，2003；Burt，2000；Kilduff & Tsai，2003；Tenkasi & Chesmore，2003）。许多研究人员发现学习与社交网络之间存在很强的关联性，学习与行为改变密切相关（Tenkasi & Chesmore，2003）。社交网络还提供促进变革进程的社会资本（Burt，2000）。虽然社会资本有不同的定义，但大多数理论讨论的基本假设是社会资本包括嵌入社会关系和社会结构中的资源，行动者可以动员这些资源，从而提高有目的的行动取得成功的可能性（Daly & Finnigan，2008）。这种资源包括：了解组织的内部运作，如何影响关键人物，以及财务信息，等等。作为社交网络核心的学习和社会资本反映了社会认知理论视角的变革关键原则。

最后，变革往往涉及承担风险，风险如果由集体而不是个人承担，风险性就会降低（Valente，1995）。如果变革推动者知道他们的许多同辈将从事某种特定行为，那么他们也更有可能从事这种行为（Rogers，1962）。如果我们知道社交网络可以促进变革，那么如何才能更好地利用它们来完成这个任务呢？

如上所述，各种研究业已指出社交网络的设计对社会资本或学习等方面的积极影响。最常见的设计特征是或强或弱的联系，或异质或同质，子小组，连通性和意见领袖。强联系对于默契的、非日常的和复杂的知识交流最有用，而弱联系或密度较低的网络更适合简单和日常信息的沟通（Nelson，1989；Tenkasi & Chesmore，2003）。强联系具有三个决定性特征：频繁的互动，悠久的历史，以及各方之间的亲密关系或相互信任（Kraatz，1998）。大多数关于变革的研究发现，强联系更有利于深层变革或二级变革（Balkundi & Harrison，2006；Tenkasi & Chesmore，2003）。强联系更有可能促进深入的双向沟通和详细信息的交流。以创新或改革为目的而创建的社交网络不太可能具有更长的历史或亲密关系；但是，它们可以为频繁互动创造机会。弱联系的典型特征是距离感和交往不频繁的关系，不那么亲密，本质非互惠，这种关系可能比较随意。然而，对于思想和公共信息的传播，弱联系可能非常有帮助。同时，弱联系可以提供外部重要的想法，为获得变革思路提出更有力的变革思想。因此，在有些时候和环境下，弱联系对于创造特定类型的变革或在变革过程的某些特定阶段非常重要。

另一个设计领域是关系的多样性和同质性。关系的多样性或异质性导致对变革过程更为复杂的思考，但同质性（即同质关系）可以导致更快地采纳变革和发展更牢固的关系，其结果是强联系（Borgatti & Foster，2003；Moody & White，2003）。同质性还可能导致网络成员更大程度的参与。网络内部各子小组（subgroups）的发展已被确定为推动变革的强大杠杆（Freeman，1979；Reagans & McEvily，2003）。另一个概念称为连通性，它是衡量个人对创新接触程度的指标。如果一个人的周围有许多已经认同变革的人，那么即使这种变革在整个专业领域或校园中并不常见，他也可能受到影响并改变自己的行为。网络设计的最后一个方面是意见领袖，这对于创造扩大化的变革至关重要。如果一个网络能够吸引主要的意见领袖加入，并且他们在网络里发声且活跃，那么通过利用这些人的影响将有助于加速变革。当变革推动者创建社交网络时，他们应该有意识地利用上述这些特征，形成自己的社交网络并实现既定目标。

高等教育研究开始探索变革扩大化的社交网络模型。事实上，在过去的 10 年中，社交网络项目和变革扩大化的举措有了巨大增长。目前正在部署和研究几种模式，其中包括网络化改进共同体（networked improvement communities，NIC）和通过院校联盟或同盟的方式多院校协作的各种项目。建立院校联盟和多校园联动的探索才刚刚开始，但看起来它们似乎能够加强影响变革的学习。网络化改进共同体是更结构化的社交网络类型。

已经有研究探讨 NIC 在社区学院的背景下作为一种途径解决学生入学率的问题。NIC 建立在多校园学习项目的早期模式之上，例如本书前面提到的实现梦想项目（Achieving the Dream）。NIC 可以被描述成一个社交网络或一个实践社群，包含两者的要素。它具有社交网络的特征，因为它连接了多所校园，其中某些教师、职员和管理人员可能只是以比较松散的方式连接在一起。但它形成了研究活动的群组，这一点非常像实践社群中的研究活动群组，人们共同努力改善教学和学习的环境。NIC 已被证明有助于扩大社区学院背景下的变革（Bryk et al.，2010）。目前有人正在对一个大学背景下的 NIC，"湾景联盟"（Bay View Alliance）进行研究，下文将有所介绍。上述研究建立在 K-12 背景下早期研究的基础上，这些早期研究已将 NIC 确定为一种变革扩大化的模式（Looi et al.，2015；Wentworth et al.，2017）。然而，这是一个新的研究领域，因为 NIC 很少见，而且需要几年时间的研究才能明确它的影响。

Kezar（2015）关于院校联盟帮助多所院校参与变革项目的研究发现，联盟为了帮助各校园扩大变革规模，采取了各种机制，包括：促进学习，提供资源，与许多其他校园一起合作而使实验更加安全和降低风险，让校园承担责任，敦促校园领导者检查变革与校园基础设施的契合度，建立网络使领导者与人员、知识和资源联系起来，等等。与多个院校合作的本质在于为推动院校改变现状创造空间，从而促进变革，但是院校联盟或任何类型的中心组织的附加价值在于它们提供了方向、重点、问责和其他条件，放大了与多个院校合作的好处。因此，多个院校一起合作可以促进变革扩大化，但加上一个中心组织之后可以增加成功创造变革的机会。对院校联盟的研究表明，校园之间可以相互学习，而当这种学习由院校联盟或其他外部实体统一协调时，它会有更好的成效。通过建立跨校的学习社群，给校园带来新的思想，并帮助它们探索创新，院校联盟在促进学习和变革方面发挥着关键作用。院校联盟还提供集中的资源，帮助校园的工作进行得更快、更顺利。例如，某个院校联盟提供了一些评估模板，为校园领导者召开一系列会议，就各个校园如何调整适用点对点模式（peer-to-peer model）提供了建议。作为多校园联动的一部分，项目负责人们认为院校联盟的力量在于将许多校园召集在一起进行创新，降低了实验的风险。院校联盟的领导人通过定期报告、签到、持续沟通和其他因素要求问责，督促项目参与者专注于完成目标并在出现障碍和需要利用头脑风暴制定解决方案时能够更好地沟通，以便在相关校园里推动更多的变革。院校联盟还发挥了学习的作用，要求院校的领导人探索哪些校园结构或流程可能需要改变才能将创新整合到校园中。校园联盟发挥的这种特殊的学习作用也有助于使变革工作更加系统化，使它具有可持续性。

　　一些院校联盟与其他团体有着良好的网络联系，这可以增强它们促进变革的能力。例如，"想象美国"（Imagining America）与伯里克利项目（Project Pericles）、校园联盟（Campus Compact）、美国学院与大学协会（Association of American Colleges and Universities）以及其他对公民精神工作感兴趣的团体都有联系。另一个例子是南方学院联盟（Associated Colleges of the South）与国家技术与通识教育研究院（National Institute for Technology and Liberal Education）合作，其案例研究可以供其他的文理学院参阅，从而在教师中传播他们支持的改革，鼓励个人在课堂上以创新的方式使用现代技术。这些院校联盟及其领导人可能会出席各种会议，这些会议是其社交网络扩展的一部分。项目资助者想要增强其影响力应寻找社交网络建立良好的院校联盟。院校联盟越能拓展其社交网络，资助者越能形成社交网络发达的联盟，变革就越有可能扩大化。

　　美国大学协会本科 STEM 教育计划（AAU STEM）的一项研究确定了社交网络和同行互动对改变思想和实践的重要性。AAU 利用社交网络在系统的三个层面（校园、校园的子组、专注于 STEM 教育的高等教育联盟及其他外部团体）实现变革扩大化。这些网络服务于不同的目的，如影响力、学习、资金和资源、信息传播、情感支持等。AAU 在创建和利用社交网络来扩大变革方面是有成效的，因为AAU作为会员制组织将关键的高等教育利益相关者联系起来，而网络就建立在现有的优势和能力上。AAU还通过社交网络在共享信息方面发挥了关键作用，这有助于学习和采用新的做法。AAU的各种工作做法都支持学习，包括跨校园将数据集中收集和比较，鼓励校园使用数据和运用数据分析方法来作出有关教学和学习的决策，实地考察，了解AAU工作人员对工作做法是否有质疑，指定调查小组在开始阶段为项目征求提案，以及通过召开年度会议、网络研讨会和其他渠道使校园领导者共享和处理信息。这项研究既指出了中心组织促进学习的机会，也指出了多校园和社交网络工作中可能发生的一些潜在的学习上的困难，如校园之间存在竞争；有的校园感觉自己的环境过于独特而不向其他校园学习；没有借助合适的学习途径和深入对话产生学习结果。

为了实施和持续变革，AAU使用一个框架确定校园系统中需要变革的各个方面，包括教室、院系、课程、设备与基础设施、激励/奖励措施以及领导者的优先级。这种系统方法是将社交网络和系统框架联系起来的典范，帮助校园识别和理解在其系统内部需要进行的变革，从而完全接受教学改革。正如本章开头所指出的，社交网络的关系往往比较松散，没有与持续变革所需的院校基础架构联系起来。AAU STEM计划代表了一种少见的扩大化方法，既范围广泛，又深入院校的基础架构，有能力通过改变奖励制度、教室以及学校目标和优先级来持续变革。该项目正在继续进行，它对于社交网络如何与院校的基础架构相结合以促进变革将是一个重要检验。五年后，用这种方法和模型实现变革扩大化的相关数据会很有说服力。

社交网络如何解决对变革扩大化模式的传统批评

由于人们出于兴趣才加入专业网络，因此他们通常对作为这些网络一部分的变革计划拥有很大程度的自主权。社交网络是自愿的，建立在人们固有的利益之上。它们还促进了变革举措的传播，因为社交网络是广泛的，跨越了机构、区域和州的边界。社交网络和专业网络具有非常广泛的传播范围。他们的覆盖面跨越组织、地区和国家。设计得当的社交网络已被证明是可持续的，可以在几十年的时间里支持变革。后文中提供的一些网络示例已经存在了几十年。然而，我们的确知道，社交网络常常无法维持下去。上一节中回顾的设计原则来自对社交网络的脆弱性以及它们为何经常解散的研究。社交网络通常不能达到深度，这是与传统扩大化模式共有的问题。人们在社交网络上进进出出，而且因为社交网络通常不是其成员每日生活和工作的一部分,所以它们有时缺乏能力改造意识,而这对创造变革又是必需的。因此,关于社交网络对变革及其扩大化的影响的主要批评之一是它们缺乏深度。

社交网络示例

新英格兰高等教育资源中心智库

新英格兰高等教育资源中心智库(The New England Resource Center for Higher Education Think Tanks)将相似领域的校园从业人员(如首席学术官、学术副院长、系主任、文化多元化官员)集中在一起,讨论现代技术、校园多样性、法律事务或困难时期的财务管理等问题,实施有意义的变革。这些社交网络的设计非常松散;通常没有长期举行会议的计划,但鼓励在智库会议之后建立非正式的联系。[6]

美国教育委员会研究员项目

美国教育委员会研究员项目(The American Council on Education Fellows Program)为未来的高等教育领导者提供专业发展机会。虽然它是作为学术事务管理人员培训项目而成立的,但参与的个人成为团体的一部分,多年来经常保持联系。参加过培训的人作为该项目的研究员并成为项目导师和榜样。ACE主办活动将研究员们召集回来,维护邮件列表,而且各成员之间也会有非正式的交流。虽然ACE项目的研究员没有明确的变革议程,但许多领导者已经利用这个网络来支持变革。

科学教育促进新公民参与和责任计划

科学教育促进新公民参与和责任计划(Science Education for New Civic Engagements and Responsibilities,SENCER)是一个教师发展和STEM教育改革计划,隶属于2001年由美国国家科学基金会在全国范围发起的课程、课程设置和实验室改进项目(Course, Curriculum, and Laboratory Improvement,CCLI)。SENCER提供了一种STEM教育方法,通过复杂、宏大、现代和有争议的公民任务来教授基本、规范的STEM知识和方法。它鼓励使用情境来吸引学生兴趣,使科学变得真实和与生活相关,让学生学习的东西难以忘记。该项目已从专注于单门课程扩大到较小的课程模块、交叉课程、学习社群、重大课程改革、医学预科和研究生教育、新证书、学位课程等。SENCER 社群包括数千名教师、学术领袖和学生，来自美国 46 个州和 9 个国家的 400 多所两年制和四年制学院和大学。该组织的目标是让更多的学生对 STEM 课程的学习感兴趣并参与其中，帮助学生将 STEM 学习与其他学习联系起来，并通过让教师重新思考他们的教学实践来加强学生对科学的理解以及他们的责任意识和公民意识。

湾景联盟（网络化改进共同体）

湾景联盟（The Bay View Alliance，BVA）是一个由研究型大学组成的社交网络，旨在应对院系文化建设的挑战，支持更有效的教学和增强学生学习效果。他们建立了一个由 10 所开展本地创新研究的院校组成的网络——创建了一个由为实现相似目标而努力的教育工作者组成的社群。在改进科学（improvement science）思想的指导下，他们的合作领域涉及联合识别问题、审查需要进行的变革以及检验实现可持续变革的思路。他们通过由三所或更多合作院校组成的研究行动小组（Research Action Clusters，RAC）来检验变革战略。小组成员尝试特别干预，比较结果，把它作为新见解、新发现和进一步创新的来源。他们在 BVA 网络内部分享这些经验，以增加新知识，努力使更大范围的高等教育机构和人员关注他们的研究结果。BVA 由一个指导委员会领导，该委员会由合作院校、受邀专家和相关组织的代表构成。有一个中心机构协调 RAC 和整个网络的工作。

实践社群/学习社群

实践社群/学习社群的特点和举例

实践社群由一群对自己所做的事情有共同的关注或热情，并学习如何去做的人组成（Allee，2000；Lave，1988；Wenger，1998，2006）。实践社群也是专业网络，但它们往往受地域的限制，因为这些群体有很多定期的社交互动。虽然存在虚拟的实践社群，但实践社群的有关研究来自对某个区域的专业人员的研究，这些专业人员曾在学徒时期一起工作一起学习。为了更好地了解学习如何在正式的课堂环境之外发生，Lave 和 Wenger（1991）研究了非正式团体的新人或新手如何成为这些团体的正式成员并开始学徒生涯。实践社群本质上是人们通过在日常生活中（通常是在工作场所)参与实践来学习的一种方式。就广泛的变革过程而言,如果变革推动者能够影响组织和系统内部参与者的社会化、规范设定和学习,那么他们就可以影响工作完成的方式,创造更广泛和扩大化的变革。

近年来,有些组织已经开始系统地创建实践社群,帮助引导进一步的学习和发展,并视之为创造变革(McDermott & Archibald, 2010)。事实上,商业实践社群现在的任务是开展知识创造和传播的活动,这些活动以前由更正式的组织结构承担,如规划、培训或研究办公室。这些组织认为通过发起正式和非正式的实践社群,他们将创造更多共享知识,带来更多创新和成效(Wenger, 2004)。同时,实践社群依赖于组织通常无法系统捕捉到的隐性知识,因此具有知识管理的功能。Lave 和 Wenger 进行的大多数研究都是关于已有的实践社群,而不是结构化的或创建的实践社群。然而,新兴的研究表明,非自然形成的或创建的实践社群可以取得与逐渐自然形成的社群相似的结果(Lesser & Storck, 2001)。

实践社群方法的出发点是研究内在动机或使个体成员成功创造变革的因素,这些因素包括决心、社会存在感,以及有兴趣与社区内其他人合作并享受这种互动。这些类型的品质是逐渐形成的,很难在组织层面上产生,因此实践社群往往通过专业组织,围绕共同兴趣,非正式地发展起来。在高等教育环境中,已经建立的典型的实践社群是帮助教师开展教学实践的实践社群,这是可以理解的,因为这些社群的导向是将专业人士召集在一起,使他们能够对自己的实践进行反思。通常,教学和学习中心一直是为教师创建实践社群的倡导者。实践社群的渠道更有国际吸引力,常常被用来描绘人们共同努力实现变革的方式。然而,研究高等教育的专业人士也是实践社群的倡导者。例如,对高等教育可持续发展问题感兴趣的人士基于他们对环境保护主义的共同兴趣创建了实践社群。此外,虚拟实践社群也越来越普遍,将具有相似兴趣的教师跨院校联系起来的。例如,某位教师可能对跨学科教学有浓厚的兴趣,但在他工作的机构很少有教师做这方面的工作。在这种情况下,实践社群可能有很大的好处。

在美国,人们通常使用"学习社群"这一说法。学习社群类似于实践社群,但略有不同,因为它是被有意设计的,而实践社群通常是逐渐形成的。相关文献为学习社群提供了多种定义,但一个共同的定义是,学习社群是一群拥有共同的情感、价值观或信仰的人,他们积极参与共同学习,相互学习,定期交流(Smith et al., 2004)。学习社群的设计与高等教育中的跨学科教学手段最为相关。相较于实践社群产生自对组织内部非正式学习的研究和日常的社会实践,学习社群是从建构主义学习理论演变而来的。

根据这种理论，个人不是通过单独学习，而是通过和他人一起共同构建知识，才能成功地学习。这种方法得到一些研究的支持和推动；这些研究表明，参与学习社群与许多积极成果相关，包括一系列发展指标的增长，如个人和社会发展、实践能力、多样性意识，以及学生保留率和学业成绩等标准成果评判指标。此外，变革推动者也把学习社群是否可以作为取得变革成果的渠道加以考虑（Pascarella & Terenzini，2005；Smith et al.，2004）。

既然学习社群的本质是一种教学手段，而不是一种变革策略，为什么它们被收录在一本关于变革的书中？如前几章所述，与实践社群和社交网络一样，校园变革推动者一直在寻找杠杆，把对类似想法感兴趣的人联络起来，利用有关组织学习和意义建构以实现深刻变革的各种研究。许多变革推动者通过由权威人士组建的跨校园团队，利用实践社群和学习社群作为工具，实现一直让人们感到困难的组织学习。

实践社群和学习社群如何创造变革和实现变革扩大化的相关研究

很少有研究记录实践社群或学习社群如何能够实现高等教育变革的扩大化。人们越来越多地使用这些工具，但很少有研究检查它们的功效。然而，偶有听闻一些校园、校园系统和院校联盟已经利用学习社群来吸引人们关注教学和采取某个特定的教学方法，关注学生成绩评估、引入现代技术、校园多样性举措以及晋升和终身教职要求方面的变革（Cox，2004）。在变革扩大化方面，一些州或国家级改革举措已经使用跨校园学习社群，以促进各个校园内部对教学的关注。例如，万花筒项目（Project Kaleidoscope）创建了地区性的实践社群，促进科学领域开展动手实践学习。此外，专业协会也使用这种模式来扩大特定专业或领域的变革。对学校综合改革的研究发现，正式和非正式的学习社群有助于学校改进工作并实施学生成功所必需的创新（Daly，2011）。

最近 Kezar 和 Gerke（2015）的一项研究表明，一种称为"转型社群"的特殊形式的实践社群成功地扩大了高等教育变革，特别是在使用循证教学法方面。该研究探讨了四个大型的全国性实践社群——POGIL、SENCER、BIOquest 和 PKAL——并发现它们如何不仅在个人之间，而且跨系、跨院校把改进了的教学方法扩大化。该研究明确了一种驱动理念以及体现和践行这种理念并指导他人参与的社群的作用。该研究扼要描述了如何设计这些社群，使之产生影响；该研究还提出了远远多于目前实践社群相关文献的定义，特别是围绕转型社群如何长期持续；它指出了所需的领导方法、财务和商业模式、策略、专业人员配备和文化、评估和反馈。研究表明，这些社群产生的影响包括更多的使用循证教学法、系课程设置的变化以及支持学生学习的全校性变革。在个人层面上，这些社群对女性和有色人种教师更有利，他们在这些社群内不仅得到了支持来实现改进教学的目标，而且还获取了专业上的发展、对工作的热情和满意度以及其他重要成果。

对于有兴趣创建或利用现有的实践社群进行变革的变革推动者来说，重要的是要熟悉实践社群成功的原则或其最佳的设计方法。然而，关于实践社群的主要发现之一就是，应根据不同的目标进行设计。实践社群有许多不同类型，因此没有一种设计能单独保证该模式的有效性，但有几个设计原则可以使一个社群实现其特定目标（Wenger et al.，2002）。变革推动者可以使用这些原则来设计一个社群来扩大变革。以下是一些普遍原则和办法，这些原则和办法被发现对创造导致变革的学习很重要：

（1）设计上让社群自然发展。由于实践社群的本质是动态的，因为其利益、目标和成员可能会发生变化，因此它们的设计应该是支持人们关注点的转变。因此，对个人和社群进行持续的调查对了解他们观点和需求上的变化非常重要。

（2）创造机会在内部和外部进行公开对话。虽然成员及其知识储备是实践社群最宝贵的资源，但将目光投向实践社群之外，了解实现学习目标的各种可能性，也将有所收益。

（3）欢迎并允许不同程度的参与。Wenger 等人（2002）指出了三个主要的参与程度。第一个是核心群体，他们通过讨论和加入项目高度参与社群活动。这个群体通常在指导小组方面担任领导者的角色。第二个是活跃群体，其成员定期参与活动，但参与程度不及领导者。第三个是外围群体，其中的成员虽然是社群的被动参与者，但仍然从活动参与中学习到东西。Wenger 等人指出，第三个群体往往代表社群中的大多数人。

（4）开发公共和私人社群空间。虽然实践社群通常在公共空间运作，所有成员都在这里分享、讨论和探索各自的看法，但也应该提供私人交流的空间。实践社群的不同成员可以根据具体需要，以个性化的方式协调成员和资源之间的关系。围绕特定任务或兴趣创建成员子小组是一种利用较小的群组使较大的公共群组受益的方法。

（5）关注社群价值。实践社群应创造机会，让参与者清楚明确地讨论他们参加社群的价值和成效。

（6）将熟悉感和兴奋感相结合。实践社群结构的一部分应当提供预期的学习机会，同时还要鼓励成员进行头脑风暴，讨论与主题相关的传统和激进的睿智观点，让他们共同形成学习的体验。应当邀请重要的思想领袖加入社群，帮助在讨论中推动创新。

（7）找到并培养社群活动的节奏规律。实践社群应协调组织大小活动，形成一个活跃的周期，使成员能够定期会面，反思和成长。这种节奏或速度应该保持预期的参与水平，维持社群的活力，但又不能太快，以免负担太重而失控。在前面的步骤当中，许多都强调了关系的建立，但这里最后一项关于社群建设的建议则侧重于协调组织活动，帮助联络社群成员和保持其热情。

(Wenger et al., 2002)

学习社群的设计原则与实践社群的设计原则没有太大区别。然而，实践社群更加强调逐渐形成的特质，允许参与者或多或少地参与其中，接受人们进出社群，涉及的过程更加侧重于本来的工作、兴趣和发展形成的关系。

Cox（2004）通过有关教师学习社群的研究总结出了以下推动社群成功的特征：

（1）安全感和信任感。要想让参与者相互联系，那么他们必须有安全感和信任感。当参与者暴露自己教学中的弱点以及对教学过程或相关文献无知时，这点尤其重要。

（2）开放性。在开放的氛围中，参与者可以畅所欲言地分享想法和感受，而不必担心报复。

（3）尊重。为了使成员聚集形成一个学习社群，成员需要感到他们作为人受到重视和尊重。院校通过资助支持社群的项目和参与教师学习社群的主题相关会议，来表示对成员参与的认可，这一点很重要。

（4）响应能力。成员必须相互尊重地彼此响应，组织者必须对参与者迅速作出响应。组织者应欢迎成员表达自己的关切和偏好，并在适当的时候与他人和整个教师学习社群分享。

(5) 协作能力。在个别成员项目的咨询和小组讨论中，以及实现社群学习成果的过程里，协作的重要性取决于小组成员相互合作和响应的能力。除个别项目外，组织内部还应欢迎和鼓励联合项目和专题的展示。

(6) 相关性。如果将教师学习社群的主题与参与者的教学、课程、学术研究、专业兴趣和生活经历关联起来，可以增强学习成果。应鼓励所有参与者寻找并分享教学和其他现实生活中的例子来展示这些成果。

(7) 挑战性。人们对教师学习社群成果质量的期望应该很高，从而产生进步感、学术研究、价值感和成就感。例如，一些社群会议应邀请个人分享教学大纲，汇报自己的其个人项目。

(8) 享受感。社群活动必须包括一些让人们放松和相互联系的社会活动，而且应该在帮助人们焕发精神的环境中进行。例如，可以在附近的乡村旅馆、州立公园、历史遗迹等校外地点进行静修。

(9) 集体荣誉感。与学术界的同仁分享个人和社群成果应该产生自豪感和忠诚度。例如，当社群做校园宣讲时，参与者尽心尽力把会议办好。

(10) 赋能。赋能既是教师学习社群的关键要素，又是人们期望的参与结果。在建设转型的学习环境过程中，参与者对自己有了新的认识，对自己的能力有了新的信心。教师们在他们参与的时间里，改进了课程教学，对自己和学生有更清晰的了解。主要成果包括更加精进的教学和对教学研究学术上的贡献。

实践社群和学习社群都被认为经历形成、实施和维持这三个阶段。虽然它们可能并不完全相同，但在它们的形成阶段有些问题很重要，例如定义和阐明群体的目的，创建一个活跃的核心团队，以及建立牢固的联系以形成开放的沟通渠道和取得学习效果。在实施阶段，变革推动者的工作重点是让思想领袖参与进来，收集和使用来自群体的反馈创造专业发展机会、生成内容，并在群体中发展个人关系。随着群体进入维持模式，成员们花更多的时间提升社群对个人的价值，培养领导力，并促进成员组建子小组。以上两篇文献还强调了理解机构环境的重要性，以及它如何影响学习社群或实践社群创造变革时的交流方式和有效性。例如，组织政治、领导层的稳定性、校园利益相关者的特点以及其他问题，这些都可以影响变革推动者培养建立功能性学习社群和实践社群所必需的特点（例如，共同协商、尊重和支持成员）。

有一项研究调查了院校联盟领导的多所院校利用学习社群推动变革计划的情况。研究发现，学习社群是 10 个大型项目中实现变革扩大化的最重要工具之一（Kezar，2015）。学习社群起到了关键作用——为变革提供了一个途径，使其成为校园持续对话的一部分，并帮助人们在变革推进时理解变革。学习社群通过帮助教师更详细地了解创新及其对他们工作和职责的意义，赢得了更多的教师对变革的支持。许多项目负责人和教师谈到了跨院校形成的同僚关系（即找到在别的校园工作但从事相似学科或具有相同热情的教师）。这种类型的联系是人们参与变革计划并成为变革倡导者的主要动力。因此，院校联盟层面的学习社群可以在各个校园内创造并保持变革的势头。学习社群促进变革的另一种方式是它可以作为模拟新行为或新做法的场所，然后其他教师可以观察和学习这些新行为或新做法。

实践社群和学习社群如何解决对变革扩大化模式的传统批评

实践社群的成员往往具有很强的自主权意识，因为人们选择归属于某个群体，并对他们作为群体的一分子所参与的工作充满热情。然而，学习社群往往是由组织领导者组建或打造的，而不是像实践社群那样自然形成的。如果学习社群不是自然形成的，那么它们的自主权意识可能会弱一些。实践社群和学习社群都经过精心设计，目的是达到一定深度，引导成员检查他们的价值观和规范，并让他们参与改变认知图式和学习的过程。这两种模式的主要优势之一是它能够帮助变革推动者重新思考并参与创新。实践社群和学习社群可能有助于扩大变革的广度，它们相对来说也可以得到控制。一般情况下，学习社群是在某个单位或组织内部创建。一些全国性组织，如 NASPA 或 NASFA（面向国际教育工作者）等学生事务组织，已经创建了全国性的实践社群，帮助人们大大地跨越单一院校的界限而联系在一起。不过，大多数的研究和对其优点的记录都是在小规模的实践社群和学习社群上进行的。

我们对大规模的学习社群是否能带来系统和广泛的变革知之甚少。在可持续性方面，实践社群通常是可持续的，因为它们是由从事共同工作的人于工作场所内逐渐组成的。在下面的示例中，在某个特定大学工作的教师构成了实践社群的成员。鉴于教师为特定院校工作时间较长，这些社群很可能会持续很长时间。学习社群的可持续性更多地基于领导力、精心设计以及本节相关研究回顾部分中描述的其他特征。因此，我们可以创建具有可持续能力的学习社群，但这个特征并不是模型本身自带的。

实践社群示例

南昆士兰大学

南昆士兰大学（University of Southern Queensland）为帮助教师开展合作并改进教学建立了实践社群。[7]他们建立了许多由不同的人基于特定的目的组成的实践社群，包括行政协调人员、文科教师、第一年体验分享、学习和教学支持、科研主管、学生平等和其他领域。社群中心为各种社群举办活动，例如邀请演讲者。他们通过教学同行计划、为特定群体准备的工具包（如支持入学第一年的学生群体的工具包）将人们联系起来，同时提供有关重大教育挑战和观点的出版物，并为新的实践社群启动提供指导，包括Wenger在实践社群方面研究的链接。

该中心将其使命和工作重点描述如下：

> 高等教育教学和学习的实践社群为员工提供了一个共同反思、审查和创新当前教学和学习实践的空间。在高等教育界，组织结构和个人主义的文化造成了这样一种局面，即个人往往是孤立的个体，不了解其他人的做法。虽然在科研工作中克服这种个人主义的措施——如科研中心和科研网络等——实施顺利，但这些措施在高校的教学工作当中并不常见。
>
> 缺乏分享学习与教学实践的正式或非正式的结构会带来一系列后果，包括缺乏关于创新的学校传统，很少承认或认可正式奖励机制之外的优秀实践的多样性，以及很少支持在改革、改进或反思实践时需要指导或引领的个人。
>
> （引自南昆士兰大学）

学习社群示例

国家学习社群资源中心

高等教育学习社群有关的详细资源可通过美国常青州立学院的华盛顿中心（Washington Center at the Evergreen State College）获得。[8]和国家学习社群资源中心（National Resource Center for Learning Communities）一样，他们认为学习社群——做得好的学习社群——创造了一个合作的环境，其中学生茁壮成长，教职员工尽其所能，学习注重培养思维习惯和解决复杂现实世界问题的技能。为了巩固学习社群，他们创建了区域性的社交网络、暑期学院，还有一个资源资料库，其中包括学生调查和评估工具，一份研究和实践期刊，以及一个邮件列表（把人们联系起来并允许网络中的人帮助解决学习社群建设中的问题）。他们还向有兴趣建立学习社群的院校提供技术援助。此外，他们还参与了学习社群功效的研究，并收集了各种模型和例子。该中心关注学习社群作为促进学生成功的一种手段，而不是创造变革的一种方式。

科研、教学、学习一体化中心

科研、教学、学习一体化中心（Center for the Integration of Research, Teaching, and Learning, CIRTL）是由威斯康星大学、密歇根州立大学和宾夕法尼亚州立大学创立的高校学习社群，其成员院校围绕加强STEM博士生的专业发展这一共同目标相互交流，进行创新和学习。[9] CIRTL网络支持基于CIRTL主要理念的成功策略和项目的相互交流。这种学习社群自身固有的合作性和彼此尊重自然导致整个网络在项目开发方面的相互支持。现在有20多所院校参加。

CIRTL的目标是：

（1）在每所参与的大学建立跨学科的学习社群，每个社群都建立在CIRTL的核心理念之上，有效地培养、帮助他们作好准备，使用和改进STEM教学和学习的最佳方法，并关注到不同的学生受众。

（2）建立一个跨网络的学习社群，通过这个社群并在CIRTL网络上未来进入大学任教的研究生们可以根据大学的多样性为教学做更好的准备。

（3）推动从网络学习社群到教师职位的过渡，延续研究生或博士后阶段培养的概念、实践和态度。

（4）加强CIRTL网络之外大学的研究生阶段的教学和学习教育。

（引自科研、教学、学习一体化中心）

该网络的长期目标是在全国各类高校培养一批以大学教师为职业目标的STEM研究生和博士后研究人员，它明显地成功促进了所有人的STEM学习，而且积极地改进了教学和学习实践。

迈阿密大学

迈阿密大学创建了教师学习社群,由多达 12 个跨学科教职员工团体组成,他们参与一个积极、合作的为期一年的课程项目,课程旨在加强教学和学习。频繁的研讨会和活动为学习、发展、跨学科、教学和学习方面的研究以及社群建设提供了机会。在关于学生学习社群的文献中,"学生"这个词往往可以用"教师"这个词代替,结论依然相同。

有两种类型的教师学习社群,基于同行的(cohort-based)和基于主题的(topic-based)。一些教师在学术界特别容易受到被孤立、分化或冷遇的影响,基于同行的学习社群解决了这类教师群体在教学、学习和发展方面的需求。这样一个为期一年的社群课程由参与者打造,包括一系列广泛的教学和学习领域以及他们感兴趣的话题。如果多年给予支持,这些社群将长时间对校园文化产生积极影响。迈阿密大学基于同行的社群例子包括面向处于职业早期阶段教师的"校友教学学者社群"和针对职业生涯中期和高级阶段教师的"高级教师卓越教学学习社群"。

每个基于主题的学习社群都为期一年,有一个旨在解决特殊校园教学和学习问题(如多样性、现代技术、合作学习)的课程。这些社群为所有级别和群体的教师提供会员资格和学习机会,不过学习重点是一个特定主题。当教学机会或所关注的问题得到令人满意的解决时,这个基于主题的教师学习社群就终止了。迈阿密大学基于主题的社群例子在本书的其他地方有所讨论。

迈阿密大学教师学习社群项目的长期目标是:

- 通过教学和学习在全校范围建立社群,实质上就是创建一个学习型组织;
- 提高教师对本科教学的兴趣;
- 调查并整合可以增强教学和学习的不同方法;
- 培养研究型教学(scholarly teaching)和教学研究(scholarship of teaching)及其在学生学习中的应用;
- 拓宽教学评价和学习考核的范围;
- 加强教学,开展跨学科合作;
- 鼓励对通识教育和跨学科学习的连贯性进行反思;
- 加大对教学卓越教师的奖励,提高其声望;
- 加大对教学措施的财政支持力度;
- 树立对教学复杂性的认识。

(引自迈阿密大学)

每个教师学习社群都有自己特定的目标和目的，由发起者和成员共同决定。

迈阿密大学还举办年度会议，以帮助其他院校发展教师学习社群。[10]

制度理论

如第三章所述，许多研究表明，校园相互模仿而产生广泛的变革，这种现象通常被称为同构现象。然而到目前为止，很少有组织或校园试图有意识地运用制度理论（institutional theory，IT）作为实现变革扩大化的途径。

Kezar（2018）研究了美国大学协会（American Association of Universities，AAU）本科 STEM 计划以及 AAU（作为美国大学协会网络的中心组织）在努力扩大提升 STEM 本科教育方面的作用。该研究有意使用制度理论作为变革的杠杆，利用 AAU 的力量和声望来敦促 AAU 院校在教学方面和科研方面做到优秀。该研究指出了 AAU 影响力及其重新构建和重新确定大学价值的关键作用。对 AAU 的研究还指出，要赢得对变革的支持，有必要将 AAU 的组织声望最大化。精英院校塑造了高等教育体系的更广泛的价值观。作为代表精英院校的组织，AAU 拥有这些院校的声望，因此不仅有力量影响 AAU 所属院校的价值观和优先级，而且可能影响整个高等教育体系的价值观和优先级。该研究概述了 AAU 为影响其成员院校而部署的各种策略，例如营造竞争、媒体宣传和实地考察。

AAU 还塑造了校园价值观体系，该研究记录了 AAU 如何能够为其成员院校重新构建价值观，这种价值观的重构也创造了变革的动力。AAU 宣称校园在教学方面需要和科研方面一样出色，科研和证据应当推动有关教学的决策。这些重新构建的规范或价值观是变革的强大驱动力，也是变革扩大化的强大驱动力，因为变革扩大化的关键在于改变驱动教师日常行动和行政决策的基本价值观。

关于变革扩大化的最后一些想法

一些学者认为，改变规范和价值观的文化变革是在某些领域（如改进教学和学习）中扩大变革的最佳方式，是当前许多变革举措的重点。Elmore（1996）和 Coburn（2003）对于 K-12 体系的研究发现，努力改变专业规范和重组嵌入了当前/过去价值观和规范的现有制度结构，是扩大和持续变革的最佳办法。校园联盟组织采用变革扩大化的社会运动方法，不仅致力于创造新的价值观，还致力于打破现有结构并在大学校园中创建新结构，以支持参与的校园和服务性学习。AAU STEM 计划旨在通过改变价值观体系来实现文化变革，利用具有影响力和声望的结构使文化发生改变。湾景联盟使用另一种方法即实践社群模式，但实践社群旨在改变制度结构，社群网络的具体目标与改造所有大学密切相关。加入该联盟的大学致力于通过研究行动小组进行变革，这些小组开展研究并帮助所有大学进行创新。本节中许多方法的目标在于改变文化，但并非所有方法都具有改变现有体制结构和文化的强烈立场。大多数变革扩大化的举措都集中在提高对新价值观/做法的认识方面，但很少关注怎样打破现有制度使新价值观得以应用，因此领导者需要更多地注意这一部分的扩大化过程。许多教师、职员和管理人员都被他们工作中的新想法所吸引。

许多举措实施了很长时间后都失败了，倡导者疲惫不堪，现有系统阻碍了倡导者实施新的做法并取得成功。在对科罗拉多州立大学 STEM 合作计划的一项研究中，Kezar 和 Holcombe（2016）指出了教师如何接受新的观念，支持第一代和低收入家庭大学生入学，并准备以新的方式教授和帮助学生，但有报告说他们没能这么做，因为学校的做法使他们举步不前：整个学校没有提供激励措施，没有划拨适当的教室给予支持，也没有进行专业培训使他们的教学评估不会受到影响，或者为实施变革提供其他支持。Kezar 和 Holcombe（2016）为行政管理人员提供了一个工具包，帮助他们考虑需要提供什么类型的基础架构，来确保教师能够根据新的价值观采取行动。附录 E 中提供了一份清单副本，以帮助校园在扩大变革时需要考虑什么类型的基础架构元素。虽然这份清单侧重于教学和学习方面，但所考虑的每个方面都可以为其他变革举措提供参考。

有关变革扩大化的文献正朝着将高等教育系统的整个生态纳入变革过程的方向发展。越来越多的基金会、政府机构和政策制定者在探索如何利用高等教育系统的各个方面进行变革——专业认证、政策制定、社交网络、专业协会、像国家科学院这样的标准制定机构、激励制度、晋升途径、资金等。AAU STEM 计划是为数不多的纳入这种生态方法的变革措施之一，尝试在整个高等教育系统中引入各种变革杠杆。他们与其他 STEM 改革组织结成同盟，形成社交网络和协同变革战略，这些组织包括美国学院和大学协会/万花筒项目（Association of American Colleges and Univesities/PKAL）、美国公立与赠地大学协会（Association of Public and Land Grant

Universities)、霍华德·休斯医学研究所（Howard Hughes Medical Institute）和美国国家科学院（National Academies）等。他们与主要的外部团体（如科特雷尔学者，the Cotrell Scholars）合作，专注于教学评估或教学奖励，创立了一个国家级奖项。他们联络各专业协会举办会议，连接其他 STEM 改革网络（如湾景联盟），分享变革的思路和工具。

我想在未来十年中，更多的举措将反映出制定变革扩大化策略时考虑高等教育整个生态或总体面貌的复杂性，并将更深入地考虑需要改变的学校基础架构，但要规模化地而不是每次单个院校地改变，这样才能让变革生根落地。这些理念正在 STEM 领域出现，因为美国国家科学基金会已经认识并系统地了解扩大变革的重要性，并正在资助这些方面的相关研究。

思考题

1. 哪些理论对指导高等教育变革扩大化最有帮助？为什么？
2. 对 K-12 体系中的变革扩大化提出的哪些批评应当在高等教育中加以避免？
3. 社会运动、社交网络和实践/学习社群之间的主要区别是什么？是什么特征使它们支持变革扩大化？
4. 对于变革扩大化有哪些新的关注点？在高等教育中实现变革扩大化需要解决哪些问题？
5. 在变革扩大化方面，高等教育环境有何独特之处？
6. 社交网络和实践社群有什么区别？

小结

社会运动，社交网络和实践/学习社群是一些可以用于高等教育领域变革扩大化的重要工具，因为它们适合其传统上分散、自治和专业的结构和文化。虽然可能还有其他模型可用于扩大变革规模，但这三种工具中的每一种都成功地扩大了变革，运用了一些已被证明可以促进变革的机制，例如建立网络、评议，以及为那些在可能很少有人或根本没有人支持变革倡议环境中工作的人提供外部支持。这些方法刚刚开始被使用，因此它们具有的潜力尚未得到人们的充分了解，但它们似乎很重要。使用这些办法的一个限制是，并非所有方法都集中打破阻碍创新和新做法的现有结构和文化。最近的研究表明，需要采取旨在改变现有基础架构并使其能够支持创新的变革扩大化方法。网络化改进共同体和多个校园变革社交网络都有其强大的中心组织集中帮助改变校园结构，例如 AAU STEM 计划和湾景联盟，为扩大变革提供了可能更为深入和持久的模式。

注释

1　当然，对变革扩大化有更细微的定义，这些定义考察了进行变革的层级（教室、学校和地区）以及变革扩大化的影响范围——例如组织、专业、战略或资源基础（Samoff et al, 2003）。然而，文中变革扩大化的广义定义在政策制定的许多研究中都成立。

2　有关对传统扩大化模型的批评的详细讨论，请参阅 Kezar（2011）。

3　学习社群与实践社群相似，但略有不同，因为它是有意设计的，而实践社群通常更有组织性。

4　并非所有社会运动的定义都包括最后提到的制度结构和奖励。

5　有关校园联盟项目的详细信息，请访问 www.compact.org/initiatives/。

6　有关 NERCHE 智库的更多详细信息，请访问 www.nerche.org/index.php?option=com_contentandview=articleandid=192andItemid=85。

7　有关南昆士兰大学的目标及其实践社群其他方面的信息可在 www.usq.edu.au/cops/about/highered 获得。

8　高等教育学习社群的详细资源可通过 www.evergreen.edu/wash center/lcfaq.htm 的国家学习社群资源中心获得。

9　有关教学、研究和学习一体化中心的更多信息，请参见 www.citrl.net。

10　有关迈阿密大学教师学习社群的信息，请访问 www.units.muohio.edu/flc/。

结论

在遭遇了本书序言中提到的变革实施的困境和鸿沟之后，我们现在应该重新审视书中提出的主要目标和思想。

本书的目标是提升高等教育变革的效果。本书指出了变革过程中领导者提出的问题假设，为领导者设计与其变革计划和环境相适应的策略提供了一个宏观框架，以帮助他们应对深层变革和扩大创新时所面临的挑战，同时还讨论了导致变革过程经常失败的伦理基础。在这本书的开头讨论伦理问题是恰当的，因为对伦理问题的忽视可能对变革造成了最大的阻力和问题。当然，当我对有关组织学习和意义建构的研究进行文献综述时，读者应该能够认识到阻力的产生常常是由于对变革缺乏了解。同样，阻力也是不注意反馈或忽视问题的结果，这些问题的产生是由于变革思路站不住脚或变革过程的分析和执行不善。我想把对变革过程考虑不周的问题提高到与变革过程的相关领导者的伦理考量同等重要的程度。现在有成千上万的研究来为领导者提供指导，并且人们就在某个特定环境下制定策略的元原则（meta-principles）已达成大量共识，因此如果还将变革当作一个凭直觉行事的过程，那就显得有些仓促了。

本书旨在邀请你成为一个自我改造的变革推动者，成长为能够自如地摆脱自己的偏见来应对变革，并关注以前可能从未考虑过的变革策略和想法。自我改造的头脑也是开放的，掌握多种复杂的方法，并将变革策略建立在自己的智慧之上，这种智慧是通过分析而不是依赖于直接预判的变革策略而形成的。虽然培养自我改造的头脑可能需要时间，但本书可以成为启动这种转变的第一步，并可以通过不断地重读本书持续转变。

本书的另一个目标是让读者意识到持续的变革过程会影响他们作为领导者的成效。不重视变革的持续进行，会使组织响应变革时成为被动的一方，而非以符合组织最佳利益的方式主动响应。这些变革可能不是变革推动者自己作出的；有时，它们是外部环境中的事件、其他利益相关者行动的结果，甚至是机构权力下放的结果。预算下降、要求更大的问责度和透明度、学费负担能力、使命转移（mission drift）和追逐声望等等这些问题，如果校园领导人和利益相关者未能及时应对，那么可能会降低教育机构的办学质量、效能及其以使命为中心的特性。

变革过程要求开展合作，寻找或形成共同利益，以及集体领导。违反伦理的变革过程造成的恶果，由于单方面的校园决策过程使教师、管理人员和工作人员之间的信任受到持续削弱，缺乏对多层次领导的远见，员工赋能感有限——所有这些都不断导致一个不利于真正变革的环境。虽然一些领导者表明他们能够主宰变革过程，但更有可能的情况是，当变革深入时，会缺乏校园里的利益相关者支持，导致他们的强制性变革命令没有完全实现或销声匿迹。

在整个学界的不同执行层面上，仍然存在大量令人兴奋的想法——无论是公民参与计划，本科生科研的形式，还是跨学科研究项目。它们将在多大程度上站稳脚跟，取决于各个变革推动者，以及他们是否有能力更好地了解发生变革的体系和本书概述的变革实施的过程。我希望更多的变革推动者愿意踏上这段旅程：深入地反思他们所提倡的变革，系统地分析和设计一个适合他们所在机构环境的变革过程，并参与创造深层变革的挑战，同时以一种符合伦理的、保持或增强整个行业诚信度的方式在整个学界扩大变革规模。

附录 A

变革案例研究

在本附录中，我们提供四个教学案例。它们代表了不同类型的变革、环境（包括院校类型）、参与者/变革推动者以及伦理考量。它们可以运用书中综述的概念。此外，我们提供了其他几个案例的网站链接，这些案例也可以用作教学案例。

哈佛大学出版社提供了几个可供购买的关于高等教育变革和领导力的案例研究。网上的案例很少，但这里有一些链接供参考：

- www-personal.umich.edu/~marvp/facultynetwork/cases/olivet/olivet1.html
- www.colorado.edu/eer/research/strategic.html
- www.sr.ithaka.org/publications/institutional-transformation-for-student-success/#committing-to-a-student-centered-mission-and-strategic-plan
- www.sr.ithaka.org/publications/revenue-recession-reliance-revisiting-the-scaithaka-sr-case-studies-in-sustainability/

案例研究 a：在研究型大学融入现代技术

一所研究型大学的建筑学院（研究生层次）正在讨论让教师使用多媒体教室存在的困难。该所大学历史上有权力分散的特点，各个学院的院长拥有很大的决策权，但在过去的两到三年里，在新教务长的领导下作出了更多自上而下的决策。教师委员会主席正在和院长开周会，他试图更深入地了解问题并提出建议。主席问："你能给我多讲讲多媒体教室以及要求教师在这些教室教学的规定吗？"院长回答说："嗯，教务长下达了一项要求，所有学院都要使用他们去年建造的新媒体教室，这些新教室要在未来三个月内使用。我们就联系了一些教师，他们说他们的课程互动性太强，不适合录像。我们后来终于让三位教师同意在新教室上课，但他们只剩下两周的时间来更改他们的课程了。学生们很不高兴，因为他们认为课上得不是很顺利。我想知道怎样才能让这项工作进行得更加顺利。"主席继续问道，"使用这些新媒体教室的目的是什么？我们把课堂录像是为了远程播放吗？"副院长回答说："不是，我们不远程播放。是这样的，我们把课堂录下来，如果学生愿意的话，他们可以在课后观看。"主席又问："这要花多少钱？"院长回答说："嗯，要花不少钱。

现在要求我们为使用这些教室付费,我想这就是要求我们使用它们的原因。"教师委员会主席坐下来叹息……

思考题

1. 在本案例中似乎有什么事情正在发生?
2. 这是什么类型的变革?
3. 变革的环境是什么?
4. 教师委员会主席具有什么形式的能动性?
5. 这种变革是否应该向前推进?如果答案是否定的,你会如何为这种情况下的参与者提供建议?
6. 有什么伦理问题需要考虑?
7. 如果变革向前推进,哪些类型的策略可能会有所帮助?

运用本书中的理论和概念,对处于这种情况下的教务长你会如何提供建议?

案例研究 b:修改朴次茅斯大学杜恩斯伯里分校的招生规则

朴次茅斯大学杜恩斯伯里分校(University of Portsmouth at Doonsbury,UPD)是一所位于大城市的大型公立大学,招生要求严格。UPD成立于20世纪之交,为国家培养了大量杰出的研究人员,特别是在科学、数学和工程方面的研究人员。除了治学严谨之外,这所拥有30000名学生的大学还拥有全国最好的篮球项目之一。UPD持续取得成功,在全国排名中从前20名大学上升到前10名。这种排名上的变化也导致每年秋天已经很高的入学申请人数持续上升。

拜伦·阿普尔盖特是UPD大家庭的新成员,他是从一所著名的私立研究型大学聘请过来的新任招生办主任,该大学因其招生工作的成功和效率而闻名。阿普尔盖特主任在他以前的工作中取得的成功很大程度上归功于他实施了新的具有创造性的招生政策,以及他愿意使用新技术。阿普尔盖特被聘为UPD招生办主任的原因之一是这所大学需要彻底改革他们目前的招生办法,其成本高昂且因当前申请数量过多而负担过重。这位新的招生办主任上任后与各方面的工作人员进行了多次谈话,于是在六个月后提出从传统的纸质招生档案阅读流程转变为全部档案电子化流程。这一建议提出的时间也正好与全州范围发生预算短缺的时间相重合，由于经费短缺，UPD 削减了用于额外雇佣招生档案阅读人员的预算。

为了实施所提议的变革，阿普尔盖特主任召开了一次务虚会，会上招生工作人员可以分享他们的想法和反馈。务虚会后，招生部门内成立了小型委员会，任务是集思广益和领导任何需要的变革来最大限度地提高招生过程中的集体效率。这些委员会建议重新制定招生办法。整个招生部门人员（从高级管理人员到电话接线员）不再承担某个固定任务，如读取或处理档案，而是将暂时分担职责。为了将收到的档案转换为电子文档，招生周期分为三个阶段。第一阶段持续了三个月，所有工作人员（包括主任）都需要以电子文档的方式录入收到的档案。第二阶段还是涉及所有工作人员，安排招生面试，回答咨询的问题和接电话，以及处理和分拣入学申请。最后阶段是实际的招生决策过程，仅限于有经验的档案阅读人员和招生官。由于这种新的结构，一年之内 UPD 的招生部门完全实现无纸化办公，效率大大提高。自实施新举措以来，整个部门以集体方式工作，在许多创新的交叉合作中相互支持。总体而言，招生人员意识到相互支持的重要性，这种认识大大提高了他们的工作效率。虽然由于电子文档的便利性，工作人员不需要像以前那样相互交流，但招生部门作为一个内部彼此联系的整体进行运作。

UPD 面临的一个主要挑战在于他们的工程学院。UPD 工程学院被誉为全国顶尖的工程学院之一，其师资力量在世界上颇负盛名，其中包括一名前宇航员和两名诺贝尔奖获得者。教师和学生都很国际化，但是少数民族和女性占比仍然很低。在校园师生眼里，UPD 工程学院被认为是最僵化、最传统、最不受外部影响的学院之一。由于它取得的成就，校长和大学董事会使这所学院得到很大的自主权和尊重。近年来，工程学院的学生和教师都存在明显的性别比例不平等现象。学院共 80 名教师，只有四名是女性，而且其中只有一人获得了终身教职。在学生群体中，工程专业的学生只有不到 5% 是女性，虽然 54% 的本科生是女性。除了占比偏低之外，女学生和女教师也没有享有与男性同类人员相同水平的研究补助金和实验室空间。学生和行政管理人员最近的一些评论引起了人们对工程学院这种公平差距的关注。教务长去找了新的招生主任，请他帮助指导这一变革过程。

思考题

1. 到目前为止发生了什么类型的变革，校园还需要解决什么类型的变革？

2. 领导者经常半途进入变革过程。在这种情况下，一些小范围的变革已经发生了。这对变革环境有何影响？您现在将如何应对这种变革并制定策略？

3. 关于策略的制定，你会给教务长和院长什么建议？

4. 教务长和招生主任具备什么样的能动性？

5. 伦理方面是否存在需要考虑的问题？是些什么问题？

案例研究 c：贵格会学院的筹款和课程

贵格会学院（Quaker College，QC）是一所小型私立文理学院，坐落在一个以宜人的环境和贵格会传统而闻名的田园诗般的大学城里。由于它靠近市中心，大多数行政管理人员、教师和学生都住在校园内。小城和大学的生活节奏不紧不慢。校园社区的运行虽然非常高效，但将日常生活的喧嚣保持在最低限度。最重要的是，这个社区因其友好的氛围以及每个人都互相认识且直呼其名的事实而引以为豪。

一个多世纪以来，贵格会学院都是由男性担任校长，直到最近选出了他们的第一位女校长凯瑟琳·威廉姆斯。作为一位受人尊敬的学者和东部一所著名文理学院的前任校长，威廉姆斯颇具声望。事实上，她被学院师生选中的一个原因是他们希望在全国范围内提升自己的形象和认可度。威廉姆斯校长表示她想采取的一个办法是实行新的公共关系策略，旨在向外界宣传这所大学不为人知的优点。威廉姆斯校长的重要支持者是由教师评议会主席弗里茨·蒙哥马利教授领导的学院教师。除了主持寻找新校长人选的工作外，蒙哥马利教授还是负责学生服务的主任，在大学行政部门中发挥核心作用。

威廉姆斯校长工作日程上的主要任务之一是筹集经费。近年来，招生人数一直偏少，这给学校带来了问题，因为这所大学高度依赖学费收入。为了招收不需要本校经济资助的全额支付学费的学生，在蒙哥马利主任领导的一个委员会的建议下，招生办公室已经开始招收世界上其他国家的学生了。因此，近年来这所校园里来自亚洲、非洲和欧洲的国际学生人数正在增加，他们家境富裕，希望接受美国大学教育。学院的另一个重要趋势是在校人口结构的转变。虽然这所大学的传统是为白人学生群体提供服务，但近年来它接纳了许多拉丁裔学生，他们是当地农场工人的孩子。以上两种趋势都改变了学院的面貌和人口特征，它转变为一个以少数族裔占多数的校园，其多样性是显而易见的。

为了准备威廉姆斯校长的到来，蒙哥马利主任和教师评议会召开了一次务虚会，制定校园愿景和使命宣言。教师们希望通过制定这些文件，帮助新校长顺利过渡并了解他们的学校和文化。务虚会期间出现了两个主题，一是要利用和促进他们新发展的校园多样性，二是要接纳本校学生表现出来的中等学术水平。通常，这些学生没有被更好的高校录取，或者在学习上比较困难。在贵格会学院，这些学生因为得到了个性化的关注而茁壮成长，这是这所学院的标志性特征。

在与校园高级管理人员召开的第一次正式会议中，威廉姆斯校长表达了她为能到贵格会学院工作以及对未来实施的变革充满激动的心情。她还借此机会介绍了她与董事会共同商议形成的一些重要想法。首先，她解释说，他们认为需要更新招生宣传出版物，雇佣一家位于纽约、以擅长高校形象转型而闻名的高端设计公司，这将有助于提升学校的形象。校长和董事们还表示希望提高学校的全国排名以及录取学生的选择性。为了做到这一点，一个办法是吸引更高水平的教师和学生，给沉闷的大学氛围注入活力。在这次会议之后，蒙哥马利院长收到了其他行政管理人员对新校长"非常前沿"和"创新"想法的一些评论，在学院的背景下大致可以理解为，教师和管理人员表达了他们对所讨论的变革的担忧。

威廉姆斯校长和行政管理人员面临的另一个重大挑战是由一群学生所领导的运动，他们对学院目前有限的课程深感失望。由于大多数学生支付全额学费，他们觉得自己作为消费者有权在小型私立大学学习更广泛的通识教育课程。目前的课程侧重于许多传统的文学和哲学课程，这些课程几十年来一直是学院的主流课程。新的多样化的学生群体对与他们相关的更具全球性和实践性的课程感兴趣。他们要求开设的具体课程包括信息技术、国际商务、奇卡诺文学（Chicano literature）和后现代主义课程。虽然这些科目在当前提供的一些课程中有所提及，但这些学生认为它们没有得到应有的重视。贵格会学院学生评议会已经站出来支持增加有关课程，并通过了一项提案，要求学院进行课程改革。

思考题

1. 这所校园面临哪些类型的变革？
2. 变革的环境如何？
3. 哪些策略和方法正在被采用？它们有可能成功吗？为什么？

4. 在本案例中，各种参与者具有什么样的变革能动性？
5. 有什么伦理方面的问题需要考虑？

案例研究 d：绿河社区学院的教学和学生表现

绿河社区学院（Green River Community College，GRCC）是一所位于郊区的中等大小的校园。GRCC 是一所赠地学院，是州立大学系统中两年制学院之一。这所中等规模的学院为大约 11000 名学生提供服务，其中许多人属于非传统意义上的学生，因此学院技术教育的比重较大。GRCC 的一个特色项目是它的烹饪证书课程，这个课程以其举办的年度食品博览会而闻名。在行政层面，GRCC 因提供行政和教学的高薪职位而被认为是个好的工作单位。事实上，由于薪水高，许多教师在那里任职的时间比预期的要长，这使得 GRCC 的职位很少有空缺，让人梦寐以求。关于 GRCC 的另一个众所周知的事实是，学生在学术上没有做好充分的准备。由于许多教师在工作上感到疲倦，他们往往将学业成绩平庸归咎于学生，常常质疑他们的努力程度和智力资质。GRCC 更为成功的教师是那些为学生感到难过并承认他们为取得成功付出努力的人。

文斯·洛佩兹是 GRCC 里一个与众不同的人。他是 GRCC 的校友，现在担任音乐和数学的兼职讲师。如果晚上不在餐馆和俱乐部弹古典吉他，文斯会去学院教音乐史、微积分先修课程和统计学。在 GRCC 学习的两年里，这位单身父亲晚上工作，白天完成学业，然后转到当地的四年制大学，在那里获得了古典吉他和音乐教育的双学位。由于上述教育经历，文斯获得了数学硕士学位，并正在攻读他的教育学博士学位，专业方向是数学教育。

在 GRCC 任教的头两年里，文斯对他的一些学生的学习潜力和求知欲感到惊讶。与其他老师告诉他的情况相反，许多学生和 GRCC 求学时期的他相似——学习努力，但缺乏指导和社会资本。文斯认识到的另一个问题是当他还是一名学生时就存在的关卡很严的问题。数学系尤其如此，大多数教师认为他们有责任淘汰那些在数学方面不够突出的学生。由于这种态度，很少有学生能够进入更高层次的数学课程学习，微积分课程尤其如此，但所有想要转入四年制大学医学预科或工程系的学生又必须修这门课。针对他的一些学生表现出来的沮丧情绪，文斯指定每周二晚上在自习室上辅导课，专门辅导任何对统计学、微积分先修课程和微积分感兴趣的学生。一连四个月的周二晚上，自习室里都挤满了学生，于是文斯试图说服其他教师匀出他们的时间辅导更多的学生。如果没有报酬的话，其他人没人会这样做。因此，文斯带着一些强调数学补习中教师辅导的重要性的最新研究成果去找学院的管理部门，请求获得额外的资源和资助。他解释说，他对辅导学生有兴趣一方面是丰富他的简历，另一方面也是走出为 GRCC 争取拨款的第一步。他还说，通过投入时间和资源来教授落后的学生数学，他有更好的机会获得专门用于数学补习的州政府拨款。由于他攻读博士学位所做的研究和在数学教育方面的经验，行政领导们被说服了，确认文斯是可以信任的，决定另外资助他一个兼职职位。在增加这个兼职职位两年后，GRCC 学习数学的学生转入四年制大学尤其是医学预科和工程系的转学率提高了两倍。

文斯辅导过的许多学生所经历的另一个关卡是糟糕的转学咨询服务和学校不鼓励的态度。从事咨询辅导工作的人只有两名，为 8000 名学生服务，并不积极鼓励学生转学出去。许多学生在完成通识教育学业后询问怎样转学到四年制大学时，被告知他们应该留下来修选修课。通常由于这个原因，学生学完的课程单元要比四年制大学所愿意接受的要多。因此，学生浪费了他们有限的资源和宝贵的时间去修一些课程——如果他们能够成功转学，他们将不得不重修那些课。GRCC 咨询辅导人员一个固执的想法是有机会被四年制大学录取的 GRCC 学生将没有能力负担学费。两名咨询辅导人员和许多教师因为不想让学生失望，都学会了告诉学生将他们的选择限制在最便宜且高度拥挤的公立大学。这些执念给文斯的数学课学生在全力克服学校里的其他困难的同时带来了新的问题。

思考题

1. 到目前为止发生了什么类型的变革？文斯还需要解决什么类型的变革？
2. 文斯使用了哪些成功的策略？为什么？
3. 文斯开始作出变革时的环境是怎样的？现在已经发生了一些变化，但存在新的困境，变革环境又是怎样的？
4. 此时你会给文斯什么建议？
5. 是否有伦理上的问题？它们是什么？

附录 B 变革工具包

大多数工具包反映了科学管理变革理论的视角，不过下列第一个工具包——由科罗拉多大学提供的工具包——更为复杂。而有关性别和公平的工具包往往引用政治理论和文化理论，呈现出更为复杂的观点。以下是各种变革工具包的链接和内容介绍：

• www.colorado.edu/eer/research/strategic.html：向变革推动者提供一组专门关于公平和多样性导向的变革过程材料。包括研究结果小结、政策简报、视频、案例研究和工作表。

• www.mindtools.com/pages/article/newPPM_87.htm：提供用于变革的构想、实施、传播以及变革模型简述的工具。

• www.emergingleader.co/emerging-leaders-toolkit/：提供各种活动和工作表，指导领导者参考与愿景、指导、反馈、管理和反思性倾听相关的个人及团队变革过程。

• www.bath.ac.uk/hr/learning/change-kit/index.html：概述了科学变革方法的关键步骤，以及可供领导者开展的活动。

• http://eige.europa.eu/gender-mainstreaming/toolkits/gender-institutional-transformation/gender-mainstreaming-guide-organisational-change：有关性别平等的变革工具包。

• www.showme50.org/action-toolkits-to-drive-change-at-your-company/：有关性别平等的变革工具包。

• https://dcmathpathways.org/resources/institutional-scaling-toolkit：有关数学教学方面的变革工具包。

附录C 变革准备因素调查表

准备因素	非常同意	同意	不确定	不同意	非常不同意
规划因素					
1. 团队对于变革项目有一个清晰明了、激励人心的共同愿景。					
2. 我们的愿景与系统和/或学校的关键优先级有关。					
3. 我们已经在校园里查找了可能与新项目有关或可以利用的其他相关项目。					
4. 我们制定了一个项目计划,其中包含明确的行动、里程碑和可实现的时间表该计划可能涉及一个试点项目,它可以让我们在扩大规模之前进行初步测试和实验。					
5. 我们已经明确了可能出现的陷阱和障碍。					
6. 我们有一个帮助利益相关者(如教师,学生)的计划,使他们了解正在发生的事情及其目的和期望的结果(如论坛、议事会、沟通计划、专业发展)。					
7. 我们有评估计划以及衡量和分析结果的能力(包括学校科研办公室所需的专业能力)。					
8. 我们的评估计划能够反映结果且利用现有的数据资源。					
9. 我们已经确认了执行项目所需要的合适的资源和设施。					
10. 我们已经做好了项目预算。					
11. 我们已经确认了支持我们的内部和外部的资源(如拨款、赠款、实物捐赠)。					
12. 我们已经列出了影响变革执行的政策清单,并且做好了调整预案。					

附录 C 变革准备因素调查表

续表

准备因素	非常同意	同意	不确定	不同意	非常不同意
人员/领导团队因素					
13. 我们有一个由合适的行政管理人员、教师、职员构成的团队；在各个层次上形成共同领导。					
14. 各层次的领导者都明白他们推动变革时需要承担的职责（如果不明白，我们有对他们进行培训的预案）。					
15. 我们得到高级行政管理人员在资源、奖励和其他重要的激励和政策方面的支持。					
16. 本项目有几位领导者/支持者，而不是仅依靠某一个人。					
17. 我们已经找到并聘请了一位具备时间和专业知识要求的项目经理。					
18. 参与项目的人员有时间、激情、动力和专业知识来成功实现项目目标。					
19. 如果需要额外的专业发展或培训，我们已经确定了需要什么，并制定了计划，向教职员工和学生提供这个项目。					
20. 我们已经找到了所需要的校外专家，帮助校园领导、教师和员工制定计划、掌握所需专业知识和/或评估结果。					
21. 我们已经确定并通知了主要的校内和校外利益相关者（校外利益相关者可能包括 K-12 教育、社区和/或行业等方面的合作伙伴）。					
政治因素					
22. 该项目得到了校长、教务长、院长和其他主要管理人员的支持。					

续表

准备因素	非常同意	同意	不确定	不同意	非常不同意
政治因素					
23. 我们已确定可能遇到的政治问题，包括相关政策或程序、委员会/部门审批程序、奖励和奖励，以及资源和空间的分配。					
24. 我们得到了校园主要利益相关者的支持。					
25. 我们已有解决所确认的政治问题的策略。					
26. 我们利用外部信息为变革创造紧迫感。					
文化因素					
27. 为了了解不同的意见，我们已经审视了拟定变革的基本价值观，并且确定了它们与当前价值观的差异。					
28. 我们进行了一次调查（或进行了广泛的对话），以了解与拟定变革相关的阻力、理念和价值观。					
29. 我们制定了文件，对拟定变革做了清晰的阐述，并告知利益相关者，并确保文件得到了审阅。					
30. 我们已经努力将拟定变革与校园内的现有价值观联系起来。					
31. 我们研究了创造新符号、故事或仪式的方法，嵌入变革。					
32. 我们创造了一个叙事或故事，以吸引利益相关者，并向他们清楚地阐述变革。					
33. 关于如何交流和庆祝项目的成果，我们做好了计划。该计划应当包括校内和校外资源以及传播的机会（如发表论文、会议上做报告等）。					

续表

准备因素	非常同意	同意	不确定	不同意	非常不同意
意义建构和学习					
34. 我们了解利益相关者如何看待拟定的变革。					
35. 我们做好了计划，以帮助弥补人们当前所具备的知识和所需要掌握知识之间的差距。					
36. 我们做好了计划，为需要参与学习的不同群体提供恰当的数据。					
37. 为支持本次变革，我们具备了数据处理能力，开发了知识管理系统。					
38. 我们在数据使用和解释方面提供培训和支持，因此数据可用来为围绕变革所需要作出的决策提供信息。					

附录 D
大学变革过程评价表——以 STEM 改革为例

项目	标准		
	成熟	发展中	起步
愿景	学校对于变革的集体愿景有非常明确的表述。该愿景包括明确的工作目标以及具体成果和措施，并与学校使命和优先事项相联系。	个别单位可能有与变革有关的表述，但各单位之间的表述并不一致，或与学校使命和优先事项无关。	学校尚未制定变革的愿景或目标。
整体情况和能力分析	学校清楚地掌握学生在课堂和专业课程中的表现情况，以及他们获得STEM领域学位的情况，具体办法是对以下方面进行调察：有哪些学生进入、留下和毕业；学生学习了哪些内容；教师如何教以及学生如何学；学生如何进校和完成学业；学生如何与教师互动；他们面临哪些困难和障碍；以及哪些课程或其他因素推动了他们的进步。	学校有能力收集和分析数据，但尚未对STEM专业和课程进行全面分析或分类，并且尚未将STEM领域的教师和管理人员纳入数据讨论。	学校尚未收集或分析学生学习情况的数据，可能没有相关人员或其他资源来收集和分析数据。
确认和分析挑战	关于STEM学生获得成功会遇到的具体挑战已有清楚的描述，并有证据支撑。已经确认一些可加以利用的特定的课程或学校层面变革的机会。	学校可能希望采取一种或多种策略，但这些策略与证明学生学习和成功指标的相关证据无关。已经确认了一些变革机会，尽管有些可能不能直接适用。	对于促进STEM学生取得成功的有效办法，教师和/或管理人员普遍缺乏的认识；学校尚未发现任何可以利用的机会。

续表

项目	标准		
	成熟	发展中	起步
选择战略和干预措施	已经确定了具体的战略或课程干预措施，以解决整体分析中所确定的差距或需求，并侧重于愿景。	课程方面和其他干预的战略和措施尚未制定完备，不能解决整体和能力分析中所确定的需要解决的问题。	尚未确定或制定战略。
确定资源准备情况	学校已经确定并获得了教师、员工、财务、硬件和文化方面的资源，以实施所确定的战略。	尽管学校可能没有获得全部所需要的资源，但已经确定一些资源。	尚未完成对资源的分析或确定。
实施	学校至少开展过一次试点或小规模实验来实施所规划的战略，并收集了足够的评估数据，以监测其有效性，进行改进，为扩大规模提供信息。	计划不完整；可能由个人或某门课程进行了分散或孤立的战略方面的尝试。	尚无实施的计划。

附录 E

行政管理人员可以采取的高影响力管理办法

本调查表专为支持教学和学习环境变革的行政管理人员设计。

个人评估与评价

	在我的学校这种情况很常见	在我的学校这种情况有时发生	在我的学校这种情况没有发生
1. 学术领导人支持和评估相关的专业发展活动。			
2. 学术领导人鼓励教师在课堂上使用评估或研究来支持教学变革。			
3. 学术领导人使用多个来源的数据——例如学生评价、同行评价和作品集——来评估和给教师提供教学反馈,抑或我们成立了一个委员会或组织来开展这种类型的反馈。			
4. 学术领导人与教师坐下来讨论评估结果,就课程设置、教学、学生支持以及教师支持或发展等方面的决策进行指导。			
5. 每年收集所有学科专业的评估报告。			
6. 学术领导人根据学院研究办公室收集的评估数据和全国性调查(如 CIRP 或 NSEE),或在学科专业层面进行的定期评估活动,为院系提供决策支持。			
7. 学术领导人定期与院系工作人员开会,讨论数据及其对来年优先事项安排的影响。			
8. 学术领导人使用评估数据来确定需要解决的关键性问题(如通过补救措施取得进展,或从第一年到第二年仍然延续)。			

指导与专业发展

	在我的学校这种情况很常见	在我的学校这种情况有时发生	在我的学校这种情况没有发生
1. 学术领导人鼓励和支持新教师和资深教师之间进行的指导计划。			
2. 学术领导人鼓励教师通过参加会议或利用其他专业发展机会来不断更新本领域的新知识。			
3. 学术领导人提供资助,支持教师在循证/高影响力教学实践和评估方面的发展。			
4. 学术领导人积极推动教师参与全校性的专业发展项目(如教学与学习中心)。			
5. 学术领导人鼓励全校性专业发展项目和各院系之间开展合作,定制设计教师发展计划以满足特定院系的需求。			
6. 学术领导人通过鼓励和资助专业学习社群来推动形成点对点式的学习环境。			
7. 学术领导人积极联系具有相似兴趣的教师,开发新课程或实施新的教学技术。			
8. 学术领导人为教授重要的入门课程或参与重新设计课程的兼职教师提供专业发展的资金和支持。			

合同、晋升与终身教职

	在我的学校这种情况很常见	在我的学校这种情况有时发生	在我的学校这种情况没有发生
1. 学术领导人核查全体教师人员，确保有足够数量的全职教师（终身教职教师和讲师）教授关键的入门课程，以此保证课程设置具有连贯性，同时学生在课外能够获得教师的帮助。			
2. 晋升和奖励文件强调较强的教学能力，允许优秀教师获得终身教职和晋升。			
3. 除文件外，在实践中通过晋升和给予终身教职的方式奖励教学；如果没有这么做，我们努力将政策和实践相统一。			
4. 教师续约基于多个显示教学能力强的指标。			
5. 寻找和聘用具有优秀教学技能并了解教学奖励的师资队伍。			
6. 学术领导人关于教学方面的措施让我们有信心作出关于获得终身教职、晋升或绩效评估方面的决定。			

奖励与激励措施

	在我的学校这种情况很常见	在我的学校这种情况有时发生	在我的学校这种情况没有发生
1. 晋升、终身教职和讲师评分都基于较强的教学能力以及支持课程/教学法改革。			
2. 对支持教学改革的课堂评估或研究予以晋升、终身教职、荣誉等方式的奖励。			

续表

	在我的学校这种情况很常见	在我的学校这种情况有时发生	在我的学校这种情况没有发生
3. 为开展课堂评估和/或研究提供激励措施，如课程豁免或暑期薪酬。			
4. 为处于教学法实验早期实施阶段的教师提供课程豁免、暑期薪酬、种子基金资助等激励措施。			
5. 学术领导人为教师提供激励措施，鼓励他们使用反映询证/高影响力教学实践的最新教材或网络材料、新作业、新材料等来更新课堂。			

设施和时间安排

	在我的学校这种情况很常见	在我的学校这种情况有时发生	在我的学校这种情况没有发生
1. 学术领导人定期与教师会面，了解他们对空间的需求和所关注的问题。			
2. 学术领导人创造适合主动学习的教室空间，并与行政部门合作，确保有资金为教室做适当的翻新，或获得其他所需的外部资金。			
3. 学术领导人提供实验室和其他空间来支持实验和主动学习。			
4. 学术领导人安排课程或制定政策，如果需要时延长课程，使课程在时间安排上支持主动学习。			

战略重点、专业检查和其他教学质量控制过程

	在我的学校这种情况很常见	在我的学校这种情况有时发生	在我的学校这种情况没有发生
1. 学术领导人了解循证/高影响力的教学实践，并阅读其相关研究。			
2. 学术领导人通过开展讨论和交流公众意见鼓励采用循证/高影响力的教学实践。			
3. 采用循证/高影响力的教学实践已纳入我们的战略重点和目标。			
4. 学术领导人推动召开规划会议，讨论更新课程设置。			
5. 学术领导人将学科专业检查作为杠杆，推动关于课程设置更新和改进评估的交流讨论。			
6. 学术领导人为教师提供激励措施，鼓励他们在个人的课程中使用反映循证/高影响力教学实践的最新的教科书或网络材料、新作业和新材料。			

为学习建立合作伙伴关系

	在我的学校这种情况很常见	在我的学校这种情况有时发生	在我的学校这种情况没有发生
1. 学术领导人建立或加强与行业和/或社区的合作伙伴关系，以支持实习、本科生科研和主动学习。			
2. 学术领导人和学生事务部门在关键的联合工作领域（如外展/招生、咨询、指导、学生评价、实习或职业机会等学生工作）展开合作。			

续表

	在我的学校这种情况很常见	在我的学校这种情况有时发生	在我的学校这种情况没有发生
3. 学术领导人与其他学术单位的领导人合作，支持类似的课程或教学法改革，以产生协同效应和利用资源和专业意见。			
4. 学术领导人和政府与社区机构建立合作伙伴关系，支持服务性学习项目。			

校园政策

	在我的学校这种情况很常见	在我的学校这种情况有时发生	在我的学校这种情况没有发生
1. 学术领导人鼓励根据明确的成果/能力打分，以促进发展与成长，而不是按照正态分布打分。			
2. 学术领导人和课程委员会合作，确保他们在考虑新课程或对现有课程作出重大变化时得到有关高影响力教学实践（如服务性学习、新生专门课程、顶点项目）价值的信息。			
3. 学术领导人核查相关政策和惯例（如激励措施、升职和终身教职的相关规定），以支持询证/高影响力教学实践。			
4. 为鼓励多方合作实施高影响力教学实践，学术领导人在政策方面慎重考虑，以规范一些问题，例如：教师如何因团队教学获得奖励，哪些系将开设跨专业课程。			

合作规划

	在我的学校这种情况很常见	在我的学校这种情况有时发生	在我的学校这种情况没有发生
1. 学术领导人审查了当前限制合作或跨部门工作的结构或障碍，已经采取步骤将之移除。			
2. 为团队教学或团队开设新课程、提供新的学习体验提供支持和激励措施。			
3. 已经成立跨部门团队或中心，支持跨专业合作来实施高影响力教学实践。			

主要参考文献

Bibliography

AACSB International Globalization of Management Education Task Force. (2011) *Globalization of Management Education: Changing International Structures, Adaptive Strategies, and the Impact on Institutions: Report of the AACSB International Globalization of Management Education Task Force*. Tampa, FL: AACSB International.

Ahuja, G. (2000) "Collaboration networks: structural holes, and innovation: a longitudinal study," *Administrative Science Quarterly*, 45(3): 425–55.

Albert, S. and Whetten, D. (1985) "Organizational identity," *Research in Organizational Behavior*, 7: 263–95.

Allee, V. (2000) "Knowledge networks and communities of learning," *OD Practitioner*, 32(4): 1–15. Online. Available HTTP: <www.vernaallee.com/images/VAAKnowledgeNetworksAndCommunitiesOfPractice.pdf> (accessed January 21, 2013).

Altbach, P., Berdahl, R., and Gumport, P.J. (eds.) (2011) *American Higher Education in the 21st Century: Social, Political, and Economic Challenges*, Baltimore, MD: Johns Hopkins University Press.

Amis, J., Slack, T., and Hinings, C. (2002) "Values and organizational change," *Journal of Applied Behavioral Science*, 38(4): 436–65.

Andrews, J., Cameron, H., and Harris, M. (2008) "All change? Managers' experience of organizational change in theory and practice," *Journal of Organizational Change Management*, 21(3): 300–14.

Argyris, C. (1982) "How learning and reasoning processes affect organizational change," in P.S. Goodman (ed.) *Change in Organizations*, San Francisco, CA: Jossey-Bass.

Argyris, C. (1991) "Teaching smart people how to learn," *Harvard Business Review*, 69(3): 99–109.

Argyris, C. (1994; 2nd edn. 1999) *On Organizational Learning*, Oxford: Blackwell.

Association of American Universities (n.d.) *Undergraduate STEM Education Initiative*. Online. Available HTTP: <www.aau.edu/education-service/undergraduate-education/undergraduate-stem-education-initiative> (accessed March 26, 2018).

Astin, H.S. and Leland, C. (1991) *Women of Influence, Women of Vision: A Cross-Generational Study of Leaders and Social Change*, San Francisco, CA: Jossey-Bass.

Baldridge, J.V. (1971) *Power and Conflict in the University*, New York: Wiley.

Baldridge, J.V., Curtis, D.V., Ecker, G.P., and Riley, G.L. (1977) "Alternative models of governance in higher education," in G.L. Riley and J.V. Baldridge (eds.) *Governing Academic Organizations*, Berkeley, CA: McCutchan.

Balkundi, P. and Harrison, D. (2006) "Ties, leaders, and time in teams: strong inference about network structure's effects on team viability and performance," *Academy of Management Journal*, 49(1): 49–68.

Bassett, R.M. and Maldonado-Maldonado, A. (2009) *International Organizations and Higher Education Policy: Thinking Globally, Acting Locally?* New York: Routledge.

Bauman, G. (2005) "Promoting organizational learning in higher education to achieve equity in educational outcomes," in A. Kezar (ed.) *Organizational Learning in Higher Education*, San Francisco, CA: Jossey-Bass. New Directions in Higher Education 131.

Becker, K.L. (2007) *Unlearning in the Workplace: A Mixed Methods Study*. Online. Available HTTP: <http://eprints.qut.edu.au/16574/1/Karen_Louise_Becker_Thesis.pdf> (accessed April 4, 2011).

Bensimon, E. and Neumann, A. (1993) *Redesigning Collegiate Leadership: Teams and Team-Work in Higher Education*, Baltimore, MD: Johns Hopkins University Press.

Berdahl, R.O. (1991) "Shared governance and external constraints," in M.W. Peterson, E.E. Chaffee, and T.H. White (eds.) *Organization and Governance in Higher Education*, Needham Heights, MA: Ginn Press.

Bergquist, W. (1992) *The Four Cultures of the Academy: Insights and Strategies for Improving Leadership in Collegiate Organizations*, San Francisco, CA: Jossey-Bass.

Bergquist, W. (2007) *The Six Cultures of the Academy*, San Francisco, CA: Jossey-Bass.

Birnbaum, R. (1991; 2nd edn. 1999) *How Colleges Work: The Cybernetics of Academic Organization and Leadership*, San Francisco, CA: Jossey-Bass.

Birnbaum, R. (2000) *Management Fads in Higher Education*, San Francisco, CA: Jossey-Bass.

Black Lives Matter (n.d.) *Black Lives Matter: About*. Online. Available HTTP: <https://blacklivesmatter.com/about/> (accessed March 25, 2018).

Bolman, L.G. and Deal, T.E. (1991) *Reframing Organizations: Artistry, Choice, and Leadership*, San Francisco, CA: Jossey-Bass.

Bolman, L.G. and Deal, T.E. (2007) "Reframing change: training, realigning, negotiating, grieving and moving on," in J.V. Gallos (ed.) *Organization Development*, San Francisco, CA: Jossey-Bass.

Bommer, W., Rich, G., and Rubin, R. (2005) "Changing attitudes about change: longitudinal effects of transformational leader behavior on employee cynicism about organizational change," *Journal of Organizational Behavior*, 26: 733–53.

Borden, V.M.H. and Kezar, A. (2012) "Institutional research and collaborative organizational learning," in R.D. Howard, G.W. McLaughlin, and W.E. Knight (eds.) *The Handbook of Institutional Research*, San Francisco, CA: John Wiley & Sons.

Borgatti, S.P. and Foster, P.C. (2003) "The new paradigm of organizational research: a review and typology," *Journal of Management*, 29(6): 991–1013.

Boyce, M.E. (2003) "Organizational learning is essential to achieving and sustaining change in higher education," *Innovative Higher Education*, 28(2): 119–35.

Brill, P.L. and Worth, R. (1997) *The Four Levers of Corporate Change*, New York: American Management Association.

Brown, J.S. and Duguid, P. (2000) "Balancing act: how to capture knowledge without killing it," *Harvard Buisness Review*, 78(3): 73–80.

Bruhn, J., Zajac, G., and Al-Kazemi, A. (2001) "Ethical perspectives on employee participation in planned organizational change: a survey of two state public welfare agencies," *Public Performance and Management Review*, 25(2): 208–28.

Bryk, A.S., Gomez, L.M., and Grunow, A. (2010) *Getting Ideas into Action: Building Networked Improvement Communities in Education*. Stanford, CA: Carnegie Foundation for the Advancement of Teaching.

Burgan, M. (2006) *What Happened to Faculty Governance*, Baltimore, MD: Johns Hopkins University Press.

Burke, C.S., Stagl, K.C., Salas, E., Pierce, L., and Kendall, D. (2006) "Understanding team adaptation: a conceptual analysis and model," *Journal of Applied Psychology*, 91(6): 1189–207.

Burnes, B. (1996) *Managing Change: A Strategic Approach to Organizational Dynamics*, London: Pitman Publishing.

Burnes, B. (2011) "Introduction: why does change fail and what can we do about it?" *Journal of Organizational Change Management*, 11(4): 445–51.

Burt, R. (1992) *Structural Holes: The Structure of Competition*, Cambridge, MA: Harvard University Press.

Burt, R. (2000) "The network structure of social capital," in R. Sutton and B. Staw (eds.) *Research in Organizational Behavior*, Greenwich, CT: JAI Press.

Bushe, G. and Shani, A. (1991) *Parallel Learning Structure: Increasing Innovation in Bureaucracies*, Workingham, MA: Addison-Wesley.

Cameron, K.S. (1991) "Organizational adaptation and higher education," in M.W. Peterson, E.E. Chaffee, and T.H. White (eds.) *Organization and Governance in Higher Education*, 4th edn., Needham Heights, MA: Ginn Press.

Cameron, K.S. (2008) "Paradox in positive organizational change," *Journal of Applied Behavioral Science*, 44(1): 7–24.

Cameron, K.S. and Quinn, R.E. (1988) "Organizational paradox and transformation," in K. Cameron and R.E. Quinn (eds.) *Paradox and Transformation*, New York: Bellinger.

Cameron, K.S. and Smart, J. (1998) "Maintaining effectiveness amid downsizing and decline in institutions of higher education," *Research in Higher Education*, 39(1): 65–86.

Carlson-Dakes, C. and Sanders, K. (1998) "A movement approach to organizational change: understanding the influences of a collaborative faculty development program," paper presented at Annual Meeting of the Association for the Study of Higher Education, Miami, FL, November 1998.

Carnall, C.A. (1995) *Managing Change in Organizations*, London: Prentice Hall.

Carr, C. (1996) *Choice, Chance, and Organizational Change: Practical Insights from Evolution for Business Leaders and Thinkers*, New York: AMACOM.

Carr, D., Hard, K., and Trahant, W. (1996) *Managing the Change Process: A Field Book for Change Agents, Consultants, Team Leaders, and Reengineering Managers*, New York: McGraw-Hill.

Center for the Integration of Research, Teaching, and Learning (n.d.) *CITRL Network*. Online. Available HTTP: <www.cirtl.net/> (accessed January 21, 2013).

Center for Urban Education (n.d.) *The Equity Scorecard*. Online. Available HTTP: <http://cue.usc.edu/our_tools/the_equity_scorecard.html> (accessed January 21, 2013).

Chaffee, E. (1983) "Three models of strategy," *Academy of Management Review*, 10(1): 89–98.

Chermak, G.L.D. (1990) "Cultural dynamics: principles to guide change in higher education," *CUPA Journal*, 41(3): 25–7.

Childers, M.E. (1981) "What is political about bureaucratic-collegial decision-making?" *Review of Higher Education*, 5(1): 25–45.

Christensen, C., Horn, M., Caldera, L., and Soares, L. (2011) *Disrupting College*, Washington, DC: Center for American Progress.

Clark, B.R. (1983) "The contradictions of change in academic systems," *Higher Education*, 12(1): 101–16.

Clark, B.R. (1998a) *Creating Entrepreneurial Universities: Organizational Pathways of Transformation*, Oxford: Pergamon Press.

Clark, B.R. (1998b) "The entrepreneurial university: demand and response," *Tertiary Education and Management*, 4(1): 5–16.

Coburn, C. (2003) "Rethinking scale: moving beyond the numbers to deep and lasting change," *Educational Researcher*, 32(6): 3–12.

Cohen, M.D. and March, J.G. (1974) *Leadership and Ambiguity: The American College President*, Boston, MA: Harvard Business School Press.

Cohen, M.D. and March, J.G. (1991) "Leadership in an organized anarchy," in M.W. Peterson, E.E. Chaffee, and T.H. White (eds.) *Organization and Governance in Higher Education*, Needham Heights, MA: Ginn Press.

Collier, J. and Esteban, R. (2000) "Systemic leadership: ethical and effective," *Leadership & Organization Development Journal*, 21(4): 207–15.

Collins, D. (1998) *Organizational Change: Sociological Perspectives*, London: Routledge.

Conrad, C.F. (1978) "A grounded theory of academic change," *Sociology of Education*, 51(2): 101–12.

Cox, M.D. (2003) "Proven faculty development tools that foster the scholarship of teaching in faculty learning communities," *To Improve the Academy*, 21: 109–42.

Cox, M.D. (2004) *Faculty Learning Community Program Director's and Facilitator's Handbook*, Oxford, OH: Miami University.

Cross, J.G. and Goldenberg, E.N. (2009) *Off-Track Profs: Non-Tenured Teachers in Higher Education*, Cambridge, MA: MIT Press.

Curry, B.K. (1992) *Instituting Enduring Innovations: Achieving Continuity of Change in Higher Education*, Washington, DC: George Washington University, School of Education and Human Development. ASHE-ERIC Higher Education Report No. 7.

Daly, A. (2010a) "Mapping the terrain: social network theory and educational change," in A.J. Daly (ed.) *Social Network Theory and Educational Change*, Cambridge, MA: Harvard Education Press.

Daly, A. (ed.) (2010b) *Social Network Theory and Educational Change*, Cambridge, MA: Harvard Education Press.

Daly, A. (2010c) "Surveying the terrain ahead: social network theory and educational change," in A.J. Daly (ed.) *Social Network Theory and Educational Change*, Cambridge, MA: Harvard Education Press.

Daly, A. and Finnigan, K. (2008) "A bridge between worlds: understanding network structure to understand change strategy," *Journal of Educational Change*, 11(2): 111–38.

Daly, C.J. (2011) "Faculty learning communities: addressing the professional development needs of faculty and the learning needs of students," *Currents in Teaching and Learning*, 4(1): 3–16.

Damasio, A.R. (1994) *Descartes' Error: Emotion, Reason, and the Human Brain*, New York: Grosset/Putnam.

Datnow, A. (2005) "The sustainability of comprehensive school reform models in changing district and state contexts," *Educational Administration Quarterly*, 41(1): 121–53.

Dawson, P. (1994) *Organizational Change: A Procedural Approach*, London: Paul Chapman Publishing.

Dean, J., Brandes, P., and Dharwadkar, R. (1998) "Organizational cynicism," *Academy of Management Review*, 23(2): 341–52.

Dede, C. (2006) "Scaling-up: evolving innovations beyond ideal settings to challenging contexts of practice," in R. Sawyer (ed.) *Cambridge Handbook of the Learning Sciences*, Cambridge: Cambridge University Press.

Diefenbach, T. (2006) "Intangible resources: a categorical system of knowledge and other intangible assets," *Journal of Intellectual Capital*, 7(3): 406–20.

Dill, D.D. (1999) "Academic accountability and university adaptation: the architecture of an academic learning organization," *Higher Education*, 38(2): 127–54.

Dill, D. and Sporn, B. (eds.) (1995) *Emerging Patterns of Social Demand and University Reform: Through a Glass Darkly*, Trowbridge, UK: Redwood Books.

DiMaggio, P.J. and Powell, W.W. (1983) "The iron cage revisited: institutional isomorphism and collective rationality in organizational fields," *American Sociological Review*, 48(2): 147–60.

Dorado, S. (2005) "Institutional entrepreneurship, partaking, and convening," *Organization Studies*, 26(3): 385–414.

Eckel, P., Hill, B., Green, M., and Mallon, B. (1999) *Taking Charge of Change: A Primer for Colleges and Universities*, Washington, DC: American Council on Education. On Change Occasional Paper 3.

Eckel, P. and Kezar, A. (2003a) "Key strategies for making new institutional sense: ingredients to higher education transformation," *Higher Education Policy*, 16(1): 39–53.

Eckel, P. and Kezar, A. (2003b) *Taking the Reins: Institutional Transformation in Higher Education*, Phoenix, AZ: ACE-ORYX Press.

El-Khawas, E. (2000) "The impetus for organisational change: an exploration," *Tertiary Education and Management*, 6(1): 37–46.

Elmore, R. (1996) "Getting to scale with good educational practice," *Harvard Educational Journal*, 66(1): 1–26.

Elrod, S. and Kezar, A. (2015) *Increasing Student Success in STEM: A Guide to Systemic Institutional Change*, Keck/PKAL Project at the Association of American Colleges and Universities.

Elrod, S. and Kezar, A. (2016) *A Scientific Framework for Institutional Level STEM Reform*, Washington, DC: Association for American Colleges and Universities.

Erwin, D.G. and Garman, A.N. (2010) "Resistance to organizational change: linking research and practice," *Leadership & Organization Development Journal*, 31(1): 39–56.

Fairweather, J. (2009) *Linking Evidence and Promising Practices in Science, Technology, Engineering and Mathematics (STEM) Undergraduate Education*, Washington, DC: National Academies. Paper for the National Academies National Research Council Board of Science Education.

Feldman, M.S. (1991) "The meanings of ambiguity: learning from stories and metaphors," in P.J. Frost, L.F. Moore, M.R. Louis, C.C. Lundberg, and J. Martin (eds.) *Reframing Organizational Culture*, Newbury Park, CA: Sage.

Fiol, C.M. and Lyles, M. (1985) "Organizational learning," *Academy of Management Review*, 10: 803–13.

Folger, R. and Skarlicki, D. (1999) "Unfairness and resistance to change: hardship as mistreatment," *Journal of Organizational Change Management*, 12(1): 35–50.

Ford, J. (1999) "Organizational change as shifting conversation," *Journal of Organizational Change Management*, 12(6): 480–500.

Freeman, L.C. (1979) "Centrality in social networks: conceptual clarification," *Social Networks*, 1(3): 215–39.

Fullan, M. (1989) "Managing curriculum change," in M. Preedy (ed.) *Approaches to Curriculum Management*, New York: Open University Press.

Garvin, D. (1993) "Building a learning organization," *Harvard Business Review*, 71(4): 78–91.

Gersick, C.J.G. (1991) "Revolutionary change theories: a multilevel exploration of the punctuated equilibrium paradigm," *Academy of Management Review*, 16(1): 10–36.

Gilley, A., Godek, M., and Gilley, J.W. (2009a) "Change, resistance, and the organizational immune system," *SAM Advanced Management Journal*, 74(4): 1–20.

Gilley, A., McMillan, H.S., and Gilley, J.W. (2009b) "Organizational change and characteristics of leadership effectiveness," *Journal of Leadership and Organizational Studies*, 16(1): 38–47.

Gioia, D.A. (1992) "Pinto fires and personal ethics: a script analysis of missed opportunities," *Journal of Business Ethics*, 11(5): 379–89.

Gioia, D.A., Schultz, M., and Corley, K.G. (2000) "Organizational identity, image, and adaptive instability," *Academy of Management Journal*, 25(1): 63–81.

Gioia, D.A., and Thomas, J.B. (1996) "Identity, image, and issue interpretation: sensemaking during strategic change in academia," *Administrative Science Quarterly*, 41(3): 370–403.

Gioia, D.A., Thomas, J.B., Clark, S.M., and Chittipeddi, K. (1996) "Symbolism and strategic change in academia: the dynamics of sensemaking and influence," in J.R. Meindl, C. Stubbart, and J.F. Poroc (eds.) *Cognition in Groups and Organizations*, London: Sage.

Golembiewski, R.T. (1989) *Ironies in Organizational Development*, London: Transaction Publishers.

Goodman, P.S. (1982) *Change in Organizations: New Perspectives on Theory, Research and Practice*, San Francisco, CA: Jossey-Bass.

Gumport, P.J. (1993) "Contested terrain of academic program reduction," *Journal of Higher Education*, 64(3): 283–311.

Gumport, P.J. (2012) "Strategic thinking in higher education research," in M. Bastedo (ed.) *The Organization of Higher Education: Managing Colleges for a New Era*, Baltimore, MD: Johns Hopkins University Press.

Gumport, P.J. and Pusser, B. (1995) "A case of bureaucratic accretion: context and consequences," *Journal of Higher Education*, 66(5): 493–520.

Gumport, P.J. and Pusser, B. (1999) "University restructuring: the role of economic and political contexts," in J.C. Smart (ed.) *Higher Education: Handbook of Theory and Research*, New York: Agathon Press.

Gumport, P.J. and Sporn, B. (1999) "Institutional adaptation: demands for management reform and university administration," in J.C. Smart (ed.) *Higher Education: Handbook of Theory and Research*, New York: Agathon Press.

Guskin, A. (1996) "Facing the future: the change process in restructuring universities," *Change*, 28(4): 27–37.

Harris, S.G. (1996) "Organizational culture and individual sensemaking: a schema-based perspective," in J.R. Meindl, C. Stubbart, and J.F. Poroc (eds.) *Cognition in Groups and Organizations*, London: Sage.

Hartley, M. (2009a) "Leading grassroots change in the academy: strategic and ideological adaptation in the civic engagement movement," *Journal of Change Management*, 9(3): 323–38.

Hartley, M. (2009b) "Reclaiming the democratic purpose of American higher education: tracing the trajectory of the civic engagement movement," *Learning and Teaching*, 2(3): 11–30.

Healy, F. and DeStefano, J. (1997) *Education Reform Support: A Framework for Scaling-Up School Reform*, Raleigh, NC: Research Triangle Institute. Paper prepared for USAID, Advancing Basic Education and Literacy Project.

Hearn, J.C. (1996) "Transforming U.S. higher education: an organizational perspective," *Innovative Higher Education, 21*(2): 141–54.

Hedberg, B. (1981) "How organizations learn and unlearn," in P.C. Nystrom and W.H. Starbuck (eds.) *Handbook of Organizational Design*, New York: Oxford University Press.

Hollander, E. and Hartley, M. (2000) "Civic renewal in higher education: the state of the movement and the need for a national network," in T. Ehrlich (ed.) *Civic Responsibility and Higher Education*, Westport, CT: The American Council on Education and Oryx Press.

Howell, J.M. and Avolio, B.J. (1992) "The ethics of charismatic leadership: submission or liberation?" *Academy of Management Executive, 6*(2): 43–54.

Hrebiniak, L.G. and Joyce, W.F. (1985) "Organizational adaptation: strategic choice and environmental determinism," *Administrative Science Quarterly, 30*(3): 336–49.

Huber, G.P. and Glick, W.H. (1993) *Organizational Change and Redesign: Ideas and Insights for Improving Performance*, New York: Oxford University Press.

Hurtado, S., Milem, J., Clayon-Pederson, A., and Allen, W. (1999) *Enacting Diverse Learning Environments*, Washington, DC: George Washington University. Association for the Study of Higher Education Report 26.

Kanter, R.M. (1983) *The Change Masters*, New York: Simon & Schuster.

Kanter, R.M. (1990) *When Giants Learn to Dance*, London: Allen & Unwin.

Kanter, R.M. (2000) *Evolve: Succeeding in the Digital Culture Tomorrow*, Boston, MA: Harvard Business School Press.

Kegan, R. and Lahey, L.L. (2009) *Immunity to Change: How to Overcome It and Unlock Potential in Yourself and Your Organization*, Boston, MA: Harvard Business Press.

Keller, G. (1983) "Shaping an academic strategy," in G. Keller (ed.) *Academic Strategy: The Management Revolution in American Higher Education*, Baltimore, MD: Johns Hopkins University Press.

Keller, G. (1997) "Examining what works in strategic planning," in M. Peterson, D. Dill, and L. Mets (eds.) *Planning and Management for a Changing Environment*, San Francisco, CA: Jossey-Bass.

Kennedy, D. (1994) "Making choices in the research university," in J.R. Cole, E.G. Barber, and S.R. Graubard (eds.) *The Research University in a Time of Discontent*, Baltimore, MD: Johns Hopkins University Press.

Kenny, J. (2006) "Strategy and the learning organization: a maturity model for the formation of strategy," *Learning Organization, 13*(4): 353–68.

Kerr, C. (1984) *Presidents Make a Difference: A Report of the Commission on Strengthening Presidential Leadership*. Washington, DC: Association of Governing Boards of Universities and Colleges.

Kerr, C. (2001) *The Uses of the University*, Cambridge, MA: Harvard University Press.

Kezar, A. (2001) *Understanding and Facilitating Organizational Change in the 21st Century: Recent Research and Conceptualizations*, Washington, DC: George Washington University School of Education and Human Development. ASHE-ERIC Higher Education Report.

Kezar, A. (ed.) (2005a) *Higher Education as a Learning Organization: Promising Concepts and Approaches*, San Francisco, CA: Jossey-Bass. New Directions for Higher Education 131.

Kezar, A. (2005b) "Redesigning for collaboration with higher education institutions: an exploration into the developmental process," *Research in Higher Education, 46*(7): 831–60.

Kezar, A. (2007a) "A tale of two cultures: universities and schools working together," *Metropolitan University Journal, 18*(4): 28–47.

Kezar, A. (2007b) "Learning from and with students: college presidents creating organizational learning to advance diversity agendas," *NASPA Journal*, 44(3): 578–610.

Kezar, A. (2007c) "Learning to ensure the success for students of color: a systemic approach to effecting change," *Change*, 39(4): 19–25.

Kezar, A. (2007d) "Tools for a time and place: phased leadership strategies for advancing campus diversity," *Review of Higher Education*, 30(4): 413–39.

Kezar, A. (2007e) "Successful student engagement: aligning and fostering institutional ethos," *About Campus*, 3(6): 13–19.

Kezar, A. (2008) "Is there a way out? Examining the commercialization of higher education," *Journal of Higher Education*, 79(4): 473–82.

Kezar, A. (ed.) (2010) *Recognizing and Serving Low-Income Students in Postsecondary Education: An Examination of Institutional Policies, Practices, and Culture*, New York: Routledge.

Kezar, A. (2011) "What is the best way to achieve reach of improved practices in education," *Innovative Higher Education*, 36(11), 235–49.

Kezar, A. (2012) "Institutionalizing student outcomes assessment: the need for better research to inform practice," *Innovative Higher Education*, 38(3): 189–206.

Kezar, A. (2015) *Scaling and Sustaining Change and Innovation: Lessons Learned from Teagle Foundation's Faculty Work and Student Learning Initiative*, New York: Teagle Foundation.

Kezar, A. (2016) "Consortial leadership toward large-scale change," *Change*, 48(6): 50–7.

Kezar, A. (2018) *Scaling Improvement in STEM Learning Environments: The Strategic Role of a National Organization*, Los Angeles, CA: Pullias Center.

Kezar, A. (forthcoming) *The Strategic Role of a National Organization*. Los Angeles, CA: Pullias Center.

Kezar, A., Chambers, T., and Burkhardt, J. (eds.) (2005) *Higher Education for the Public Good: Emerging Voices from a National Movement*, San Francisco, CA: Jossey-Bass.

Kezar, A., Contreras-McGavin, M., and Carducci, R. (2006) *Rethinking the "L" Word in Leadership: The Revolution of Research on Leadership*, San Francisco, CA: Jossey-Bass.

Kezar, A. and Eckel, P. (2002a) "The effect of institutional culture on change strategies in higher education: universal principles or culturally responsive concepts?" *Journal of Higher Education*, 73(4): 435–60.

Kezar, A. and Eckel, P. (2002b) "Examining the institutional transformation process: the importance of sensemaking, inter-related strategies and balance," *Research in Higher Education*, 43(4): 295–328.

Kezar, A. and Gehrke, S. (2015) *Scaling Up Undergraduate STEM Reform: Communities of Transformation—Their Outcomes, Design, and Sustainability*, Los Angeles, CA: Pullias Center.

Kezar, A., Gehrke, S., and Elrod, S. (2015) Implicit theories of change: hidden barriers to change on college campuses. *Review of Higher Education*, 38(4): 479–506.

Kezar, A. and Holcombe, E. (2016) *Increasing Underserved STEM Student Success: Creating a Unified Community of Support*, Los Angeles, CA: Pullias Center.

Kezar, A. and Holcombe, E. (2017a) *Increasing Underserved STEM Student Success: Creating a Unified Community of Support*, Los Angeles, CA: Pullias Center.

Kezar, A. and Holcombe, E. (2017b) *Shared Leadership in Higher Education: Needed Capacity to Meet Higher Education's Challenges*, Washington, DC: American Council on Education. Occasional paper.

Kezar, A. and Lester, J. (2009) *Organizing for Collaboration in Higher Education: A Guide for Campus Leaders*, San Francisco, CA: Jossey-Bass.

Kezar, A. and Lester, J. (2011) *Enhancing Campus Capacity for Leadership: An Examination of Grassroots Leaders*, Stanford, CA: Stanford University Press.

Kezar, A. and Sam, C. (2010) *Understanding the New Majority: Contingent Faculty in Higher Education*, San Francisco, CA: Jossey-Bass. ASHE Higher Education Report Series.

Kidder, R. (1995) *How Good People Make Tough Choices: Resolving the Dilemmas of Ethical Living*, New York: HarperCollins.

Kilduff, M. and Tsai, W. (2003) *Social Networks and Organizations*, Thousand Oaks, CA: Sage.

Kinser, K. (2011) "The rise and fall of for-profit higher education," paper presented at the Association for the Study of Higher Education Annual Meeting, Charlotte, NC, November 2011.

Knight, D., Pearce, C.L., Smith, K.G., Olian, J.D., Sims, H.P., Smith, K.A., and Flood, P. (1999) "Top management team diversity, group process, and strategic consensus," *Strategic Management Journal*, 20(5): 445–65.

Komives, S.R., Lucas, N., and McMahon, T.R. (1998) *Exploring Leadership: For College Students Who Want to Make a Difference*, San Francisco, CA: Jossey-Bass.

Komives, S.R. and Wagner, W. (eds.) (2009) *Leadership for a Better World: Understanding the Social Change Model of Leadership Development*, San Francisco, CA: Jossey-Bass.

Kotter, J.P. (1985) *Power and Influence: Beyond Formal Authority*, New York: Free Press.

Kotter, J.P. (1988) *The Leadership Factor*, New York: Free Press.

Kotter, J.P. (1996) *Leading Change*, Boston, MA: Harvard Business School Press.

Kotter, J.P. and Cohen, D.S. (2002) *The Heart of Change: Real-Life Stories of How People Change Their Organizations*, Boston, MA: Harvard Business Press.

Kraatz, M. (1998) "Learning by association? Interorganizational networks and adaptation to environmental change," *Academy of Management Journal*, 41(6): 621–43.

Kramer, M. (2000) *Make It Last Forever: The Institutionalization of Service Learning in America*, Washington, DC: Corporation for National Service.

Lave, J. (1988) *Cognition in Practice: Mind, Mathematics and Culture in Everyday Life*, New York: Cambridge University Press.

Lave, J. and Wenger, E. (1991) *Situated Learning: Legitimate Peripheral Participation*, New York: Cambridge University Press.

Leicht, K.T. and Fennell, M.L. (2008) "Who staffs the US leaning tower? Organizational change and diversity," *Equal Opportunities International*, 27(1): 88–105.

Leslie, D. and Fretwell, L. (1996) *Wise Moves in Hard Times*, San Francisco, CA: Jossey-Bass.

Lesser, E.L. and Storck, J. (2001) "Communities of practice and organizational performance," *IBM Systems Journal*, (40)4: 831–41.

Levy, A. and Merry, U. (1986) *Organizational Transformation: Approaches, Strategies, Theories*, New York: Praeger.

Lieberman, D. (2005) "Beyond faculty development: how centers for teaching and learning can be laboratories for learning," in A. Kezar (ed.) *Organizational Learning in Higher Education*, San Francisco, CA: Jossey-Bass. New Directions for Higher Education 131.

Lincoln (2012) motion picture, DreamWorks Pictures, United States.

Looi, C.K. and Teh, L.W. (eds.) (2015) *Scaling Educational Innovations*, Heidelberg, Germany: Springer.

Lindquist, J. (1978) *Strategies of Change*, Washington, DC: Council of Independent Colleges.

Lucas, A.F. (ed.) (2000) *Leading Academic Change: Essential Roles for Department Chairs*, San Francisco, CA: Jossey-Bass.

Lumina Foundation (2010) *Lessons: When Networks Build a Platform Students Step Up*, Indianapolis, IN: Lumina Foundation Press.

Mabin, V., Forgeson, S., and Green, L. (2001) "Harnessing resistance: using the theory of constraints to assist change management," *Journal of European Industrial Training*, 25(2–4): 168–91.

McDermott, R. and Archibald, D. (2010) "Harnessing your staff's informal networks," *Harvard Business Review*, 88(3): 82–9.

McGrath, C. and Krackhardt, D. (2003) "Network conditions for organizational change," *Journal of Applied Behavioral Science*, 39(3): 324–36.

McKendall, M. (1993) "The tyranny of change: organizational development revisited," *Journal of Business Ethics*, 12(2): 93–104.

McMahon, J.D. and Caret, R.L. (1997) "Redesigning the faculty roles and rewards structure," *Metropolitan Universities*, 7(4): 11–22.

McNulty, S.K. and Enjeti, P. (2010) "*Connecting campuses and building international competencies with study abroad programs: the Texas A&M University at Qatar experience*," paper presented at Transforming Engineering Education: Creating Interdisciplinary Skills for Complex Global Environments, Dublin, April 2010.

McRoy, I. and Gibbs, P. (2009) "Leading change in higher education," *Educational Management Administration and Leadership*, 37(5): 687–704.

Magala, S. (2000) "Critical complexities: from marginal paradigms to learning networks," *Journal of Organizational Change Management*, 13(4): 312–33.

March, J.G. (1991) "Exploration and exploitation in organizational learning," *Organizational Science*, 2(1): 71–87.

March, J.G. (1994) "The evolution of evolution," in J.A.C. Baum and J.V. Singh (eds.) *Evolutionary Dynamics of Organizations*, New York: Cambridge University Press.

Martin, J. (1992) *Cultures in Organizations: Three Perspectives*, New York: Oxford University Press.

Meyerson, D. (2003) *Tempered Radicals*, Cambridge, MA: Harvard Business School Press.

Miami University (n.d.) *Website for Developing Faculty and Professional Learning Communities (FLCs): Communities of Practice in Higher Education*. Online. Available HTTP: <www.units.muohio.edu/flc/> (accessed January 20, 2013).

Moody, J. and White, D.R. (2003) "Structural cohesion and embeddedness: a hierarchical concept of social groups," *American Sociological Review*, 68(1): 103–27.

Morgan, G. (1986) *Images of Organization*, Newbury Park, CA: Sage.

Morgan, G. (1997) *Imaginization: New Mindsets for Seeing, Organizing and Managing*, San Francisco, CA: Berrett-Koehler.

Morphew, C.C. (2009) "Conceptualizing change in the institutional diversity of U.S. colleges and universities," *Journal of Higher Education*, 80(3): 243–69.

Neill, J. (2004) *Field Theory: Kurt Lewin*. Online. Available HTTP: <http://wilderdom.com/theory/FieldTheory.html> (accessed April 5, 2011).

Nelson, R. (1989) "The strength of strong ties: social networks and intergroup conflict in organizations," *Academy of Management Journal*, 32(2): 377–401.

Neumann, A. (1993) "College planning: a cultural perspective," *Journal of Higher Education Management*, 8(2): 31–41.

Nevis, E.C., Lancourt, J., and Vassallo, H.G. (1996) *Intentional Revolutions: A Seven-Point Strategy for Transforming Organizations*, San Francisco, CA: Jossey-Bass.

Nielsen, W., Nykodym, N., and Brown, D. (1991) "Ethics and organizational change," *Asia Pacific Journal of Human Resources*, 29(1): 82–93.

Oreg, S. (2006) "Personality, context, and resistance to organizational change," *European Journal of Work and Organizational Psychology*, 15(1): 73–101.

Palmer, P. (1992) "Divided no more: a movement approach to educational reform," *Change*, 24(2): 10–17.

Pascarella, E.T. and Terenzini, P.T. (2005) *How College Affects Students: A Third Decade of Research*, San Francisco, CA: Jossey-Bass.

Pearce, C. and Conger, J. (2003) *Shared Leadership*, Thousand Oaks, CA: Sage.

Peterson, M.W. (1995) "Images of university structure, governance, and leadership: adaptive strategies for the new environment," in D. Dill and B. Sporn (eds.) *Emerging Patterns of Social Demand and University Reform: Through a Glass Darkly*, Oxford: Pergamon Press.

Peterson, M.W. (1997) "Using contextual planning to transform institutions," in M. Peterson, D. Dill, and L. Mets (eds.) *Planning and Management for a Changing Environment*, San Francisco, CA: Jossey-Bass.

Peterson, M.W., Dill, D.D., and Mets, L.A. (1997) *Planning and Management for a Changing Environment: A Handbook on Redesigning Postsecondary Institutions*, San Francisco, CA: Jossey-Bass.

Phillips, R. and Duran, C. (1992) "Effecting strategic change: biological analogues and emerging organizational structures," in R.L. Phillips and J.G. Hunt (eds.) *Strategic Leadership: A Multiorganizational-Level Perspective*, Westport, CT: Quorum Books.

Poole, M.S. and Van de Ven, A.H. (2004) *Handbook of Organizational Change and Innovation*, New York: Oxford University Press.

Powell, W.W. and DiMaggio, P.J. (eds.) (1991) *The New Institutionalism in Organizational Analysis*, Chicago, IL: University of Chicago Press.

Pusser, B. and Marginson, S. (2012) "The elephant in the room: power, politics, and global rankings in higher education," in M. Bastedo (ed.) *The Organization of Higher Education: Managing Colleges for a New Era*, Baltimore, MD: Johns Hopkins University Press.

Ramaley, J.A. and Holland, B.A. (2005) "Modeling learning: the role of leaders," in A. Kezar (ed.) *Organizational Learning in Higher Education*, San Francisco, CA: Jossey-Bass. New Directions for Higher Education 131.

Reagans, R. and McEvily, B. (2003) "Network structure and knowledge transfer: the effects of cohesion and range," *Administrative Science Quarterly*, 48(2): 240–67.

Reichers, A.E., Wanous, J.P., and Austin, J.T. (1997) "Understanding and managing cynicism about organizational change," *Academy of Management Journal*, 11(1): 148–59.

Rhoades, G. (1995) "Rethinking and restructuring universities," *Journal of Higher Education Management*, 10(2): 17–23.

Rhoades, G. (1996) "Reorganizing the workforce for flexibility: part-time professional labor," *Journal of Higher Education*, 67(6): 626–59.

Rhoades, G.R. and Slaughter S. (1997) "Academic capitalism, managed professionals, and supply-side higher education," *Social Text 51*, 15(2): 9–38.

Rhoads, R.A. (2005) "Student activism in the contemporary context: lessons from the research," *Concepts and Connections*, 13(1): 3–4.

Roberts, A.O., Wergin, J.F., and Adam, B.E. (1993) *Institutional Approaches to the Issues of Reward and Scholarship*, San Francisco, CA: Jossey-Bass. New Directions in Higher Education 81.

Rogers, E.M. (1962; 4th edn. 1995) *Diffusion of Innovations*, New York: Free Press.

Rojas, F. (2012) "Social movements and the university," in M. Bastedo (ed.) *The Organization of Higher Education: Managing Colleges for a New Era*, Baltimore, MD: Johns Hopkins University Press.

St. John, E.P. (1991) "The transformation of private liberal arts colleges," *Review of Higher Education*, 15(1): 83–106.

Salipante, P. and Golden-Biddle, K. (1996) "Managing traditionality and strategic change in nonprofit organizations," *Nonprofit Management and Leadership,* 6(1): 3–19.

Samoff, J., Sebatane, E.M., and Dembélé, M. (2001) "Scaling up by focusing down: creating space to expand education reform," paper revised for inclusion in the publication resulting from the Biennal Meeting of the Association for the Development of Education in Africa held in Arusha, Tanzania, October 2001, pp. 7–11.

Schein, E.H. (1985; 3rd edn. 2004) *Organizational Culture and Leadership: A Dynamic View,* San Francisco, CA: Jossey-Bass.

Schon, D. (1983) *The Reflective Practitioner,* New York: Basic Books.

Scott, W.R. (1995) *Institutions and Organizations,* London: Sage.

Senge, P. (1990) *The Fifth Discipline: The Art and Practice of the Learning Organization,* New York: Doubleday.

Seo, M. and Creed, W.E.D. (2002) "Institutional contradictions, praxis, and institutional change: a dialectical perspective," *Academy of Management Review,* 27(2): 222–47.

Shapiro, D. and Kirkman, B. (1999) "Employees' reaction to the change to work teams: the influence of 'anticipatory' injustice," *Journal of Organizational Change Management,* 12(1): 51–67.

Shaw, K.A. and Lee, K.E. (1997) "Effecting change at Syracuse University: the importance of values, missions, and vision," *Metropolitan Universities: An International Forum,* 7(4): 23–30.

Simsek, H. (1997) "Metaphorical images of an organization: the power of symbolic constructs in reading change in higher education organizations," *Higher Education,* 33(3): 283–307.

Simsek, H. and Louis, K.S. (1994) "Organizational change as paradigm shift: analysis of the change process in a large, public university," *Journal of Higher Education,* 65(6): 670–95.

Slaughter, S. and Rhoades, G. (2004) *Academic Capitalism and the New Economy: Markets, State, and Higher Education,* Baltimore, MD: Johns Hopkins University Press.

Slowey, M. (1995) *Implementing Change from within Universities and Colleges: Ten Personal Accounts,* London: Kogan Page.

Smircich, L. (1983) "Organizations as shared meanings," in L.R. Pondy, P.J. Frost, G. Morgan, and T.C. Dandridge (eds.) *Organizational Symbolism,* Greenwich, CT: JAI Press.

Smircich, L. and Calás, M. (1982) "Organizational culture: a critical assessment," in M. Peterson (ed.) *ASHE Reader on Organization and Governance,* Needham Heights, MA: Ginn Press.

Smith, B.L., MacGregor, J., Matthews, R.S., and Gabelnick, F. (2004) *Learning Communities: Reforming Undergraduate Education,* San Francisco, CA: Jossey-Bass.

Sohail, M.S., Daud, S., and Rajadurai, J. (2006) "Restructuring a higher education institution: a case study from a developing country," *International Journal of Educational Management,* 20(4): 279–90.

Solem, M.N. (2000) "Differential adoption of Internet-based teaching practices in college geography," *Journal of Geography,* 99(5): 219–27.

Spillane, J.P. (2006) *Distributed Leadership,* San Francisco, CA: Jossey-Bass.

Spillane, J.P., Healey, K., and Kim, C.M. (2010) "Leading and managing instruction: formal and informal aspects of the elementary school organization," in A.J. Daly (ed.) *Social Network Theory and Educational Change,* Cambridge, MA: Harvard Education Press.

Sporn, B. (1999) *Adaptive University Structures: An Analysis of Adaptation to Socioeconomic Environments of U.S. and European Universities,* London: Jessica Kingsley Publishers.

Stake, R. (1995) *The Art of Case Study Research*, Thousand Oaks, CA: Sage.
Steeples, D.W. (1990) *Managing Change in Higher Education*, San Francisco, CA: Jossey-Bass.
Stoll, L., Bolam, R., McMahon, A., Wallace, M., and Thomas, S. (2006) "Professional learning communities: a review of the literature," *Journal of Educational Change*, 7(4): 221–58.
Stragalas, N. (2010) "Improving change implementation," *OD Practioner*, 42(1): 31–8.
Stuckey, B. (2004) "Making the most of the good advice: meta-analysis of guidelines for establishing an Internet-mediated community of practice," paper presented at the IADIS Web-Based Communities Conference, Lisbon, Portugal, March 2004.
Sturdy, A. and Grey, C. (2003) "Beneath and beyond organizational change management: exploring alternatives," *Organization*, 10(4): 651–62.
Szulanski, G. (1996) "Internal stickiness: impediments to the transfer of best practices within the firm," *Strategic Management Journal*, 17: 27–43.
Tenkasi, R. and Chesmore, M. (2003) "Social networks and planned change: the impact of strong ties on effective change implementation and use," *Journal of Applied Behavioral Science*, 39(3): 281–300.
Thomas, J.B., Clark, S.M., and Gioia, D.A. (1993) "Strategic sensemaking and organizational performance: linkages among scanning, interpretation, action, and outcomes," *Academy of Management Journal*, 36: 239–70.
Thomas, R., Sargent, L.D., and Hardy, C. (1991) "Organizational culture in higher education: defining the essentials," in M. Peterson (ed.) *ASHE Reader on Organization and Governance*, Needham Heights, MA: Ginn Press.
Thomas, R., Sargent, L.D., and Hardy, C. (2006) *Trust and the Public Good*, New York: Peter Lang.
Thomas, R., Sargent, L.D., and Hardy, C. (2011) "Managing organizational change: negotiating meaning and power-resistance relations," *Organizational Science*, 22(1): 22–41.
Thomas, R., Sargent, L.D., and Hardy, C. (2012) "Creativity and organizational culture," in M. Bastedo (ed.) *The Organization of Higher Education: Managing Colleges for a New Era*, Baltimore, MD: Johns Hopkins University Press.
Tierney, W.G. (1988) "Organizational culture in higher education: defining the essentials," *The Journal of Higher Education*, 59(1): 2–21.
Tierney, W.G. (2006) *Trust and the Public Good: Examining the Cultural Conditions of Academic Work*, New York: Peter Lang.
Tierney, W.G. and Lanford, M. (2016) *Cultivating Strategic Innovation in Higher Education*, Los Angeles, CA: University of Southern California, TIAA Institute.
Tierney, W.G. and Rhoads, R.A. (1993) *Enhancing Promotion and Tenure: Faculty Socialization as a Cultural Process*, Washington, DC: Association for the Study of Higher Education. Association for the Study of Higher Education-ERIC Higher Education Report 6.
Toma, J.D. (2010) *Building Organizational Capacity*, Baltimore, MD: Johns Hopkins University Press.
Toma, J.D. (2011) *Managing the Entrepreneurial University: Legal Issues and Commercial Realities*, New York: Routledge.
Toma, J.D. (2012) "Institutional strategy: positioning for prestige," in M. Bastedo (ed.) *The Organization of Higher Education: Managing Colleges for a New Era*, Baltimore, MD: Johns Hopkins University Press.
Touchton, J., Musil C.M., and Campbell, K.P. (2008) *A Measure of Equity: Women's Progress in Higher Education*, Washington, DC: Association of American Colleges and Universities.

Trowler, P.R. (1998) *Academics Responding to Change: New Higher Education Frameworks and Academic Cultures*, Philadelphia, PA: Open University.

Trowler, P.R. (2009) "Beyond epistemological essentialism: academic tribes in the 21st century," in C. Kreber (ed.) *The University and Its Disciplines: Teaching and Learning within and beyond Disciplinary Boundaries*, London: Routledge.

Tsoukas, H. and Chia, R. (2002) "On organizational becoming: rethinking organizational change," *Organizational Science*, 13(5): 567–82.

University of Southern Queensland (n.d.) *Communities of Practice in Higher Education*. Online. Available HTTP: <www.usq.edu.au/cops/higher-education> (accessed March 26, 2018).

Valente, T. (1995) *Network Models of the Diffusion of Innovations*, Cresskill, NJ: Hampton Press.

Van de Ven, A.H. and Poole, M.S. (1995) "Explaining development and change in organizations," *Academy of Management Review*, 20(3): 510–40.

Waitzer, J.M. and Paul, R. (2011) "Scaling social impact: when everybody contributes, everybody wins," *Innovations: Technology, Governance, Globalization*, 6(2): 143–155.

Wasserman, S. and Faust, K. (1994) *Social Network Analysis: Methods and Applications*, Cambridge: Cambridge University Press.

Weick, K.E. (1993) "The collapse of sensemaking in organizations: the Mann Gulch disaster," *Administrative Science Quarterly*, 38(4): 628–42.

Weick, K.E. (1995) *Sensemaking in Organizations*, Thousand Oaks, CA: Sage.

Wenger, E. (1998) "Communities of practice: learning as a social system," *Systems Thinker*, 9(5): 2–3.

Wenger, E. (2004) "Knowledge management as a doughnut: shaping your knowledge strategy through communities of practice," *Ivey Business Journal*, 68(3).

Wenger, E. (2006) *Communities of Practice: A Brief Introduction*. Online. Available HTTP: <www.ewenger.com/theory> (accessed January 14, 2009).

Wenger, E., McDermott, R., and Snyder, W. (2002) *Cultivating Communities of Practice: A Guide to Managing Knowledge*, Cambridge, MA: Harvard Business School Press.

Wentworth, L., Mazzeo, C., and Connolly, F. (2017) "Research practice partnerships: a strategy for promoting evidence-based decision-making in education," *Educational Research*, 59(2): 241–255.

White, L. and Rhodeback, M. (1992) "Ethical dilemmas in organization development: a cross-cultural analysis," *Journal of Business Ethics*, 11(9): 663–70.

Zajac, G. and Bruhn, J. (1999) "The moral context of participation in planned organizational change and learning," *Administration and Society*, 30(6): 706–33.

Zemsky, R., Wegner, G.R., and Massy, W.P. (2005) *Remaking the American University: Market-Smart and Mission-Centered*, Piscataway, NJ: Rutgers University Press.

Zull, J. (2011) *From Brain to Mind: Using Neuroscience to Guide Change in Education*, Sterling, VA: Stylus.

致谢

谨此感谢为修订第一版提供有益反馈的匿名书评人,感谢 Routledge 出版社的 Heather Jarrow 邀请我修订此书。

谨此感谢那些关心并愿意承担风险的变革推动者,感谢你们直面变革过程中不时遭遇的困难。没有变革推动者的热情、决心、远见和毅力,变革绝不可能。